Bibliografische Information der Deutschen Nationalbibliothek
Die Deutsche Nationalbibliothek verzeichnet diese Publikation in der
Deutschen Nationalbibliografie; detaillierte bibliografische Daten sind im
Internet über http://dnb.ddb.de abrufbar.

Jakob Vicari
Journalismus der Dinge
Strategien für den Journalismus 4.0
Praktischer Journalismus, 107
Köln: Halem, 2019

Alle Rechte, insbesondere das Recht der Vervielfältigung und Verbreitung sowie der Übersetzung, vorbehalten. Kein Teil des Werkes darf in irgendeiner Form (durch Fotokopie, Mikrofilm oder ein anderes Verfahren) ohne schriftliche Genehmigung des Verlages reproduziert oder unter Verwendung elektronischer Systeme (inkl. Online-Netzwerken) gespeichert, verarbeitet, vervielfältigt oder verbreitet werden.

© 2019 by Herbert von Halem Verlag, Köln

ISBN (Print):   978-3-7445-1960-1
ISBN (PDF):   978-3-7445-1961-8
ISSN: 1617-3570

Den Herbert von Halem Verlag erreichen Sie auch im Internet unter
www.halem-verlag.de
E-Mail: info@halem-verlag.de

Umschlaggestaltung und Satz: Bureau Heintz, Stuttgart
Umschlagfoto: Jakob Vicari
Autorenfoto (Innenklappe): Heinrich Holtgreve, Ines Könitz (Styling)
Lektorat: Imke Hirschmann
Druck: FINIDR, S.R.O., Tschechische Republik

JOURNALISMUS DER DINGE

Strategien für den Journalismus 4.0

Jakob Vicari

HERBERT VON HALEM VERLAG | Köln

INHALT

Vorwort		8
Einleitung		11
Downloads		13

A EINFÜHRUNG IN DEN JOURNALISMUS DER DINGE — 15

A1	Aufbruch in eine neue Welt des Journalismus	16
A2	Innovation ist keine Druckfarbe	18
A3	Unsere Grundsätze	22
	» Das Journalismus-der-Dinge-Mach-Manifest	22

B VERNETZT BERICHTEN — 27

B1	Journalismus der Dinge ohne Programmieren	28
	» Einige Medien sind schon da	30
	» Einen ISS-Wächter bauen	31
	» Diktator im Anflug	35
B2	Das Feld des Journalismus der Dinge	37
	» Elastische Texte	38
	» Sensorjournalismus	38
	» Der Multisensor in unseren Taschen	40
	» Die Sensorstory	43
	» Was kann man überhaupt messen?	44

B3	**Mein Werkzeugkasten**	**46**
	» Die beste Plattform für Ihre Projekte	47
	» Zoom auf den Argon	52
	» Journalistische Maschen	54
	» Hoch lebe der Kleinkram	55

C SENSOREN ALS QUELLEN 59

C1	**Ungerechte Hitze**	**60**
	» Einen Wetterfrosch bauen	62
C2	**Sensoren programmieren**	**68**
	» In drei Befehlen um die Welt	68
	» Ab auf den Argon	71
C3	**Wenn Dinge Menschen beobachten**	**72**
	» Wenn Maschinen unfair über uns berichten	75
	» Sensor vs. Privatsphäre	76
	» Smarte Räume	77
	» Wenn der Fernseher mittrackt	78
C4	**Journalismus mit dem Internet der Kreaturen**	**79**
	» Zum Fressen gern	79
	» Der seltene Gesang der Zikaden	82
	» Sind alle Bienen gleich fleißig?	83
	» Live aus dem Pansen	84
	» Im Austausch mit den Tieren	87
	» Die gefährliche Reise der Störche	87
	» Auf in die Wildnis	88
C5	**Smart City Reporting**	**89**
	» Das tägliche Duell auf der Straße	91
	» Gesundheitsgefahr aus der Luft	94
	» Luft ist überall ein Thema	96
	» Sensorjournalismus muss nicht immer elektrisch sein	96
	» Wasserverschwender aus dem All finden	98
	» Lärm in die Box	99
	» Einen undercover Lärmsensor bauen	101
	» Einen Abstandssensor für die Keksdose bauen	107

C6	**Die Umwelt beobachten**	**113**
	» Vergifteter Boden	115
	» Wie Sensoren im Katastrophenfall bei der Berichterstattung helfen können	116
	» Wie stark steigt der Meeresspiegel?	118
	» Die Stille unter der Meeresoberfläche	119
	» Jeder Story ihren Sensor	120
	» Journalismus macht keine Wissenschaft	122
	» Einen Feuchtigkeitssensor für den Garten bauen	123
C7	**Sensoren als Whistleblower**	**128**
	» Fitnesstracker: Der Feind am eigenen Arm	129
	» Wie man mit Sensorjournalismus den Pulitzer-Preis gewinnt	131
	» Wo wird geschossen?	133
	» Wo landet der Elektroschrott?	135
	» Einen Feinstaubsensor bauen	137
	» Die Reporterbox und das Storyboard	143
C8	**Dramaturgie im Journalismus der Dinge**	**147**
	» Sensoren erfassen die dramatischsten Momente	148
	» Ein Gewinn durch gemessene Exaktheit	149
	» Aus Daten eine Geschichte machen	149
	» Drei Superkühe	150
	» Eine Dramaturgie bauen	152
C9	**Die Ethik der Sensoren**	**155**

D DIE NEUEN EMPFÄNGER 159

D1	**Wenn die Dinge ins Plaudern kommen**	160
	» Dinge werden zu Trägern von Geschichten	161
	» Der Zukunft eine andere Richtung geben!	163
	» Die Vernetzung der Hasen	164
	» Wie erzählende Dinge den Journalismus verändern werden	165
	» Weinausschank als Hashtag-Battle	168
	» Vernetztes Papier	169
	» Das Minimuseum: Einen Menschen aus der Urzeit zum Sprechen bringen	171

D2	In einer Woche kann man alles erfinden: Die Sprint-Methode	175
	» Die Map	176
	» Der Sketch	177
	» Die Entscheidung	178
	» Prototyping	178
	» Testen, testen, testen	179
	» Der Prototyp	179
D3	Smarte Voice-Assistants überall	184
	» Journalismus ohne Ecken und Kanten	188
	» Alexa neu programmieren	189
D4	Warum sollten Dinge sprechen?	194
	» Einen eigenen Reporter-Tonie bauen	197
	» Wenn die Jeansjacke spricht, braucht man kein Smartphone	201
	» Mit jedem Schluck ein bisschen Weltlage	202
	» Alle Sinne ansprechen	204
	» Ein interaktives Abstimmungsinstrument bauen	204
D5	Nachrichtenmöbel erfinden	210
	» Ein öffentliches Nachrichtensofa	211
	» Ein E-Paper-Badge Paperboy bauen	213
D6	Die neuen Rundfunkgeräte	218
	» Ein neuer Volkssender: Das Piratenradio für Syrien	220
	» Den Newsbot Norbert bauen	221
D7	Der nächste Schritt: Raspberry Pi	225
	» Auf dem Raspberry Pi programmieren	227
	» Welches System für welches Projekt?	229
D8	Ein Tag in Ihrer Zukunft	230

X ANHANG 233

X1	Bezugsquellen	234
X2	Literatur	236
X3	Bildnachweise	241
X4	Danksagung	244
X5	Index	245

VORWORT

Journalismus der Dinge? Was soll das nun schon wieder sein? Seit vielen Jahren lässt sich beobachten, dass sich der Journalismus immer wieder neue Namen gibt – ebenso wie seine wissenschaftlichen Beobachterinnen und Beobachter: partizipativer Journalismus, Drohnenjournalismus, Nonprofit-Journalismus, automatisierter Journalismus, hyperlokaler Journalismus u.v.a.m. Es gibt eine unglaubliche Fülle an derartigen Journalismusbegriffen, und gerade mit der stark technologiegetriebenen Transformation des Journalismus werden es immer mehr. Sie lassen sich auch als „X-Journalismus" denken: eine Kombination, bei der das „X" immer neue spezifizierende Begriffe annehmen kann. Diese wiederum lassen sich in verschiedene Dimensionen unterteilen, die zum Beispiel mal eine technologische oder datenbezogene Entwicklung umfasst, mal die Beziehung zwischen Journalismus und Publikum beschreibt, auf Finanzierungsgrundlagen des Journalismus abstellt oder eine Form von Ortsbezug herstellt. So gedacht wird aus der Sammlung von Journalismusbegriffen eine Typologie, die uns dabei helfen kann, mithilfe der Namen, die wir dem Journalismus geben, seine Transformation und Komplexität nachzuzeichnen und damit besser zu verstehen.

Der Journalismus der Dinge passt in diese Typologie und fällt gleichzeitig aus ihr heraus: Es ist kein X-Journalismus, der durch einen vorangestellten Begriff spezifiziert wird. Er lässt sich aber einreihen in daten- und technologiegetriebene Typen wie Datenjournalismus, Sensorjournalismus und automatisierter Journalismus. Sie alle sind Teil einer insgesamt zu beobachtenden Datafizierung des Journalismus. Gemeint ist damit, dass die „Gesellschaft der Daten" – die zunehmende Verfügbarkeit von immer vielfältigeren Daten in allen Bereichen des Lebens – auch den Journalismus, seine Arbeitsweisen und Inhalte verändert. Der Journalismus wandelt sich mit und in der Gesellschaft, die er beobachtet.

Gleichwohl führt der Journalismus der Dinge weder eine besondere Technologie im Namen noch den Datenbegriff. Vielleicht kennzeichnet gerade dies die Selbstverständlichkeit, wie sich der Journalismus der Dinge die unsichtbare vernetzte digitale Infrastruktur des Internets der Dinge zu eigen macht und Quellen für Geschichten überall dort aufspürt, wo Datenströme sind, oder sich ein Sensor anbringen lässt.

Der Journalismus der Dinge, wie ihn Jakob Vicari in seinem Buch beschreibt und in der Praxis betreibt, bringt diese Entwicklung auf ihren vorläufigen Höhepunkt: Es ist ein Journalismus, der die sensorische Messung unterschiedlichster Prozesse und Phänomene zum Ausgangspunkt für seine Geschichten nimmt und – so würde ich es als wissenschaftliche Beobachterin formulieren – eine neue Art journalistisch-sensorisches Denken umfasst, zumindest aber beansprucht. Jakob Vicari selbst spricht vom Journalismus der Dinge als einem mächtigen „Paradigma" (S. 11) – hier liegen die Selbstbeschreibung des Praktikers und die Fremdbeschreibung der Wissenschaftlerin also gar nicht so weit auseinander.

Sensorjournalismus, der Journalismus der Dinge – das sind auch für die (Journalismus-)Forschung ungeheuer spannende und faszinierende, aber auch ebenso theoretisch wie empirisch herausfordernde Entwicklungen. Will sie diese angemessen erfassen und beschreiben, braucht sie Beobachtungskategorien, Konzepte und Theorien, andernfalls bleibt sie theorielose Empirie, die sich von ihrem Gegenstand vor sich hertreiben lässt. Und diese Gefahr ist nicht eben gering bei einem derart dynamischen und „innovationsanfälligen", oft aber auch „innovationshörigen" Feld wie dem Journalismus.

Wir versuchen daher, aktuelle Entwicklungen wie den Journalismus der Dinge nicht lediglich als für sich relevante Einzelphänomene in den Blick zu nehmen, sondern sie als Teil der kontinuierlichen Transformation des Journalismus zu betrachten. Bei der Suche nach derartigen Formen von „Pionierjournalismus" ist dann früh auch Jakob Vicari mit seiner Arbeit auf den Radar der Forschung gelangt. Unter Pionierjournalismus verstehen wir journalistische Formen, die darauf ausgerichtet sind, den Journalismus, seine Organisationsformen und Praktiken zu verändern und neu zu definieren. Pionierjournalismus wird oft von einzelnen Pionieren oder auch Communities betrieben. Dabei betont die Figur des Pioniers die Vorreiterrolle einzelner Akteure, die sich anhand ihrer experimentellen Praktiken und Produkte identifizieren lassen. Jakob Vicari zählt zweifelsfrei zu dieser Gruppe, und er ist damit bereits zu einem „Fall" in einer Studie zum Pionierjournalismus geworden (Loosen/Hepp 2018). Da ist es wohl kein Zufall, dass er selbst davon spricht, mit diesem Buch ein „Basislager" aufschlagen zu wollen für die „Expedition in den Journalismus der Dinge" (S. 12).

Zu entdecken gibt es dabei vieles, was aus der Softwareentwicklung bekannt ist: Prototypen, agile Entwicklung, ein sich Anfreunden mit Provisorien und dem Unperfekten – also Themen, die den meisten Journalistinnen und Journalisten gänzlich fremd sein dürften. Aber auch das ist eines der Merkmale von Pionierjournalisten: Sie haben ein Bein im Journalismus und das andere irgendwo anders – in einem Feld, wo es Neues für den Journalismus zu entdecken gibt.

So vielfältig die Entwicklungen im Journalismus auch sind: Was Pionierjournalistinnen und -journalisten zu einen scheint, ist, dass sie eine Vision von einem Journalismus der Zukunft haben. Das heißt nicht, dass ihre gegenwärtigen Ideen von der Zukunft dann künftig auch die Gegenwart sein werden. Mit Sicherheit aber werden sie Einfluss auf diese nehmen.

Prof. Dr. Wiebke Loosen

EINLEITUNG

Die Welt der vernetzten Dinge wird zur neuen Quelle für den Journalismus. Noch nie zuvor lagen die Stoffe, aus denen Geschichten sind, näher, nie waren sie zahlreicher, nie umfassender. Die Dinge um uns herum sind zu Trägern von Geschichten geworden. Nicht nur die unbelebte Umgebung, auch die belebte, nicht menschliche Welt kann sich dem Menschen mitteilen: Nashörner zum Beispiel sind im Internet of Rhinos vernetzt, um sie vor Wilderei zu schützen.

Ob aus dem Inneren des Vogelzugs auf den Highways des Himmels oder tief im Pazifik von den Wanderungen des Weißen Hais, ob aus dem Dschungel von Borneo oder auf Radhöhe im Verdrängungskampf auf den Straßen Berlins, ob mit Fitnessarmband in geheimen Militärbasen oder mit Sensoren im Pansen der Milchkuh: Plötzlich können wir Journalist*innen Geschichten erzählen, die näher dran sind, als ein menschlicher Reporter je herankommen könnte. Präzise gemessen durch Sensoren, rund um die Uhr, an jedem Tag des Jahres, mit annähernd gleichbleibender Präzision – und das live. Es ist der Journalismus der vernetzten, nicht humanen Welt: Willkommen im Journalismus der Dinge!

Datenlogger in Flüssen, Städte mit Schusswaffensensoren, Fahrräder mit Abstandssensoren und Hauskatzen mit Kameras: Sie alle sind Rechercheure in unserem Leben. Schon heute ist die Vielfalt der neuen Perspektiven atemberaubend. Das macht das Internet der Dinge für Journalismus so aufregend – und manchmal auch erschreckend.

Genau das aber zeigt uns, wie mächtig dieses Paradigma ist. Und wie anspruchsvoll. Der Journalismus der Dinge nutzt die Bereiche der vernetzten Welt, die nicht über grafische Benutzeroberflächen zugänglich sind. Jenseits unserer herkömmlichen Browserfenster kommunizieren die Dinge in Protokollen wie I2C, UART und Zigbee, sie fädeln sich in den Datenstrom zwischen YouTube-Videos und unseren E-Mails ein oder nutzen eigene Netze wir Lora. Manche dieser Netze sind auf eine Werkshalle, einen Kuhstall, ein Wohnzimmer beschränkt. Andere sind ans globale Internet angebunden. Gemeinsam ist ihnen die Menge der Daten. Und dass sie den Menschen, die sich in ihnen bewegen, Anschlusspunkte zur Verfügung stellen.

Wobei hier eine für den Journalismus wichtige Unterscheidung notwendig ist: Den Zugang haben zunächst nur bestimmte Menschen. Die Maschinenbedienerin kann den Status der vernetzten Maschine sehen, die Standzeit der Werkzeuge und die Probleme in der Lieferkette. Der Milchbauer kann die Leistungskurve seiner Milchkuh sehen, ihre Entwicklung, ihre Gesundheitsdaten. Und die Bewohnerin eines Smarthomes kann ihre Gewohnheiten studieren, das Schlafverhalten vielleicht oder die Frequenz des Wäschewaschens, den Energieverbrauch und die Außer-Haus-Zeiten.

Doch das heißt nicht, dass diese Zugänge auch Reportern offenstünden. Oftmals werden sie gehütet wie Tagebücher – und das ist auch gut so. (Die investigativen Fälle, in denen das nicht so ist, werde ich später behandeln.) Wie bei jeder guten Geschichte müssen sich die Protagonisten auch im Journalismus der Dinge ein Stück öffnen und ihre Daten preisgeben.

In diesem Buch werde ich Reporter*innen, Leser*innen und Redaktionen das Basiswissen für den Journalismus der Dinge liefern. Vom kostengünstigen Projekt für die Lokalredaktion bis zum Großprojekt fürs Fernsehen: Wie können vernetzte Gegenstände den Journalismus bereichern? Wie sehen Formate, Dramaturgien und Storys von und mit Gegenständen aus? Wie kann Journalismus für das Nachrichtenmobiliar von morgen funktionieren?

Unser treuester Sherpa wird der kleine Argon sein. Sie haben wahrscheinlich noch nie von ihm gehört, aber ich bin mir sicher, er wird auch Ihnen ein guter, treu blinkender Freund und Mikrocontroller sein. Es wird auf den nächsten Seiten dieses Buchs um Geräuschsensoren gehen, die Zikaden erkennen, und andere Sensoren, die Schussgeräusche detektieren, um Sensoren in Limonadenflaschen und an Wetterballons, um Displays in Frühstücksbrettchen und sprechende Spielzeugpuppen, um Soundsensoren auf dem Meeresgrund, Fitnessarmbänder beim Geheimdienst und Abstandssensoren am Fahrrad, es wird um die großen Würfe gehen und Hands-on-Innovationen.

Ich werde auf diesen Seiten das Basislager für die Expedition in den Journalismus der Dinge aufschlagen, werde beobachten, beschreiben und das Gepäck schnüren für alle, die sich vorwagen mögen. Unser Ausflug in die Welt der Dinge wird nicht bequem, nein. Und nicht einfach. Aber wie alle Entdecker müssen wir uns ins Internet der Dinge mit dem besten Rüstzeug wagen, das wir haben: unserer Neugier.

DOWNLOADS

Auf unserer Website finden Sie die im Buch verwendeten Codebeispiele und Vorlagen zum Download:

https://www.halem-verlag.de/journalismus-der-dinge/

- Das Programm Frogbot.ino (S. 66)
- Das Programm Soundmesser.ino (S. 103)
- Das Programm Kekswaechter.ino (S. 112)
- Das Programm Bodenbodo.ino (S. 125)
- Das Programm Abstimmer.ino (S. 208)
- Das Programm Paperboy.ino (S. 216)
- Die Vorlage für den Newsbot (S. 223)
- Das Programm Newsbot.ino (S. 223)

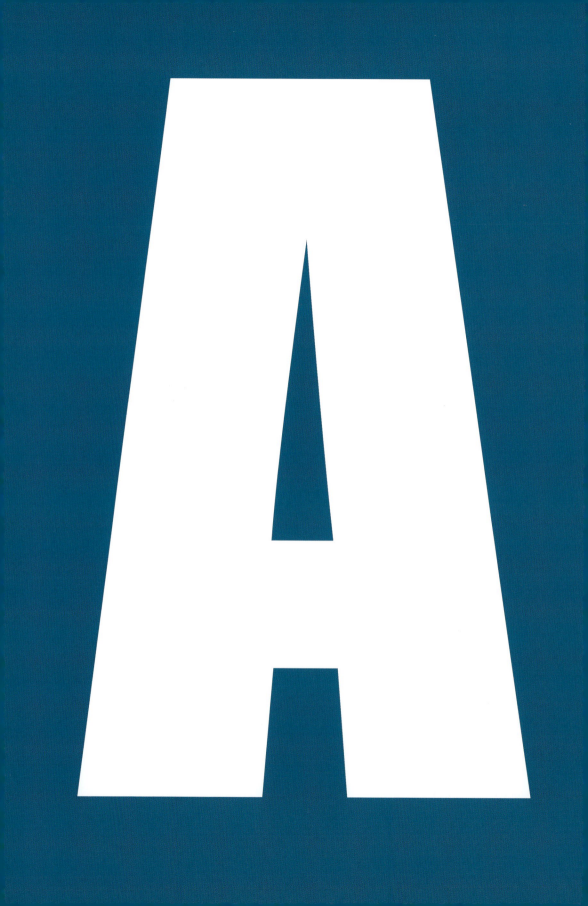

EINFÜHRUNG IN DEN JOURNALISMUS DER DINGE

A1 16
Aufbruch in eine neue Welt des Journalismus

A2 18
Innovation ist keine Druckfarbe

A3 22
Unsere Grundsätze

A Einführung in den Journalismus der Dinge

A1 AUFBRUCH IN EINE NEUE WELT DES JOURNALISMUS

„9 Uhr: Der Journalist kommt ins Büro und bittet seinen Computer, ihm die Werte der mit Drohnen erhobenen Wasser- und Luftqualitätstests anzuzeigen." So imaginieren Francesco Marconi und Alex Siegman den Beginn eines Arbeitstages eines Journalisten im Jahr 2027 (Marconi 2017). Ich glaube, es wird früher so weit sein.

Wir leben in einer Welt der vernetzten Dinge. Was heißt das für den Journalismus? Auf den folgenden Seiten werde ich mich auf die Suche nach neuen Geschichten, Strategien und Prototypen für den Journalismus von morgen machen. Dieses Buch dient als Aussichtspunkt in diese Zukunft mit dem „Journalismus der Dinge" (Journalism of Things, JoT).

Vor zwei Jahren habe ich mich vier Stunden mit einer Barbie unterhalten. Ich bin heute noch verblüfft, wie viel sie zu amerikanischer Geschichte, dem Schutz der Elefanten und den Folgen der Globalisierung zu erzählen hatte. Eine weltgewandte Gesprächspartnerin im Körper einer Plastikpuppe. Und glauben Sie mir, ich bin nicht bekloppt.

Die unbelebte Welt um uns erwacht. Sensoren machen das Inventar unseres Lebens zu Zeugen unseres Alltags – jeden Schuh, jeden Mixer, jedes Fitnessarmband. Die Vernetzung der Dinge trägt ihre Aufzeichnungen ins globale Netz, zu denen, die ihre Daten analysieren und darauf Geschäftsmodelle gründen. So entsteht das „Internet der Dinge" (Internet of Things, meist IoT abgekürzt).

Rasant und unaufhaltsam erobert es unseren Alltag. „Der Punkt ist nicht mehr weit, an dem wir die vernetzten Dinge einfach nur noch Dinge nennen", schreibt der Journalist Alex Handy. Er hat recht, denke ich. Und wir Journalisten? Wir stehen bislang am Rande der Szenerie, beschreiben, was sich da entwickelt. Das ist gut so. Aber wir könnten so viel mehr: Lassen Sie uns das Internet der Dinge erobern!

Abb. 1: Die *Hello Barbie* beherrscht etwa 8.000 Zeilen Dialog.

Ich nenne das Erzählen mithilfe des Internets der Dinge den Journalismus der Dinge. Der Journalismus der Dinge ist keine bloße Spielart des Datenjournalismus, es geht nicht allein um eine neue Form alter Ausspielgeräte oder ein neues Steuerungskonzept mit Sprache statt Knöpfen. Es geht um viel mehr. Denken Sie kurz daran, wie das Internet den Journalismus verändert hat. Wie es war, als wir ohne den Anschluss in der Tasche durch die Welt gelaufen sind. Wie unwirklich es erschien, dass das Internet einmal der Kern des journalistischen Alltags sein würde. So ergeht es uns heute wieder mit dem Internet der Dinge. Es ist da, es breitet sich aus – und setzt an, auch den Journalismus zu verändern.

Denn das Internet der Dinge wird ebenso wenig verschwinden wie das Netz. Die Zahl vernetzter Gegenstände um uns herum nimmt ständig zu. Expert*innen rechnen damit, dass es im Jahr 2022 schon 25 Milliarden Gegenstände sein werden. Bereits heute sind Autos im Internet der Fahrzeuge verbunden und tauschen Stau- und Blitzeis-Informationen aus, Heizungsthermostate bekommen im Internet of Home aktuelle Wetterinformationen von Temperatursensoren, Küchenmixer bestellen im Internet of Food die Zutaten für das Trendrezept aus dem Netz.

Nicht umsonst nennt die Journalistikprofessorin Wiebke Loosen das, was wir tun, „Pionierjournalismus". Wir sind die ersten Abenteurer auf unbekanntem Terrain. Erwarten Sie nicht viel Zustimmung.

A Einführung in den Journalismus der Dinge

A2 INNOVATION IST KEINE DRUCKFARBE

Als eine Kollegin von einem traditionsreichen Medienhaus die Anfrage zu einem Workshop bekam, mit den üblichen Buzzwords „Online" und „Storytelling" und „Multimedia", da setzten wir uns zusammen. Wir entwickelten einen Workshop, wie es ihn noch nicht gab: zwei Tage Schnelleinstieg in den Journalismus der Dinge. Unser Workshop war wunderbar, so fand ich, er enthielt alle Basics, um einer Redaktion Lust auf die digitalen Welten zu machen. Die Antwort kam ungewohnt schnell: Das sei „zu ‚fancy' für uns bzw. für unsere Form des Journalismus". Zu fancy. Hm.

Dabei ist Innovation journalistisches Tagesgeschäft. Mit jeder Ausgabe erfindet sich der Journalismus neu. In der Tageszeitungsredaktion entsteht jeden Tag wieder eine Zeitung, die wieder die Zeitung ist, obwohl sie einen gänzlich anderen Inhalt hat. Online ist der Rhythmus noch schneller. So ein hoher Rhythmus ist evolutionär betrachtet offen für Neues, da sich jeden Tag Mutationen im Erbgut ereignen können, die weitergegeben werden. Eine neue Kolumne, eine andere Optik für eine Seite. Und doch sind journalistische Medien sehr konstant. Vielleicht liegt es an der eigenen Unsicherheit, die durch die tägliche Selbstreproduktion entsteht, der man so begegnet. So ist es nicht verwunderlich, dass viele Innovationen im Journalismus kleinschrittig sind. Kim Svendsen, Leiter des Stibo Accelerators in Dänemark, schätzt in seinem Modell der „Drei Farben der Innovation", dass sich 95 Prozent der Neuerungen im Nahfeld der traditionellen organischen Entwicklung abspielen. Er rät aber dazu, die What-if-Fragen nicht aus den Augen zu verlieren. Svendsen sagt: „Wir wollen die rote Socke in der weißen Wäsche sein. Es muss nicht alles dunkelrot sein. Das würde sich nicht verkaufen. Aber eine rote Färbung kann nicht schaden. Weiße Socken verkaufen sich immer schlechter."

Es sind einfache Versuche, Bestehendes etwas besser zu machen. Wenn zum Beispiel Daten für die Berichterstattung auf eine ungewöhnliche Art aufbereitet werden. Statt der Tabelle zur Mannschaftsaufstellung gibt es eine Grafik, die die Laufwege analysiert. Das sind die Innovationen des grünen Bereichs.

2 Innovation ist keine Druckfarbe

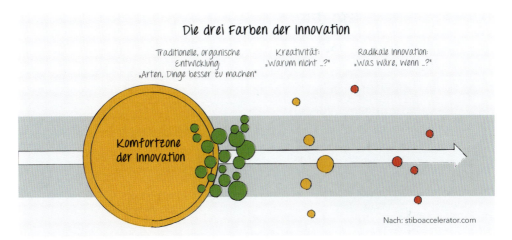

Abb. 2: Was wäre, wenn ... Medien innovativer wären: das Modell der drei Farben der Innovation.

Dann gibt es die Ausreißer, wenn ein Journalist sagt: „Warum eigentlich nicht …?" Das kann in einer Auskunftsklage gipfeln, zu einem Datensammlungsprojekt oder einem Projekt wie „Deutschland spricht" führen, in dem Leser mit konträren Ansichten gematcht werden. Dieser Bereich wird im Modell in Gelb dargestellt. Und dann gibt es noch den roten Bereich der radikalen Innovation. Ich lehne mich sicher nicht weit aus dem Fenster, wenn ich behaupte, dass Leser und Zuschauer diese Art der Innovation skeptisch sehen. Sie wollen ihre Medien ja wiedererkennen.

Der rote Bereich der „Was wäre, wenn"-Frage erfordert aber auch von Redakteuren und Autoren einen Blick auf das eigene Medium, der die Routinen, die eine serielle Medienproduktion überhaupt erst ermöglichen, für einen Moment vergessen lässt.

Matthias Murmann, Gründer der Produktionsfirma btf, die mit ihren Produktionen viel jenseits des gelben Bereichs unterwegs ist, sagt: „Der Satz, den wir immer wieder hören, wenn wir mit dem freien Markt zu tun haben und jemand zum ersten Mal mit uns zusammenarbeitet, ist: ‚Das haben wir so noch nie gemacht.' Für uns ist dieser Satz immer ein Zeichen, dass wir auf dem richtigen Weg sind. Wer immer alles gleich macht, kann nichts Neues schaffen" (dwdl.de/a/72559).

Viele der Ideen und Beispiele hier im Buch befinden sich zwischen dem gelben und dem roten Bereich. Sie verlassen die Komfortzone, zielen mitten hinein in die Wildnis. Wir fragen uns nicht, wie eine Zeitung auf der Toilette

A Einführung in den Journalismus der Dinge

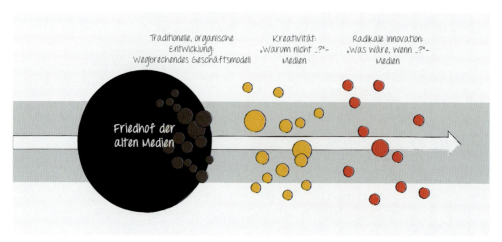

Abb. 3: Das pessimistische Modell sieht in der Komfortzone von heute den Friedhof der klassischen Medien.

oder vor dem offenen Kühlschrank besser konsumiert werden kann. Wir fragen uns, wie der Journalismus aussehen muss, wenn der Badezimmerspiegel oder die Kühlschranktür ihn transportieren. Allein diese Betrachtungsweise erlaubt es, herkömmliche Annahmen auszuschalten und den Kern des journalistischen Angebots klar zu sehen: Was tun wir da überhaupt?

Wir Journalisten schreiben lange Artikel über die disruptive Kraft des Internets der Dinge. Wir Reporter besuchen Start-ups und befragen Konzernchefs dazu. Unseren Lesern erzählen wir, dass DAS das nächste große Ding sei.

Aber das Wissen aus unseren Artikeln auf die eigene Arbeit zu übertragen, das tun wir nicht. Es könnte zu fancy sein. Die Journalismusforscherin Wiebke Loosen sagt: „Viele Pionierjournalisten wenden sich eigenen kleinen Projekten zu, weil sie die Strukturen in großen Redaktionen als mühsam, Prozesse als langsam empfinden" (Thiel 2018). Ökonomisch betrachtet deutet längst viel darauf hin, dass die vermeintliche „Komfortzone der Innovation" aus dem Drei-Farben-Modell der Friedhof der klassischen Medien wird. Dass die Zukunft den „Warum nicht?"-Medien und den „Was wäre, wenn?"-Medien gehört.

Ändern wir das! Denken Sie bei Ihrer nächsten Idee einfach an das Modell der drei Farben. Und geben Ihrer grünen Idee den Spin einer gelben oder gar roten Blase. Ich bin überzeugt, im Raum des „Warum nicht …" und „Was wäre, wenn …" erwacht die Leidenschaft für den Journalismus neu.

> **„And, of course, journalists interested in shaping the near-future landscape in meaningful ways should focus not just on the talking but on the doing, inventing, evaluating, and re-doing."**
>
> MARCUS BÖSCH, VRAGMENTS (bit.ly/xrjournalism)

Mein erklärtes Ziel ist es daher, „zu fancy" für die Redakteur*innen in der Komfortzone zu bleiben. Denn das ist die Todeszone der alten Medien.

Wir wagen uns weiter hinaus auf unserer Expedition, dorthin, wo keine Wanderwege mehr ausgeschildert und die Wege nicht mehr befestigt sind. Getrieben von der Frage: „Was wäre, wenn ... dort besserer Journalismus liegt?" „Kann eine Springmaus in einem Schildkrötengehege glücklich werden?", fragt Denker Wolf Lotter in seinem Buch *Innovation* (Lotter 2018). Springmäuse seien die Querdenker in einer Redaktion, doch dienten sie nur dem Systemerhalt, meint er und listet all die Typen auf, die oft fälschlich als Innovatoren gelten.

A3 UNSERE GRUNDSÄTZE

Es ist nun nicht so, dass wir ganz ohne Seil und Steigeisen arbeiten. Wir erforschen viel, wir fräsen, schrauben, löten und programmieren nicht einfach drauflos. Vorher entwickeln wir viele Ideen dazu, wo es hingehen könnte. Meist folgen wir dabei dem Anspruch: In einer Woche kann man alles erfinden. Wenn man es richtig macht. Wir verfolgen bei unseren Projekten vier Prinzipien des Manifests, das die Entwicklungsabteilung der *BBC* im *Better Radio Experiences*-Projekt (bbc.in/betterradio) aufgestellt hat: Das *BRE*-Manifesto ist deutlich vom Design-Thinking und von der agilen Softwareentwicklung inspiriert. Das sind zwei Kulturen, die für den Journalismus völlig untypische Verfahren propagieren.

Sich an seine eigenen Regeln zu halten, ist hart, vor allem, wenn man gerade etwas Tolles erfunden hat. Und dann beim ersten Kontakt der eigenen tollen Schöpfung mit der Welt in ratlose Gesichter schaut. So eine Erfahrung schnürt jedem Erfinder das Herz zusammen. Schützen Sie sich davor, zum Beispiel mit dem folgenden Sicherheitsnetz.

Das Journalismus-der-Dinge-Mach-Manifest

Erstens:
Wir fangen bei den Menschen an. Durch Interviews, die Beobachtung des Alltags und Workshops versuchen wir herauszufinden, was die Menschen wirklich tun, wenn sie Journalismus begegnen. Als wir mit dem Einkaufswagen *Storytrolley* Journalismus vors Kühlregal gebracht haben, wollten wir vorher wissen: Wie kaufen die Menschen ein? Wie erzählt ein Käsefabrikant seine Geschichte im Regal? Und was kann die Wurstverkäuferin über das Rind erzählen?

3 Unsere Grundsätze

Abb. 4: Fragen Sie Experten – und wenn sie nur vom Abenteuer Wochenendeinkauf berichten.

Abb. 5: Die erste Bedieneinheit des smarten Einkaufswagens *Storytrolley*.

Abb. 6: Das sind viele Ideen, um eine einzige Schnapsidee weiterzuentwickeln.

Abb. 7: Der smarte Einkaufswagen wird in einem echten Supermarkt getestet.

Zweitens:
Wir machen Dinge. Ideen sind billig. Aber aus den Ideen einen arbeitsfähigen Prototyp, ein nutzbares Objekt zu machen, ist schwieriger. Eine Idee als echtes Objekt auferstehen zu lassen, gibt uns die Möglichkeit, es zu testen. Beim Prototyp eines smarten Einkaufswagens wäre es einfach gewesen, einen Touchscreen an den Wagen zu bauen. Für die Erfahrung der Nutzer fanden wir echte Knöpfe besser – die Umsetzung hat uns aber mindestens eine Nacht mehr gekostet. Ich wage die These aufzustellen: Dinge als Informationsträger werden erfolgreich sein, wenn sie nicht das Smartphone imitieren, sondern wenn sie besser als das Smartphone sind. Und es macht einfach Spaß, auf einen Knopf zu drücken.

Drittens:
Wir werden sehr schnell sehr viele Ideen entwickeln und wieder verwerfen. Wir wollen nicht mit dem Naheliegendsten anfangen, denn die Goldstücke liegen meist weiter entfernt. Die Ideen entwickeln wir nicht in einem gemeinsamen Brainstorming, sondern jeder verfasst grob ausgearbeitete Ideen.

Beim *Storytrolley* entstanden Ideen wie ein Supermarktnavigator, ein Spiel für die Kassenschlange oder der Ausdruck eines Einkaufszettels mit journalistischen Geschichten. Umgesetzt haben wir sie nicht, aber ich muss bei jedem Einkauf an sie denken, denn es sind großartige Ideen.

Viertens:
Wir sammeln verschiedene Meinungen und zwar von Menschen, die anders sind als wir. Denen zeigen wir unsere Ideen. Das ist immer verstörend und oft deprimierend. Aber es sind diese Erfahrungen, die den Prototyp später stark machen.

Das sind die überlieferten Prinzipien hier im Basislager am Fuße des Internets der Dinge. Vier einfache Regeln für alle, die sich vorwagen mögen. In die Welt der Ideen, dahin, wo die Luft dünn wird und jeder Schritt ein Wagnis. Frei nach Reinhold Messner: Der Leser hat immer recht. Die Fehler machen immer nur wir. Und der große Fehler, den wir Journalismuserfinder machen, ist, den Unsinn überhaupt anzufangen.

VERNETZT BERICHTEN

B1   **28**
Journalismus der Dinge ohne Programmieren

B2   **37**
Das Feld des Journalismus der Dinge

B3   **46**
Mein Werkzeugkasten

B Vernetzt berichten

B1 JOURNALISMUS DER DINGE OHNE PROGRAMMIEREN

Es mag Ihnen jetzt noch unwirklich erscheinen, aber in 20 Minuten werden Sie Ihr erstes Journalismus-der-Dinge-Projekt fertiggestellt haben. Die Nachricht eines Sensors aus dem Weltall wird den Blick Ihrer Leser*innen vom Smartphone in den Himmel lenken. Alles, was Sie hierfür brauchen, ist ein Internetzugang.

Journalismus der Dinge hat viel mit Basteln und Programmieren zu tun. Doch es geht auch ganz ohne. Beginnen wir mit dem denkbar einfachsten Projekt.

Wie immer brauchen wir eine verlässliche Quelle, die uns Auskunft gibt. In diesem Fall wird das ein Sensor sein. Die Informationen der Quelle verarbeiten wir Journalisten zu einem Text, den wir mittels eines Kanals zu unserem Publikum bringen. Eine Reporterin fragt, beobachtet, notiert. Manchmal misst sie auch einen Raum ab mit ihren Schritten. Was der klassische Reporter macht, findet im Internet der Dinge im Gespräch zwischen Gegenständen statt, noch dazu in einer unbekannten Sprache und in einer Region des Internets, die in unseren Browsern nicht offensichtlich ist – und trotzdem da ist.

In dieses Gespräch zwischen den Dingen schalten wir uns ein und zwacken Informationen für unsere erste sensorbasierte Geschichte ab. Die Umsetzung ist einfach, verbindet uns aber für einen Augenblick mit dem größten Abenteuer der Menschheit, der bemannten Raumfahrt. Unser Ziel: ein Werkzeug, das uns und die Leserinnen informiert, sobald die Internationale Raumstation ISS über uns am Himmel zu sehen ist. Nennen wir das Werkzeug *ISS-Wächter*. Dafür brauchen wir vier Dinge:

1. Die aktuelle Position der ISS
2. Unsere aktuelle Position
3. Einen Text
4. Einen Kanal zum Ausspielen des Textes

Abb. 8: Fernes Beobachtungsobjekt: die Internationale Raumstation ISS.

All das bekommen wir auf einer Plattform, dem Service IFTTT (ifttt.com). Das steht für „if this then that", also „Wenn dies passiert, tue das". IFTTT ist ein einfacher und kostenloser Service, um Apps, andere Services und Gegenstände miteinander sprechen zu lassen. Es ist so simpel, wie es klingt – aber auch genial. Stellen Sie sich IFTTT als fleißigen Hotelpagen vor, der Ihnen auf fast magische Weise immer dann zu Diensten ist, wenn Sie ihn brauchen. Neben IFTTT sind dafür auch die Dienste Microsoft Flow, Automate.io und Zapier geeignet.

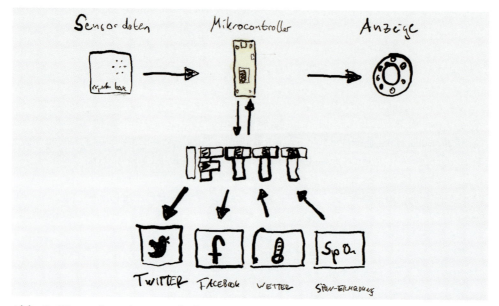

Abb. 9: Wenn dies, dann mach das: mit IFTTT vom Sensor in die Cloud zur Action.

Mit IFTTT schreiben wir sogenannte Applets. Das sind kleine Regeln, die festlegen, welche Reaktion auf ein Ereignis folgen soll („Wenn dies passiert, tue das"). Eine solche Regel – man könnte auch sagen, ein solches Rezept – könnte etwa lauten: „Wenn es dunkel wird, schalte die Lampe an" oder „Wenn die *Tagesthemen* beginnen, dimme das Licht".

Kommen Ihnen inzwischen Zweifel, dass das etwas mit Journalismus zu tun haben könnte? Nun ja, die *New York Times* hat seit 2013 eine eigene IFTTT-Schnittstelle, die Leser*innen individuell nutzen können. Eine Leserin etwa lässt sich per IFTTT benachrichtigen, wenn ein Artikel zu Kryptowährungen erscheint, ein Leser speichert die wöchentliche Bestsellerliste automatisch in eine Tabelle ab, die dritte lässt sich einfach das Kreuzworträtsel per E-Mail senden.

Einige Medien sind schon da

Auch der Sport-TV-Sender *ESPN* sowie *Fox News* und *Buzzfeed* haben längst eigene IFTTT-Channels. Aber denken wir noch einen Schritt weiter: Mithilfe von IFTTT könnte man auch das Licht flackern lassen, wenn ein neuer Artikel im Technologieressort der New York Times erscheint, oder bei der Meldung über einen nahen Brand die Fenster im Smart Home schließen lassen. Denn IFTTT setzt eine Kernidee im Journalismus der Dinge um: Journalismus kann durch vernetzte Dinge entstehen. Er kann aber auch Auslöser für Aktionen vernetzter Dinge sein.

Gut gemacht erwischt eine Benachrichtigung von IFTTT Ihre Leserin im richtigen Augenblick auf dem richtigen Kanal mit exakt der Information, die sie braucht. Haben Sie schon darüber nachgedacht, was die Leser Ihres Mediums für IFTTT-Regeln erstellen würden? Welche Rezepte ihren Alltag erleichtern und bereichern würden? Welche Ereignisse oder Meldungen gute Trigger abgeben würden? Nein? Dann lassen Sie uns doch erst einmal den ISS-Wächter zum Leben erwecken!

Einen ISS-Wächter bauen

Der deutsche Astronaut Alexander Gerst kommt aus dem kleinen Ort Künzelsau in Baden-Württemberg. Und auch andere Kleinstädter sind im All. Es ist nicht übertrieben zu sagen: In kleinen Teilen umkreist ganz Europa via Raumstation die Erde. Sicher gibt es auch aus Ihrem Ort ein Bauteil oder eine Idee auf der ISS, eine Nähnadel im Notfallpack der Astronauten, die Wurst im Weltraumessen oder einen Sensor im wissenschaftlichen Experiment? Und auch ohne lokalen Bezug haben die Leser*innen Interesse an den Menschen, die hoch über unseren Köpfen im Orbit ihre Runden drehen. Der ISS-Wächter informiert Ihre Leser*innen per Twitter darüber, wenn die ISS am Himmel zu sehen ist.

Die Positionsdaten der ISS werden über Sensoren ermittelt und als Geodaten bereitgestellt. Die Positionsdaten unseres Wohnortes sind bekannt und ändern sich nicht. Wir erstellen ein neues Applet, eine Regel für IFTTT, die überprüft, ob die ISS unseren Wohnort überfliegt. Ist das der Fall, setzt der ISS-Wächter eine kurze Twitter-Botschaft ab. Ein netter Service für die Leser*innen, der ein globales Ereignis aufs Lokale herunterbricht, wie gemacht für eine Lokalzeitung oder ein Lokalblog. Los geht's.

Zutaten
- IFTTT.com-Account
- Twitter-Account

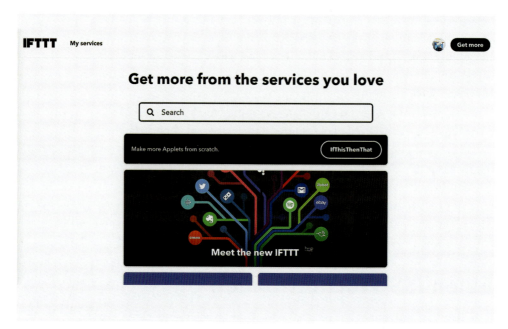

Abb. 10: Mit wenigen Klicks erstellen Sie bei IFTTT ein kleines Applet.

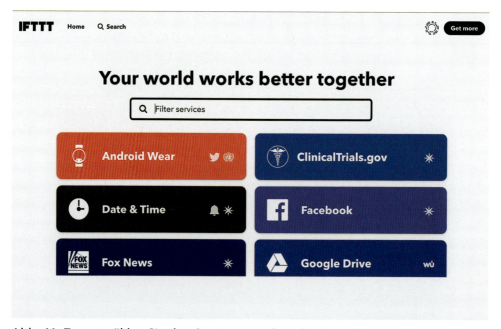

Abb. 11: Zuerst wählen Sie den Service, aus dem die Daten kommen.

Schritt 1: Ein Rezept erstellen
Legen Sie einen kostenlosen Account bei ifttt.com an. Wählen Sie den Menüpunkt „Make more Applets from scratch". Das ist der Startpunkt für jedes Projekt. Sie sehen den Schriftzug „if +this than that". Wählen Sie „+this".

Schritt 2: Datenquelle wählen
Zuerst muss die auslösende Datenquelle gewählt werden. Ein auslösender Trigger kann bei IFTTT ein Twitter-Hashtag sein, ein neuer Artikel bei der *New York Times*, ein Temperaturmesswert oder eben die ISS. Geben Sie in das Suchfenster „Space" ein. Ihnen werden verschiedene Auslöser angeboten. Diese vorgefertigten Trigger hat IFTTT für Sie programmiert. (Eigene können Sie leider nicht anlegen, aber Sie werden sehen, es gibt eine große Auswahl.) Wählen Sie „ISS passes over a specific location", eine Datenquelle, die die NASA bereitstellt.

Abb. 12: Auf der Karte wählen Sie einen Ort.

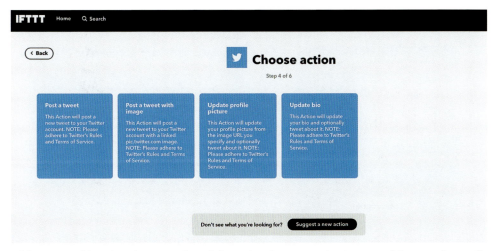

Abb. 13: Wählen Sie den Kanal, auf dem das Sensorereignis vermeldet werden soll.

Schritt 3: Ort festlegen

Auf der Karte müssen Sie einen Ort auswählen. Das kann Ihre Redaktion sein oder der Rathausplatz, zum Beispiel in Lüneburg. Geben Sie die Adresse ein und wählen Sie „Create trigger".

Schritt 4: Kanal festlegen

Jetzt können Sie einen Ausspielkanal festlegen. Das kann eine E-Mail sein oder ein Eintrag auf Facebook oder Twitter. Wählen Sie „+that" und dann „Twitter". Wenn noch nicht geschehen, müssen Sie Ihre Twitter-Anmeldedaten bei IFTTT hinterlegen.

> **Tipp**
>
> Experimentieren Sie nicht mit Ihren Lesern. Es ist empfehlenswert, sich zum Spielen und Experimentieren einen Twitter-Zweitaccount anzulegen.

Schritt 5: Schreiben

Jetzt schreiben Sie Ihre Nachricht. Wählen Sie dazu „Post a tweet". Hier können Sie nun den Text für Ihren Tweet formulieren. Mit einer Besonderheit: Die aktuellen Daten setzt IFTTT in Ihren Text ein. Dazu können Sie Zutaten („Ingredients") wählen, die im Moment aktuell eingefügt werden. Diese Informationen werden von der Datenquelle „Space" mitgeliefert, sie finden zwischen geschweiften Doppelklammern Platz. In unserem Fall sind dies die Uhrzeit und die Zahl der Sekunden, wie lang die ISS zu sehen ist.

Mein Beispieltext lautet: „Heute passiert die ISS Lüneburg. Sie ist zu sehen um {{AppearsAt}} Uhr für {{DurationSeconds}} Sekunden. Die ISS kommt aus westlicher Richtung und sieht aus wie ein heller Stern, der sich schnell bewegt."

Die dynamischen Elemente Uhrzeit und Dauer machen den Tweet nicht nur interessant, sie sorgen auch dafür, dass das Applet

Abb. 14: Formulieren Sie Ihre Meldung.

mehr als nur einmal funktioniert, denn Twitter lehnt Nachrichten mit identischen Texten ab.

Wählen Sie nun „Create action".

> **Tipp**
>
> Sie können in diesem Tweet auch auf einen passenden Artikel verweisen, zum Beispiel auf ein Interview mit dem Astronauten Alexander Gerst oder diesen Hinweisen zur Beobachtung vom Deutschen Zentrum für Luft- und Raumfahrt (bit.ly/dlr-iss).

Schritt 6: Prüfen und aktivieren
Im letzten Schritt können Sie Ihren *ISS-Wächter* noch einmal anschauen. Außerdem können Sie festlegen, ob Sie immer dann eine E-Mail bekommen möchten, wenn der *ISS-Wächter* aktiv ist. Wählen Sie „Finish". Ihr Applet „ISS Wächter" ist nun aktiv, bis Sie ihn stoppen. Herzlich willkommen im Journalismus der Dinge!

Diktator im Anflug

Ganz ähnlich wie der *ISS-Wächter* aus dieser Anleitung funktioniert auch der Twitter-Bot *GVA Dictator Alert* (@GVA_Watcher). Der freie Investigativjournalist François Pilet und sein Cousin, der IT-Spezialist Julien Pilet, haben ihn gemeinsam installiert, um zu überwachen, welche Flugzeuge im Besitz diktatorischer Regime auf dem Flughafen von Genf starten oder landen. So heißt es dann in einer Twitter-Mitteilung etwa: „A dictator's plane left #GVA airport: 7T-VPM used by the government of Algeria (Gulfstream IV) on 2018/09/01 at 14:48:53."

Als Sensoren dienen sogenannte ADS-B-Empfänger: Alle Flugzeuge senden permanent Daten über Position, Geschwindigkeit, Richtung, Flughöhe. Flug-Enthusiasten, sogenannte Planespotter, fangen diese Daten in ihrem lokalen Gebiet mit Antennen ab und bereiten sie auf. Die Pilets nutzen Empfänger im Kreis Genf.

Auf diese Weise überwachen die Pilets eigenständig beinahe 200 Flugzeuge, die (aus ihrer Sicht) autoritären Regimen gehören, etwa Angola, Algerien oder Kuwait. Sobald eines davon in Genf startet oder landet,

B Vernetzt berichten

Abb. 15: Der Himmel über Genf mit einer klaren Forderung: „Sei ein Bürger der Welt. Verfolge Diktatoren."

versendet Pilets Twitter-Account automatisch eine Nachricht. Die Auswahl der Maschinen richtet sich dabei nach dem Democracy Index der Economist Intelligence Unit.

Sie mögen sich jetzt fragen, wen das denn interessieren könnte. Der *GVA Dictator Alert* hat derzeit mehr als 17.000 Follower auf Twitter, also weit mehr als so manches andere journalistische Angebot im Internet. Er schafft Transparenz, zeigt, was ansonsten verborgen bliebe. So dient er als Grundlage für weitere journalistische Produkte, etwa eine TV-Dokumentation über das Leben von Diktatoren und deren Familien in Genf.

B2 DAS FELD DES JOURNALISMUS DER DINGE

Was haben Radsensoren, Trådfri, ein Kuhpansen und der Smart Assistant Alexa gemeinsam? Es sind Welten, die im Internet der Dinge miteinander verbunden sind. Alexa könnte Aussagen über den pH-Wert des Kuhpansens geben, die Trådfri-Leuchte einschalten und das letzte Messergebnis des Radsensors abfragen. Ganz schön verwirrend. Was fehlt, wenn wir darüber sprechen, ist ein gemeinsames Begriffsgebäude für den Journalismus der Dinge.

Beginnen wir mit dem Begriff „Journalismus der Dinge" selbst. Mein grundlegendes Journalismusverständnis passt in einen Satz: Journalismus ist ein System, um Informationen zu sammeln, herzustellen, zu überprüfen und zu verteilen. Und im Sammeln und Verteilen glänzt der Journalismus der Dinge. Als Arbeitsdefinition lässt sich folgender Satz nutzen: Der Journalismus der Dinge entwickelt und nutzt Daten vernetzter Sensoren. Er spielt Journalismus über neue vernetzte Geräte aus, die kein Smartphone sind. Das ist natürlich nicht ganz trennscharf in Bezug auf Smartphones oder digitale Assistenten etwa, die (auch) auf Smartphones laufen.

Der Journalismus der Dinge umfasst jedenfalls auch die belebte Welt der Tiere und Pflanzen. Vernetzte Haustiere, Tiere in der Landwirtschaft und die Lebewesen, die einen wissenschaftlichen Tracker auf dem Rücken tragen, können im Journalismus der Dinge eine Stimme bekommen (siehe Kap. „Journalismus mit dem Internet der Kreaturen", S. 79). Sie sind neue Reporter.

Der Schleswig-Holsteinische Zeitungsverlag arbeitet an sogenannten „Ambient News" und definiert den eigenen Gegenstand so: „Der sh:z erforscht im Rahmen eines Projekts unter dem Namen ‚Ambient News' […], wie wir digitalen Journalismus in das Internet of Things bringen können. Darunter verstehen wir alle vernetzten Geräte, die keine klassischen

Computer, Smartphones oder Tablets sind. Denkbar sind LED-Glühlampen, Lautsprecher wie Alexa oder Google Home, ‚Magische Spiegel', die auch ein Bildschirm sind, und vieles mehr. Viele dieser Dinge gibt es schon, andere werden gerade noch in Labors entwickelt" (Dreykluft 2017).

Wie verhalten sich Ambient News zum Journalismus der Dinge? Der Begriff Ambient zielt auf die Auflösung klassischer Trägermedien ab, hin zu einem uns umgebenden Journalismus, und ist dafür sehr treffend. Allerdings ist er vor allem ausspielend gemeint, beschreibt also einen Teilbereich.

X-Journalismen nennt Journalismusforscherin Wiebke Loosen neue journalistische Formen, in denen der Journalismus der Dinge sich als „Dingejournalismus" einreihen würde. „Wir haben schon mehr als 130 Journalismus-Begriffe gesammelt, bei denen das Präfix eine bestimmte Art von Journalismus beschreibt: etwa Drohnenjournalismus, kollaborativer Journalismus, Cross-Border-Journalismus oder Datenjournalismus" (Thiel 2018). Sollte sich der Journalismus der Dinge da anschließen?

Elastische Texte

Wie schreibt man für einen Badezimmerspiegel oder eine Spielzeugfigur? Wenn die Gegenstände zum Träger von Journalismus werden sollen, muss sich der Journalismus verändern. Nicht mehr das Denken in ganzen Texten, sondern die Frage nach einem Strom aus Häppchen, in dem der Leser Abzweigungen nehmen kann, nach mehr verlangen, tiefer eintauchen, aber auch für einen Moment aussteigen. Dazu muss der Inhalt entsprechend organisiert sein. Die *BBC* benutzt in ihrer Entwicklungsabteilung die Begriffe „Elastic News" und „Atomised News". Dahinter steckt die langfristige Vision, Inhalte so zu organisieren, dass sie maßgeschneidert zu den Lesern kommen.

Sensorjournalismus

Die Skepsis gegenüber Maschinen ist verbreitet. Sensorjournalismus ist seit einigen Jahren ein feststehender Begriff, der ein großes Feld innerhalb des Journalismus der Dinge beschreibt. Umweltbeobachtung zum Beispiel, die mittels Journalismus der Dinge durchgeführt wird, macht sich

> **„Wenn die Leute wie Maschinen nur noch für die Arbeit leben // Und ihnen die verschiedenen Maschinen Wahrheit geben."**
>
> DENDEMANN, *MENSCHINE*

Sensorjournalismus zunutze. In einem der frühesten Berichte zum Sensorjournalismus, einem Report des Tow Centers aus dem Jahr 2014, unterscheidet Fergus Pitts drei Formen des Sensorjournalismus:

1. Reporter nutzen bestehende Sensoren als Datenquelle oder
2. sie bringen ihre eigenen Sensoren an (Beispiele: unser Format *Superkühe*, das Projekt *Radmesser*) oder
3. sie lassen die Leser Sensoren bauen (Beispiel: *Feinstaubmonitor*).

Eine Taxonomie des Sensorjournalismus habe ich zusammen mit meinem Kollegen Bertram Weiß entwickelt. Dabei unterscheiden wir sehr journalistisch zwischen drei Bereichen, aus denen Sensorjournalismus berichten kann:

1. Die persönliche Sphäre
2. Die öffentliche Sphäre
3. Die Sphäre des Abenteuers

Alle drei Sphären sind für die Leserin unterschiedlich erreichbar. Und alle stellen den Sensorjournalist*innen ganz andere Herausforderungen. Das weit aufgespannte Feld sehen wir als Vorteil: Sensorjournalismus kann sowohl neue Perspektiven auf unsere direkte Lebenswelt geben als auch weit entfernte Ereignisse sehr unmittelbar werden lassen. Und egal, aus welcher Sphäre: Er gibt dem Journalismus eine neue Perspektive.

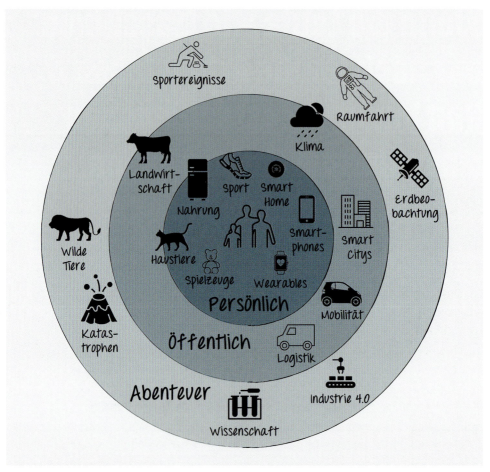

Abb. 16: Runde Sache: Der junge Sensorjournalismus lässt sich in drei Schichten einteilen, die sich in Zugänglichkeit und Aufwand unterscheiden.

Der Multisensor in unseren Taschen

Wussten Sie, dass Sie ein 3-D-Magnetometer in der Tasche herumtragen? Ein Pendel, mit dem Sie Beschleunigungen messen können? Und ein Sonar, mit dem sich Entfernungen bestimmen lassen? All das steckt in Ihrem Smartphone. In den Geräten sind eine Menge Sensoren verbaut. Mit der

App Phyphox („Physical Phone Experiments"), die an der RWTH Aachen entwickelt wurde, lassen sich die Sensoren tatsächlich nutzen. So verwandelt sich das Smartphone in ein mobiles Physiklabor.

Sensing ist nicht nur im Journalismus ein Thema. Die öffentliche Verwaltung misst in Smart Cities, und Bürger messen selbst oder in Citizen-Science-Projekten für die Wissenschaft, schreiben die Journalismusforscherin Catherine D'Ignazio vom Emerson College und ihr Kollege Ethan Zuckerman im Jahr 2017. Die Journalismusforscherin Wiebke Loosen verortet den Sensorjournalismus in einem Vier-Formen-Modell des datafizierten Journalismus zwischen Datenjournalismus und automatisiertem Journalismus.

Wenn wir über Sensoren reden, dann reden wir oft zwangsläufig auch über das Internet der Dinge: die digitale Netzwelt, die Kühlschränke, Puppen und ungezählte andere Gegenstände allmählich um uns herum aufbauen. Wir sind umgeben von Sensoren; viele sind verborgen. Allein ein modernes Smartphone enthält mehr als zwei Dutzend Sensoren. Aber auch Leselampen, Fernbedienungen und Kopfhörer enthalten Sensoren. Und immer mehr dieser Sensoren sind vernetzt. Sensorjournalismus erzählt die Welt mittels Sensordaten, die er in Geschichten übersetzt. Im Journalismus der Dinge dürfte er die häufigste Form sein. Jede Art von Sensor kann für Geschichten genutzt werden. Sensorjournalismus ist nicht auf vorhandene Datensätze beschränkt, sondern erhebt seine eigenen Daten nach einem journalistischen Interesse.

Journalisten, die den Einsatz von Sensoren in Betracht ziehen, müssen abschätzen, welche und wie viele Daten sie für ihre Geschichte brauchen. Es geht dabei nie um Repräsentativität wie in der Wissenschaft, sondern um beispielhaftes Erzählen. Sensorjournalismus ist durch den Rückgriff auf Daten mit Datenjournalismus verwandt oder wird nicht selten zu diesem gerechnet, ohne eine begriffliche Abgrenzung zu schaffen, doch lohnt es sich, diese zu treffen: Während Datenjournalismus sich auf die Auswertung und Vermittlung von vorhandenen Daten konzentriert, umfasst Sensorjournalismus die Erhebung der Daten selbst. Damit erweitert sich der Fokus von den Daten hin zu den Sensoren. Oder, wie es die US-Journalistin Kelly Tyrell ausdrückte: „Sensor journalism is the first cousin of data journalism. If data journalism relies on taking the data that comes from others and turning the information into stories, sensor journalism means generating that data in order to tell stories." Wenn Journalisten selbst Sensoren nutzen,

B Vernetzt berichten

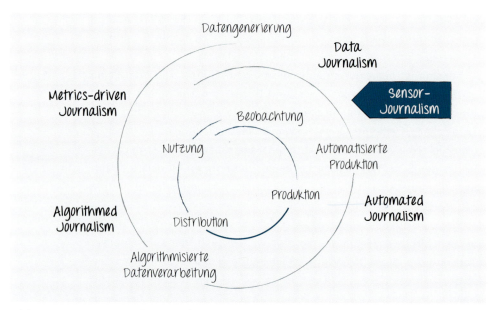

Abb. 17: Vier Formen des datafizierten Journalismus und wie der Sensorjournalismus hineinpasst.

	Reporter	Sensoreinheit
Beobachtung	mittelbar unmittelbar	unmittelbar
Objektivität	eher subjektiv	eher objektiv
Modus	erlebt, wahrgenommen & beobachtet	gemessen
Form	Storytelling	Sensortelling
Reporting	periodisch	live
Einsatzmöglichkeit	spontan	geplant
Kosten	Kosten niedrige Einmalkosten, auf Dauer teuer	hohe Anfangsinvestition, Laufzeit gering
Bereitschaft	8h an max. 230 Tagen im Jahr	24h an 365 Tagen im Jahr
Einsatzort	einer gleichzeitig	viele gleichzeitig

Abb. 18: Reporter vs. Maschine: Vom Storytelling zum Sensortelling.

reicht das Feld von selbst gebauten Sensoren (Fallbeispiel *Reporterbox*) zu „gehackten" Sensorsystemen (Fallbeispiel *Schrottfernseher*). Journalisten können aber auch eine Community fördern, die Sensoren benutzt (Fallbeispiel *Feinstaubsensoren*), oder Journalisten haben Zugang zu Sensoren in eingebetteten Systemen (Fallbeispiel *Dictator-Alert*).

Ein Sensor ist hier vereinfacht jede Datenquelle für einen Messwert. Es kann ein passiver Stickstoffsammler sein, ein einfaches Thermometer oder ein empfindliches Geofon. Ein Sensor kann sogar ein Satellit sein, der Aufnahmen von der Erdoberfläche macht.

Die Sensorstory

Die Sensorstory ist eine automatisierte Reportage, die Sensordaten nutzt, um eine Geschichte zu erzählen. Das Format habe ich am Medieninnovationszentrum Babelsberg entwickelt. Anfangs nannte ich sie noch Sensor-Live-Reportage, dieser Name war allerdings zu sperrig. Die Berichterstattung kann live erfolgen, indem sie einen Prozess begleitet, oder auch im Rückblick an Daten entlang erzählt werden. Ein Trigger ist ein auslösendes Sensorereignis. Immer wenn der Feinstaubschwellenwert überschritten wird, der Kalbungswarner bei der Kuh einsetzt oder die ISS den Geo-Korridor über uns erreicht, ist das ein auslösender Trigger. Der Trigger kennzeichnet: Hier ist ein berichtenswertes Ereignis. Die Vorteile der Sensorstory haben Bertram Weiß und ich für einen Vortrag tabellarisch aufgearbeitet:

Während der menschliche Reporter spontan verfügbar und recht universell einsetzbar ist, gerät er bei langen, wiederkehrenden Aufgaben an seine Grenzen. Gerade hier spielt die Sensorstory ihre Stärke aus: Sie kann rund um die Uhr, an 365 Tagen des Jahres berichten, wenn sie einmal aufgesetzt ist. Das macht sie ideal zur Beobachtung eines Vogelflugs, eines Feinstaubsensors oder eines Bienenstocks. Ihre Stärke spielt sie aus, wenn nicht nur an einer Stelle beobachtet wird, sondern an vielen gleichzeitig. So kann nicht nur ein Storch, der nach Afrika fliegt, beobachtet werden, es können viele beobachtet werden. Die Sensorstory ist ein sehr junges Format, das ich in Zukunft weiterentwickeln werde.

B Vernetzt berichten

Was kann man überhaupt messen?

Die Antwort auf die Frage, was sich messen lässt, ist nicht so einfach. Anders als ein Reporter, der auch erst einmal losziehen und sich umschauen kann, muss man in der Arbeit mit Sensoren zwingend die Frage des zu beobachtenden Gegenstandes stellen, bevor der erste Sensor installiert wird.

Auf die Schwierigkeiten verweist Fergus Pitts bereits in seinem Sensorjournalismusreport für das Tow Center von 2014 (bit.ly/TowCenterReport). Einige Hinweise liefern die Sensorlisten der einschlägigen Elektronikhändler als Inspiration. Sie unterteilen sich in Bereiche wie Gesten, Vibration, Beschleunigung, Druck, RFID, Luftqualität, Farbe, Temperatur, Leitfähigkeit, Licht, Abstand, Ausrichtung und Magnetfelder. Das ist aber noch eine unvollständige Antwort auf die Frage, was man messen kann. Bisher wurden der Gesang von Zikaden gemessen und Überholabstände im Straßenverkehr, der pH-Wert im Kuhpansen, die Trockenheit von Böden und die Schallwellen der Sprengstofffischerei. Welche Sensoren konkret zum Einsatz kamen, ist dabei erst mal gar nicht so entscheidend.

Hinzu kommt eine Unschärfe des Sensorbegriffs selbst. In unserem Verständnis kann auch ein Satellit zum Sensor werden, wenn wir die Aufnahmen sensorjournalistisch auswerten. Viele Sensoreinheiten sind kombiniert, zum Beispiel enthalten sie einen Temperatur- und einen Luftfeuchtigkeitssensor. Da sie in einem Gehäuse stecken, sprechen wir auch in diesem Fall leicht unscharf von einem Sensor. Im Grunde kann man über alles schreiben, also auch alles mithilfe von Sensoren beschreiben. Die Frage ist, ob es sinnvoll ist.

Wenn die *Washington Post* die Schwerpunkte von Schießereien ermittelt, tut sie das mit relativ einfachen Schallwellensensoren des GunSpotter-Netzwerks (mehr zu dem Beispiel im Kap. „Smart City Reporting" auf S. 89). Das heißt nicht, dass die Analyse einfach wäre. Pitt schreibt: „Der Punkt ist, dass gängige Sensoren Daten in Prozesse speisen können, die verschiedene Berechnungen aus der komplizierten Physik durchführen und so höherwertige Anwendungen erlauben."

Zu den meisten Fragestellungen gibt es mehrere plausible Sensorlösungen. Damit ein Einkaufswagen die Produkte im Supermarkt erkennt, kann man die Barcodes einlesen. Man kann einen RFID-Leser einsetzen, wie wir es beim *Storytrolley* getan haben. Das hat den Nachteil, dass alle Produkte mit entsprechenden Tags gelabelt werden müssen. Oder man kann mit einer Kamera als Sensor die Produkte erkennen, eine Lösung, die für den Einkäufer am angenehmsten sein könnte.

Nehmen wir ein anderes einfaches Beispiel aus unserem *WDR*-Projekt *#bienenlive* (bienenlive.wdr.de): Wir wollen wissen, wie viele Bienen an einem Tag einen Bienenstock verlassen. Die naheliegendste Lösung ist, eine Lichtschranke zu installieren, beziehungsweise besser zwei Lichtschranken direkt hintereinander, damit man hineinkommende von herausfliegenden Bienen grob unterscheiden kann. Man könnte die Tiere auch mit farbigen Punkten kennzeichnen, dann wäre ein Farbsensor der geeignete Sensor. Man könnte aber auch eine Lösung mit Bilderkennung und einer Kamera nutzen, die auf die lokalen Bedingungen trainiert wird. Wären sie mit kleinen RFID-Sensoren ausgestattet, könnte ein RFID-Leser sie beim Eintreten und beim Verlassen des Stocks erfassen und sogar sagen, welche Biene da gerade war. Während eine Lichtschranke für wenige Cent zu haben ist, kosten solch spezialisierte RFID-Leser leicht 2.000 Euro.

Es lohnt sich also, rechtzeitig die eigene Fragestellung zu schärfen: Will ich wissen, wie viele Starts und Landungen es in einem Stock gibt? Oder will ich wissen, wie oft und wann die einzelne Sammelbiene Maja startet und landet?

Testen Sie verschiedene Sensoren, um den für die eigene Anwendung optimalen zu ermitteln. Jeder Sensor hat seine Eigenheiten, mancher Gassensor braucht zum Beispiel eine Vorheizzeit, der Temperatursensor, der hier im Buch verwendet werden wird, liefert komische Werte, wenn man ihn zu oft abfragt. Auch das Gehäuse oder die Vorrichtung, mit deren Hilfe gemessen wird, werden Sie in vielen Fällen herstellen müssen. Im Fall der Bienenzähler müssen Sie dafür sorgen, dass die Insekten auch tatsächlich den Sensorbereich einzeln passieren.

Sie sollten auch die Leser*innen darüber aufklären, was der Sensor misst und mit welcher Unsicherheit er das tut. Kein Sensor wird immer akkurat senden. Wenn der Pansensensor einer Kuh keine Daten sendet, kann das heißen, dass die Kuh tot ist. Es kann aber auch einfach sein, dass das WLAN-Netzwerk ausgefallen ist. Dazwischen bewegt sich der Bereich der Fehlerquellen. Diese Unwägbarkeiten sollten die Leser*innen kennen.

B3 MEIN WERKZEUGKASTEN

Willkommen im Basislager für die Expedition in den Journalismus der Dinge. Nehmen Sie nichts mit. Außer das, was Sie für die ersten Schritte brauchen. Die besten Werkzeuge sind so minimalistisch, dass sie in die Hosentasche passen und uns nicht dabei stören, uns auf das Wichtigste zu konzentrieren: gute Geschichten.

Die größte Hürde im Journalismus der Dinge ist das notwendige technische Wissen – oder besser, das vermutete technische Wissen, denn die Hürde ist viel niedriger, als Sie vermutlich denken. Natürlich: Um sich ins Internet der Dinge einzuklinken, ist es unerlässlich, sich einfache Geräte selbst zu bauen, aber Sie werden nicht löten und nur wenig programmieren müssen, versprochen. Sie müssen lediglich die Art von nerdigem Expertentum erwerben, für die man Sie anfangs belächeln wird. Nehmen Sie es als Lob.

Ich möchte Ihnen hier einige Möglichkeiten vorstellen, mit dem Journalismus der Dinge anzufangen. Als Erstes brauchen wir eine Plattform. Sie müssen sich also für einen Ausgangspunkt entscheiden, für Technik und Programmierung. Der Einstieg ist heutzutage billig und für alle zu haben. Es gibt unzählige verschiedene Anbieter, ich habe eine Menge davon getestet und benutze mittlerweile meist Particle.io, schlicht weil dieser Anbieter simpel und zuverlässig ist.

Und noch einen Vorzug hat er: Sie sind bei Particle nie allein. Es gibt eine ausgezeichnete, klare Dokumentation und ein lebendiges Ökosystem aus Entwicklern, die Ihre Fragen beantworten. Über 140.000 sind es nach Angaben des Unternehmens aktuell. Vieles von dem, was Sie vorhaben, wird es also als Plan schon irgendwo geben.

Die beste Plattform für Ihre Projekte

„Der Critical Engineer betrachtet Technik als die mit Abstand transformativste Sprache unserer Gegenwart, welche unsere Art zu denken, zu kommunizieren und wie wir uns bewegen einflussreich verändert." Das schreibt der Künstler und Maker Julian Oliver mit Kollegen im Critical Engineering Manifesto (criticalengineering.org). Particle macht einen Vorschlag, wie man Projekte denkt.

Zach Supalla gründete 2012 das Unternehmen Particle, weil er für seinen Vater eine vernetzte Glühbirne bauen wollte. Vater Supalla war taub, und da half es, wenn das Licht Signale gab, sobald jemand an der Tür klingelte. Sein Sohn wollte aber, dass das Licht auch dann Signale gab, wenn sein Vater eine SMS erhielt. Und das war gar nicht so einfach. Also erfand er ein System, mit dem er das bauen konnte. Und schließlich machte er daraus ein Unternehmen, damit wir alle Lampen bauen können, die auf Handys hören – und umgekehrt. Also genau das, was wir im Journalismus der Dinge wollen.

Es ist einfach magisch, wenn man vom Büro aus mit einem getippten Befehl in einem Texteditor im Wohnzimmerfenster auf der anderen Seite der Stadt eine LED blinken lassen kann. Der konkrete Befehl ist Code und lautet `digitalWrite(D7, HIGH)`. Meine Experimente mit Particle verschafften mir in den vergangenen fünf Jahren immer wieder diese Momente, in denen ich dachte: „Moment, ich bin Journalist, wieso kann ich das?"

Das Geheimnis liegt in diesem Fall voll und ganz in unserer Expeditionsausstattung: Während viele Unternehmen entweder Hardware, Software, Cloud-Services oder Entwicklungsumgebungen anbieten, macht Particle alles. (Sie kennen das, auch Apple macht das so.) Particle bietet Hardware und Software für den Einstieg ins Internet der Dinge – und das äußerst preiswert. Doch selbst wenn Sie später aus Ihrer fix zusammengesteckten Elektronik ein Produkt machen wollen, zum Beispiel auf Kickstarter, der Plattform für neue Produkte, oder ein paar Dutzend Produkte für Redaktionen, können Sie weiter mit der Plattform arbeiten.

Beginnen wir mit dem wichtigsten Bauteil: dem Mikrocontroller. Der aktuell einfachste WLAN-Mikrocontroller von Particle, der Particle Argon, kostet etwa 25 Euro. Er ist ein universeller, kleiner 28-Beiner. Jedes Bein ist ein Anschluss für Strom oder Daten. Der Argon arbeitet, wenn er mit dem

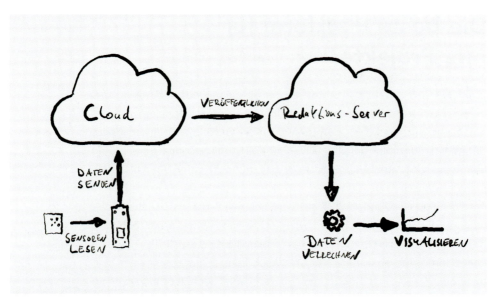

Abb. 19: Der Sensor hängt am Mikrocontroller, der sendet die Messwerte in die Cloud zur journalistischen Verwendung.

Abb. 20: Der Minicomputer Argon auf einem Puppen-Laptop.

WLAN verbunden ist. Man kann keine Software darauf installieren (etwa eine Textverarbeitung), sondern nur Code auf dem eigenen Computer schreiben und ihn auf den Mikrocontroller übertragen. Und er kann immer nur eines dieser kleinen Programme ausführen, nicht mehrere gleichzeitig, das tut er aber sehr zuverlässig. Ein letzter Pluspunkt: Der Argon hat zwei Brüder, die Particle Mikrocontroller Boron und Xenon, und alle drei sind kompatibel mit dem Adafruit Feather System, das wiederum etwa 50 Hardware-Erweiterungen bietet. Einige Erweiterungen sind Sensoren für Ihre sensorjournalistischen Projekte. Andere spielen Sounds aus oder tragen Displays, wenn Sie Prototypen von neuen Empfangsgeräten bauen wollen. Sie merken, ich bin ein Fanboy und gerate leicht ins Schwärmen.

Also noch einmal zurück: Wenn Sie bereit sind, für Ihren ersten Ausflug ins Internet der Dinge 35 Euro zu investieren, kaufen Sie sich einen Particle Argon, ein paar Kabel und ein Breadboard (das ist eine Steckplatine, die Sie ohne Löten mit Komponenten bestücken können). Dazu eine Lithium-Ion Polymer-Batterie (3,7 V, 2.500 mAh mit JST-PH-Anschluss), das ist ein Akku, der Ihre Projekte mobil macht. Ein Ladegerät kaufen Sie am besten gleich dazu. Zur Not können Sie die Batterie auch über den Argon laden.

Dazu brauchen Sie, je nachdem, was Sie vorhaben, Sensoren und Displays. Sehr schnelle Ergebnisse bringt das Grove-System, denn dort können Sie alle Komponenten anschließen. Der Argon sitzt auf einem Verteiler, dem „Grove Shield for Particle Mesh" (das es zum Redaktionsschluss nur im Starterkit gibt).

Bei Grove sind die Sensoren und Displays mit Steckern verbunden. Im Kit dabei sind ein Ultraschallsensor zur Abstandsmessung, ein Temperatur- und Luftfeuchtigkeitssensor, ein Helligkeitssensor, ein Tongeber, ein Taster und ein sehr einfaches Vier-Felder-Display, wie es in Aufzügen die Stockwerke anzeigt. In weniger als zehn Minuten bauen Sie damit zum Beispiel einen einfachen Abstandssensor (Anleitung auf S. 107). Das Particle-Einsteigerset von Grove kostet etwa 30 Euro. Den Mikrocontroller Argon müssen Sie extra dazu kaufen (bit.ly/particlemeshkit)!

Kaufen Sie zu Beginn Teile von Anbietern wie Adafruit, Grove, Sparkfun oder Pimoroni, auch wenn sie etwas teurer sind. Diese Anbieter haben für jedes Teil auch eine ausführliche Beispieldokumentation und liefern so schnelle Erfolgserlebnisse. (Im Anhang ab S. 234 finden Sie Bezugsquellen.) Wenn Sie bereit sind, für Ihren Ausflug ins Internet der Dinge 85 Euro zu investieren, kaufen Sie gleich eines der Sensorenstartersets. Man kann

Abb. 21: Das Grove-Starterkit für Particle Mesh. Im Bild rechts ist der Particle Argon zu sehen.

Abb. 22: Der erste Prototyp der Nachrichtentasse.

damit einen Temperatursensor bauen oder mit wenigen Zusatzteilen einen vernetzten kleinen Roboter (zum Beispiel diesen: bit.ly/miniroboter), einen Pflanzensensor (Anleitung auf S. 123) oder einen smarten tragbaren Assistenten, wie den Abstimmer (Anleitung auf S. 204), zusammenstellen.

Und wenn Sie eine Schaltung so richtig mobil machen wollen, ersetzen Sie den Argon durch seinen großen Bruder, den Boron, der seine Daten über eine SIM-Karte ins Mobilfunknetz sendet. Sie brauchen dafür keine neue Zeile Code zu schreiben,

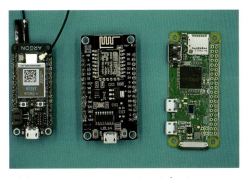

Abb. 23: Dreigestirn: Particle Argon (links), NodeMCU (Mitte), Raspberry Pi Zero W (rechts).

keinen Anschluss neu zu legen. Der Boron 2G/3G, der in Europa funktioniert, kostet etwa 70 Euro. Dann können Sie Ihre Daten überall dort sammeln, wo ein Mobilfunknetz ist. Hier zahlen Sie 3 US-Dollar monatliche Grundgebühr für 3 MB Datenvolumen. Das reicht zum Senden einer Menge Sensorwerte.

Für die von mir entwickelte *Reporter.Box* (siehe Kap. „Die Reporterbox und das Storyboard" auf S. 143) habe ich natürlich ebenso das Particle-System eingesetzt. Die Idee der Box ist, dass ich unterschiedliche Sensoren anschließen kann. Sie erkennt die automatisch und schickt sie direkt an ein kleines Redaktionssystem, das wir gebaut haben. Aber ich habe auch ganz kleine Experimente gemacht.

Als ich eines Morgens beim Frühstück saß, waren mir die Radionachrichten zu viel. Stattdessen wünschte ich mir die Weltlage, serviert mit jedem Schluck Kaffee. Ich schaute auf meine Tasse. Die Tasse mit Kaffee ist meine Verbündete am Morgen. Und nach dem Frühstück begann ich, die *Newsmug* zu bauen. Dafür brauchte ich einen Particle-Mikrocontroller, einen Kippsensor, ein Audiomodul und einen Kaffeebecher. Wenige Stunden später war der Prototyp fertig. Mit fertig meinte ich: Gebaut und programmiert. Mit jedem Schluck Kaffee spielt die *Newsmug* eine Nachricht – und zwar genau eine. Mit einer sprechenden Kaffeetasse durch eine Kleinstadt zu laufen, ist ein besonderes Erlebnis. Etwa so müssen sich die ersten Menschen mit Mobiltelefonen gefühlt haben. (Okay, ein Problem habe ich noch nicht gelöst: Das Ding ist noch nicht kaffeefest.)

Vielleicht haben Sie auch ein Frühstückserlebnis mit den Nachrichten? Oder Sie möchten erst mal die Ausrüstung parat haben, ehe es mit dem

Journalismus der Dinge losgeht? Dann gehen Sie doch einkaufen, das macht ja auch Spaß. Wir sehen uns wieder, wenn Ihr Paket angekommen ist und Sie bereit sind für das Abenteuer, Dinge zum Sprechen zu bringen.

Zoom auf den Argon

Unser Sherpa auf dem Weg in den Journalismus der Dinge ist nach einem Edelgas benannt: der Argon. Der Mikrocontroller Argon ist ein Wunderwerk auf 28 Beinen. Schauen wir ihn uns genauer an. Er ist ein mächtiger WLAN-Controller, der allein arbeitet oder als Knoten in einem Mesh-Netzwerk auftreten kann (siehe Kap. „Journalistische Maschen", S. 54).

Zehn Jahre lang war es der italienische Bastelcomputer Arduino, mit dem einfache Bauprojekte umgesetzt werden konnten. Der Argon hat ihm gegenüber einige Vorteile. Im Internet finden sich viele Anleitungen für den Arduino, von denen sich die allermeisten auch für den Argon eignen.

Der Argon ist ein kleiner Rechner, der über seine Pin-Beinchen Signale empfängt und sendet. Diese Anschlüsse sind die Zugänge zur Außenwelt. Was für die Reporterin Augen und Ohren sind, über die sie Informationen sammelt, sind für den Computer Ein- und Ausgänge.

Jeder Anschluss hat eine Port-Bezeichnung, das ist die Adresse, an die die Fracht adressiert wird. Der Argon kann an einem Port Sensormesswerte lesen. Er verarbeitet sowohl analoge Signale – das sind solche, die von eher einfachen Sensoren als Stromspannung ankommen – wie auch digitale von ausgefuchsteren Sensoren. Ein Temperatursensor kann entweder einen Spannungswert senden, den man dann in Grad umrechnen muss, wie es der DHT11 tut. Oder er sendet direkt den digitalen Wert in Grad Celsius, wie es der D18B20 tut. Er verbindet sich über WLAN mit der Cloud und gibt die Signale weiter. Damit man ein solches digitales Signal entschlüsseln kann, braucht man aber aufwendigeren Zusatzcode. Über jeden dieser Pins kann der Argon auch ein Signal aussenden. Er kann zum Beispiel eine LED an- und ausstellen. Und da er mit der Cloud verbunden ist, kann man jeden Pin mit einer Stelle im Internet verbinden und einzeln aus der Ferne auslesen. Oder eben fernsteuern.

Der Argon gehört schon zur dritten Generation von Particle-Hardware. Sein Großvater hieß Spark Core, der Vater Photon. Sie werden ihnen vielleicht im Netz begegnen.

Der Argon hat eine kleine Familie. Sein kleiner Bruder heißt Xenon, sein großer Bruder Boron. Sein Herz ist ein ARM-Cortex-M4F-32-bit-Prozessor. Das können Sie aber sofort wieder vergessen, weil es in Ihrem Alltag kaum Bedeutung haben wird. Bei dem Argon ist ein Batterieladegerät integriert, wenn also die Batterie an der Seite angeschlossen ist und der Argon über USB Strom erhält, wird die Batterie geladen. Das Auffälligste ist die zentrale LED, mit der der Argon seinen Zustand mitteilt. Auf beiden Seiten der LEDs ist ein kleiner Taster: Der Reset-Schalter startet das aktuelle Programm neu. Der Mode-Button versetzt den Argon in einen anderen Modus, wie zum Beispiel den Blaublinkmodus, mit dem er anzeigt, dass er bereit ist, ein neues WLAN mitgeteilt zu bekommen.

Der Argon ist mit dem Adafruit Feather System kompatibel (adafruit.com/feather), das wiederum etwa 50 Hardware-Erweiterungen bietet. Sie werden „Wings" genannt. Es gibt elektrische Schalter, Sensoren, LEDs und kleine OLED-Displays. So lassen sich sehr einfach kleine Geräte aller Art zusammenstecken und programmieren.

Wenn er vor einem auf seinen Beinchen steht und der USB-Anschluss in die Tischmitte zeigt, hat der Argon rechts einen Anschluss für Lithium-Polymer-Batterien (LiPo). Bitte achten Sie immer darauf, dass Sie den Stecker richtig herum anschließen, sonst haucht der Argon sein Leben aus.

Unten hat der Argon zwei kleine Anschlüsse für Antennen. Das sind die Kreise. Die Antennenanschlüsse sind sehr empfindlich. Am besten schließen Sie die beiliegende WLAN-Antenne einmal an, indem Sie sie schräg aufsetzen und dann einklicken lassen, und lassen sie dran.

Rechts neben dem USB-Anschluss ist eine kleine LED, die man einfach aufleuchten lassen kann, wenn das eigene Programm Signale sendet. Sie könnte zum Beispiel blinken, wenn ein Messwert gesendet wird. Dazu muss der Pin D7 auf „High" gestellt werden. Links neben dem USB-Anschluss ist eine kleine orangefarbene LED, die leuchtet, wenn eine angeschlossene LED über den USB-Port geladen wird.

Der Argon arbeitet mit 3,3 Volt. Die Pins haben einen Abstand von 2,54 mm, sodass der Argon gut auf Steckplatinen passt. Auch lassen sich gut Dupont-Käbelchen anschließen, das sind die Leitzungen mit den eckigen schwarzen Enden. Einzig das Festschrauben ist verbesserungswürdig: Der Argon hat vier Befestigungsösen in den Ecken, durch die eher ungewöhnliche M2,5-Schrauben durchpassen, und die bekommen Sie leider nur mit etwas Suchen.

Journalistische Maschen

Stellen Sie sich vor, Sie hätten ihr eigenes kleines Internet. Das klingt ganz spannend, oder? Für viele vernetzte Gegenstände gibt es einen Flaschenhals: den Zugang zum großen Netz. Kleine Geräte wie der Particle-Argon haben oft nur kleine Antennen. Damit müssen sie durch ganze Häuser zum Router funken. Außerdem ist das Funken in ein WLAN- oder Mobilfunknetz energieintensiv. Mesh-Netzwerke lösen diese Probleme. Ein Mesh-Netzwerk ist eine Struktur aus Knoten, die drahtlos miteinander verbunden sind. Jedes Gerät ist darin wie die Masche eines Strickpullovers. In dem Netzwerk verstärkt jeder Knoten das wertvolle Netzsignal und gibt Informationen der anderen weiter. Auf diese Weise gibt es keine Funklöcher. Mesh-Netzwerke sind eine Kombination aus Hardware und Software.

Normale vernetzte Geräte tauschen Nachrichten über die Cloud aus oder über Dienste wie IFTTT. Sind sie jedoch in einem gemeinsamen Mesh-Netzwerk verbunden, dann können sie direkt kommunizieren. Mesh-Netzwerke sind wie kleine lokale Netze – im Idealfall mit allen Geräten, die daran teilnehmen, weil sie einen gemeinsamen Standard teilen.

Es gibt unterschiedlich wertvolle Netzsignale. Nehmen Sie Mobilfunk: Er ist fast flächendeckend verfügbar, allerdings ist Datenvolumen teuer, und es ist auch energieintensiv, die Verbindung zu halten. In bestehenden WLAN-Netzen ist das Datenvolumen für vernetzte Geräte hingegen meist kostenlos nutzbar. Aber auch ein WLAN-Signal aufrechtzuerhalten braucht vergleichsweise viel Energie. Mesh-Netzwerke setzen deshalb auf energiesparendere Verbindungsarten, die jedoch keine große Reichweite haben. Die Verbindung muss ja nur bis zum nächsten Gerät reichen, das die Daten weitergibt. Zum Beispiel mit einer energiesparenden Bluetooth-Verbindung.

In meinem Werkzeugkasten habe ich den Argon-Mikrocontroller vorgestellt. Nun, er ist nicht nur mit dem Internet verbunden, er dient auch für andere kleine Geräte als Zugangspunkt zum Internet. Stellen Sie sich zum Beispiel eine Herde Gassensoren vor. Es ist besonders wichtig, dass ihr Alarm die Meldezentrale erreicht, also bilden sie eine Kette, vergleichbar mit einer Löschkette aus Eimern, wie sie die Feuerwehr früher nutzte. Ein Sensor schickt seine Nachricht an den nächsten Sensor, der wiederum die Information weitergibt, bis sie schließlich den erreicht, der Verbindung zum Internet hat.

Im Particle-System hat der Argon eine Verbindung zum WLAN. Als Melder gibt es dafür den kleinen Bruder des Argon, er heißt Xenon. Xenon kann sich nicht selbst in ein WLAN einwählen, er hat auch nur eine kleine Antenne. Er ist Teil eines Argon-Netzes. Dafür ist er billig und kann sich ganz darauf konzentrieren, was er tun soll, nämlich messen.

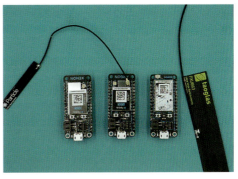

Abb. 24: Die 3. Generation der Particle-Mikrocontroller: Xenon, Argon mit WLAN und Boron mit Mobilfunkzugang.

Hoch lebe der Kleinkram

Prototypen zeichnen sich durch Improvisation aus. Es sind die kleinen Dinge, die das Umsetzen von Ideen in Geräte ungemein erleichtern.

Eins meiner wichtigsten journalistischen Gefährte ist ein ausgemusterter Flugzeug-Trolley der KLM. In den sieben Schubladen, aus denen über den Wolken Snacks und Getränke serviert wurden, verwahre ich Sensoren, Kabel und Mikrocontroller für meine Sensorjournalismusexperimente.

Abb. 25: Eine Grundausstattung an Kleinteilen erleichtert das Basteln ungemein.

Um erfolgreich Prototypen zu bauen, sind es oft die kleinen Dinge, die einem im entscheidenden Moment fehlen, wie zum Beispiel die passende Schraube, eine Abstandshülse, ein Stück Draht, ein schmaler Kabelbinder. Legen Sie sich eine Sammlung an, die das Notwendigste enthält. Die Auswahl an Krimskrams ist fast schwieriger als die der Hauptzutaten. Im Folgenden nenne ich einige Empfehlungen.

Was sonst noch dazugehört: Ihre Werkzeuge passen alle in eine Federtasche. Sie brauchen einen kleinen Kreuzschlitzschraubendreher, ein Cutter-Messer, eine Schieblehre und einen Seitenschneider. Vielleicht benötigen Sie einen einfachen Lötkolben. Dazu Kabelbinder und einen Satz M2,5-, M3- und M4-Gewindeschrauben in verschiedenen Längen.

Dazu Pappe, Holz und Acrylglas. Sowie viel Improvisationsgabe. Wenn Sie nicht lange suchen möchten, gibt es hier eine wilde Zusammenstellung aus meiner Toolbox.

Fangen wir mit den besten Werkzeugen an: Immer griffbereit liegt ein kleiner Bithalter als Minischraubenzieher, dazu mehrere kleine Schraubenzieher. Nichts ist nerviger, als einen Schraubenzieher zu suchen. Eines der besten Sets, das so einen Bithalter enthält, kommt vom Smartphone-Reparaturdienst iFixit. Es enthält 64 essenzielle Bits zum Öffnen von beinahe allen Elektronikgeräten. Dazu gibt es so tolle Werkzeuge wie den Spudger, ein spatelartiges Universalwerkzeug, und Opening Picks, das sind kleine Kunststoffgegenstände, die zum Auseinanderhebeln empfindlicher Materialien perfekt geeignet sind.

Eine Schieblehre: Sie werden sie dauernd brauchen, denn für Prototypen gibt es keine Maßzeichnungen. Viel zu lang habe ich ohne sie gelebt. Eine mechanische Lehre ohne Anzeige genügt voll und ganz. Wie hoch ist der Mikrocontroller? Welchen Durchmesser hat diese Schraube? Und wie viel Platz ist im Gehäuse? Eine Schieblehre spart Geld und macht Spaß. Im vergangenen Journalismusjahr hatte ich sie gefühlt häufiger in der Hand als einen Stift.

Ein Set an Pinzetten: Kaufen Sie welche mit gebogener Spitze und mit gerader Spitze. Sie retten Schrauben aus Prototypen, sie halten Kabel zum Löten, platzieren Aufkleber und lösen auch mal ein verklemmtes Bauteil.

Als Bohrer benutze ich meist einen kleinen Bosch-Ixo-Akkuschrauber. Er ist zwar nicht zum Bohren gemacht, aber Bohrer mit Hex-Anschluss passen hinein. Er ist immer griffbereit. Zum Bohren in Kunststoff empfiehlt sich ein spezieller Acrylbohrer, der besonders saubere Löcher schneidet. Ein Akku-Multitool mit Schneidscheibe, wie die von Marktführer Dremel, ist großartig, wenn Sie Öffnungen in Gehäuse schneiden wollen oder etwas kürzen und das Cuttermesser kommt nicht weiter.

Eine Feinmechaniker-Zange: Sie dient zum Festhalten und Lösen von kleinen Muttern, zum Biegen von Widerständen oder Herausbrechen von Stanzteilen. Kaufen Sie eine gute Zange, die angenehm in der Hand liegt.

Ein kleiner Lötkolben zum Löten elektronischer Bauteile, zum Beispiel der Ersa PTC70: Wer noch nie gelötet hat, sollte es ausprobieren, schwierig ist es nicht. Es riecht einmalig, macht Spaß. Und es hat etwas von der Kunst, einen Füllfederhalter zu führen.

Kleine Tabletts oder Dosen: Wenn Sie etwas auseinandernehmen, bleibt so alles besser beisammen. Gut eignen sich Bonbondosen. Aber auch transparente Reißverschlussbeutel schaffen Ordnung und lassen die unterschiedlichsten Teile schnell finden.

Dazu brauchen Sie Masking-Tape, um Dinge zu fixieren, die nicht für immer zusammenbleiben sollen. Masking-Tape ist Klebeband aus Reispapier, das sich spurlos wieder ablösen lässt.

> **Tipp**
>
> Sie können es zum Beispiel beim Löten verwenden, wenn normaler Klebefilm schmelzen würde. Masking-Tape fixiert auch Deckel von Geräten, die noch nicht ganz zuverlässig funktionieren, oder Elektronik auf dem Rücken von Gehäusen. Es lässt sich zudem prima beschriften.

Außerdem brauchen Sie Kabelbinder. Von der kleinen feinen Sorte, gern bunt. Und wenn Sie Ihre Prototypen an Fahrrädern oder Kühen befestigen wollen, dann ergibt eine Schraubensicherung wie Loctite Sinn.

Nylon-Spacer sind kleine Rohrstücke. Sie sind großartig, wenn Dinge mit einer Schraube befestigt werden, aber auf Abstand bleiben sollen. Standoffs – das sind Gewindeschrauben, die sich an beiden Seiten verschrauben lassen – sind eine elegante Möglichkeit, um Boards zu befestigen.

Und wahrscheinlich werden Sie Ihre eigenen Lieblingstools finden. Willkommen im Basislager für die Expedition in den Journalismus der Dinge! Wählen Sie sorgfältig aus, und nehmen Sie nicht zu viel mit, außer das, was Sie für die ersten Schritte brauchen. Die besten Werkzeuge sind so minimalistisch, dass sie in die Hosentasche passen und uns nicht dabei stören, wenn wir uns auf die wichtigen Dinge konzentrieren: gute Geschichten. Im nächsten Kapitel folgt auch gleich die erste.

SENSOREN ALS QUELLEN

C1   60
Ungerechte Hitze

C2   68
Sensoren programmieren

C3   72
Wenn Dinge Menschen beobachten

C4   79
Journalismus mit dem Internet der Kreaturen

C5   89
Smart City Reporting

C6   113
Die Umwelt beobachten

C7   128
Sensoren als Whistleblower

C8   147
Dramaturgie im Journalismus der Dinge

C9   155
Die Ethik der Sensoren

C Sensoren als Quellen

C1 UNGERECHTE HITZE

Wie so vieles im Leben kann auch Hitze ungerecht verteilt sein. Ein einfaches Projekt mit Temperatursensoren zeigt, wie Bürgerreporter mit Sensoren Informationen sammeln können. Harlem gilt als eine der hitzeempfindlichsten Nachbarschaften New Yorks. „Übelkeit, schneller Herzschlag. In der vergangenen Woche, als die Hitzewelle kam, hatten wir so was. Krämpfe in unseren Beinen. Fast wären wir in unserer Wohnung umgekippt", sagt Harlem-Bewohnerin Michelle Holmes zu Reporterin Sarah Gonzalez.

Aus der Temperaturmessung kann ein spannendes Projekt mit Leserbeteiligung werden, das zeigt das *Harlem Heat Project*. 2016 hat der amerikanische Wetterdienst AdaptNY in Zusammenarbeit mit NGOs und Sensorjournalismuspionier John Keefe Bewohner von Harlem mit Temperatursensoren ausgestattet, um herauszufinden, ob und wie die Menschen unter der Sommerhitze leiden. Die Vermutung: Ein Teil der ärmeren Bevölkerung lebt in schlecht isolierten Wohnungen ohne Klimaanlagen und leidet so besonders unter der Hitzewelle. Doch zur individuellen Belastung einzelner Personengruppen liegen kaum Daten vor. Und das macht auch die journalistische Berichterstattung schwierig. Etwa 30 dieser Leser-Wissenschaftler aus Harlem haben sich an den Messungen beteiligt. Das New York Public Radio *WNYC* begleitete das Projekt journalistisch. Reporterin Sarah Gonzalez schrieb, dass durch die Hitze genauso viele New Yorker sterben wie Fußgänger durch Autounfälle (bit.ly/noraircon).

Maker-Journalist Keefe baute die dafür nötigen Sensoren mit seinen Mitstreitern einfach selbst. Das Gerät bestand aus einem handelsüblichen Mikrocontroller von Adafruit, einem einfachen Temperatursensor und einem Akku. Das Projekt nutzte keine Live-Daten. Die verwendeten Sensoren zeichneten alle 15 Minuten die Zeit, Temperatur und Luftfeuchtigkeit auf einem internen Speicher auf (bit.ly/harlemsensor). Die Messreihen wurden dann händisch ausgelesen und in das Projekt übertragen. Eine Anleitung, um einen Sensor zu bauen, gibt es hier: bit.ly/tutorialharlem.

Im Juli und August lag die durchschnittliche Außentemperatur in New York City bei 28 Grad Celsius (83 Grad Fahrenheit). Im selben Zeitraum war die ermittelte durchschnittliche Innentemperatur jedoch vier Grad höher,

1 Ungerechte Hitze

Abb. 26: Die Temperatursensoren wurden alle von Helfer*innen handgemacht.

sie lag demnach bei 32 Grad Celsius (90 Grad Fahrenheit) – ein gewaltiger Unterschied. Im Verlauf der zwei Monate konnte gezeigt werden, dass bei zwei Drittel der teilnehmenden Harlem-Bewohner der Innentemperaturindex höher war als der der Umgebung. Die Wohnungen waren also schlecht gekühlt. Dies ist ein erster Ansatz für die urbane Planung, um Bevölkerungsteile, die einem höheren Risiko ausgesetzt sind, besser zu schützen. Und diese Erkenntnis, in den Daten einen gesellschaftlichen Zustand zu beschreiben, macht für mich den Kern des Journalismus aus. Mithilfe von Storytelling können daraus dann Reportagen, Berichte und Analysen werden.

Im Projekt *Harlem Heat* wurden verschiedene Abhilfemaßnahmen entwickelt: kühlende Dachgärten, ein Hitzewarnsystem oder die Rückeroberung kühler öffentlicher Plätze. Julia Kumari Drapkin, Gründerin der NGO ISeeChange, sagt, das *Harlem Heat* Project gehe über den „lame old way" des investigativen Journalismus hinaus, der Daten vom Erzählen trennt – und so eine Ungleichheit zwischen Experten aus der Wissenschaft, Journalisten und den betroffenen Menschen schaffe (Holder 2016).

Die meisten der von den Teilnehmern mit Temperatursensoren gesammelten Hitzeindexdaten liegen über dem Index der Außentemperaturen.

Durch ihre Beteiligung haben die Bewohner Journalismus erst möglich gemacht und zwar nicht nur durch ihre subjektiven Berichte über die am eigenen Leib erlebte Hitze, sondern auch durch die objektiv erhobenen Daten.

Einen Wetterfrosch bauen

Befreien Sie sich von der Herrschaft der Datensammler. Sammeln Sie die Daten, die Sie brauchen, einfach selbst: Das ist die Anleitung für einen automatischen Wetterfrosch. Sensorjournalismus bietet die Möglichkeit, die Herrschaft über die Daten selbst zu erlangen. Die Reporterin kann in vielen Fällen mit einfachen Mitteln die Daten erheben, die sie interessieren. Dafür setzen wir den Mikrocontroller Particle Argon ein. Er kostet etwa 25 Euro und hat gegenüber seinen Prozessor-Freunden die schöne Eigenschaft, dass er den Anschluss an den Service IFTTT gleich mitbringt.

Particle ist eine Entwicklungsplattform für das Internet der Dinge. Sie ist kostengünstig und vor allem sehr einsteigerfreundlich. Sie eignet sich aber auch für professionelle Produktentwicklungen. Der Argon wiegt 10 Gramm, ist 5 Zentimeter lang und fast 2 Zentimeter breit. Der Particle Argon kann immer nur ein Programm gleichzeitig ausführen, außerdem ist er auf WLAN angewiesen. Er hat zwei Tasten und zwei Leucht-LEDs. Zum Anschließen von Dingen verfügt er über 18 Ein- und Ausgänge. Programmiert wird er in einer einfachen Version der Programmiersprache C. Aber keine Angst: Um einen Sensor auszulesen und seinen Messwert ins Internet der Dinge zu senden, genügen beim Argon wenige Befehle. Diesen Vorsprung in der Felswand werden wir gemeinsam umklettern.

Nennen wir den automatischen Wetterfrosch *Frog-Bot*. Und das ist der Plan: Wir bauen mit dem Argon einen einfachen Temperaturwächter, der als Wetterbericht auf Twitter jeden Morgen Temperatur und Luftfeuchtigkeit vermeldet und der leicht um andere Sensoren erweitert werden kann. Das ist Journalismus der Dinge mit ein bisschen Programmieren.

Was ein einfacher Vorgang ist, wird im Internet der Dinge zum Staffellauf verschiedener vernetzter Systeme. Der Staffelstab ist der Messwert „Temperatur", der vom Sensor über fünf Stationen auf Twitter landet. Wenn alles klappt, misst beim Temperaturwächter der DHT22 im weißen Gitterkästchen die Temperatur und meldet sie über Käbelchen an den Argon-Mikrocontroller. Über das WLAN sendet der Argon sie in die

1 Ungerechte Hitze

Abb. 27: Der Mikrocontroller Particle Argon im Überblick: der USB-Anschluss (1), die beiden Tasten (2 und 3), die Status-LED, die sein Befinden anzeigt (4), eine LED für den Ladestand eines angeschlossenen Akkus (5), vom Benutzer ansteuerbare LED (6), Akku-Anschluss (7), Anschluss für Prüfungen (8), Antennenanschluss für WLAN (9) und eine eventuelle Zusatzantenne (10).

Particle-Cloud. Der Temperaturmesswert steht dort jetzt für alle Services zum Abruf bereit. Dort ruft unser Wächter-Applet von IFTTT die Daten ab und veröffentlicht sie auf Twitter. Aber Schritt für Schritt.

Zutaten
- Particle.io-Account
- Twitter-Account
- 1 Mikrocontroller Particle Argon
- 1 Temperatursensor DS18B20
- 1 kleines Breadboard
- 1 Widerstand, 1 Kiloohm
- 5 kurze Dupont-Jumper-Kabel
- 1 Micro-USB-Kabel

Schritt 1: Einen Account anlegen

Ein Breadboard ist eine Steckplatine, auf der Schaltungen ohne Löten testweise aufgebaut werden können. Stecken Sie den Argon, wie im Bild gezeigt, mittig auf das Breadboard. Stecken Sie das USB-Kabel in den Computer und vorn in den Particle. Folgen Sie den Anweisungen zum Einrichten des WLAN auf setup.particle.io.

> **Tipp**
>
> Der Argon teilt seinen Gemütszustand über eine einzelne blinkende LED mit. Wenn er nach dem Einschalten nach kurzem grünen Blinken langsam türkis pulsiert („atmet"), ist alles in Ordnung. Dann atmet er WLAN. Wenn Sie ein neues Programm aufspielen („flashen"), leuchtet er magentafarben. Es gibt aber eine ganz eigene Blinksprache, die Sie kennenlernen werden. Die Bedeutung der verschiedenen Blink-Codes finden Sie hier: bit.ly/blinkcodes.

Schritt 2: Den Controller einsetzen

Stecken Sie den Argon mittig auf das Breadboard, sodass sich PIN RST oben links in Reihe 1 neben Feld [b1] befindet. Um den Argon hineinzubekommen, drücken Sie sanft auf den QR-Code oder fassen sie an die Seiten. Bitte hebeln Sie nicht am USB-Port! Schauen Sie, dass das erste Beinchen im Breadboard steckt.

Schritt 3: Den Sensor verkabeln

1. Leiten Sie ein rotes Kabel von 3,3 V [b2] zu Feld [a26] neben dem Temperatursensor.
2. Stecken Sie ein schwarzes Kabel von Argon GND [b4] zu [a28].
3. Führen Sie ein Käbelchen von [a27] zum Pin D4 des Argon [j12].
4. Biegen Sie den Widerstand und setzen Sie ihn in die Felder ein.

Schritt 4: Den Sensor anschließen

Jetzt führen drei Kabel zum Anschluss des Temperatursensors. An den Enden sollte Draht herausschauen. Ist das nicht der Fall, müssen Sie ein Stück der Kabelummantelung entfernen. Es ist etwas frickelig, die feinen Kabel tief genug ins Breadboard zu bekommen. Sie müssen wie folgt hinein: rot nach [e26], gelb nach e[27], schwarz nach [e28]. Die gelbe

Leitung ist die Datenleitung. Jetzt stecken Sie das USB-Kabel hinein. Der Argon sollte erst grün blicken, nach etwa einer Minute aber ruhig türkis atmen.

Schritt 5: **Das Programm anlegen**
Jetzt müssen Sie allen Mut zusammennehmen, denn es wird programmiert. Die Programmierung erfolgt in einem Online-Editor, der Entwicklungsumgebung build.partoicle.io. Dort wird der Code geschrieben und dann über WLAN an den Argon geschickt. Der Argon kann immer nur genau ein Programm ausführen, nämlich das neueste. Gehen Sie zu build.particle.io.

Wählen Sie in der Leiste links das Symbol „< >". Sie sehen ein leeres Fenster, in dem ein leeres Programm angezeigt wird:

```
void setup() {
}
void loop() {
}
```

Im Bereich `setup()` zwischen den geschweiften Klammern werden die Befehle Platz finden, die der Minicomputer beim Start einmal ausführen soll. Das kann zum Beispiel die Prüfung sein, ob ein Sensor angeschlossen ist, oder eine Begrüßung. Im Bereich `loop()` finden alle Befehle Platz, die immer wieder ausgeführt werden sollen, zum Beispiel Temperaturmessen.

> **Tipp**
>
> Wählen Sie jetzt testweise das Programm „BlinkanLED" und drücken Sie dann auf das Blitzsymbol. Das Programm wird auf Ihren Argon übertragen. Es lässt die kleine blaue LED neben dem USB-Anschluss blinken. Und zwar so lange, bis Sie den Strom trennen oder ein neues Programm aufspielen.

Schritt 6: **Der Code**
Das Programm zur Temperaturmessung liest den Sensor aus. Er hat ein Protokoll namens OneWire, das leider etwas kompliziert ist, um mit ihm zu sprechen. Darum brauchen Sie sich aber glücklicherweise nicht zu kümmern, denn dafür gibt es fertigen Code in Bibliotheken.

C Sensoren als Quellen

Dafür liefert der Sensor einen digitalen Temperaturwert, den wir in eine Particle-Variable schreiben. Das ist ein Wertekasten, den man aus dem Netz auslesen kann. Kopieren Sie den Code per Copy-and-paste in die Entwicklungsumgebung.

 DAS PROGRAMM FROGBOT.INO

Schritt 7: Das Programm starten
Um das Programm zu kompilieren und auf den Argon zu übertragen, genügt ein Klick auf das Blitzsymbol in der Seitenleiste. Dieser Vorgang nennt sich „Flashen". Das funktioniert drahtlos über das WLAN und würde auch funktionieren, wenn der Argon am anderen Ende der Welt am Internet angeschlossen wäre. Wenn es klappt, sollte der Argon nach einigen Sekunden magentafarben blinken und dann neu starten, also einige Sekunden schnell grün blinken, dann türkis atmen. Der Temperaturwert („temp") steht jetzt (und erst jetzt!) in IFTTT bereit. Herzlichen Glückwunsch, Sie sind jetzt Coder!

Schritt 8: Ein IFTTT-Rezept anlegen
Melden Sie sich bei ifttt.com an. Wählen Sie den Menüpunkt „My Applets", dann den Button „New Applet". Sie sehen den Schriftzug „if +this than that". Wählen Sie „+this". Als Datenquelle nehmen Sie den Service von Particle.io (dem Macher unseres Mikrocontrollers).

Sie haben jetzt mehrere Optionen für Rezeptvorschläge. Wählen Sie „Monitor a Variable", denn genau das ist es, was wir tun wollen: den Wert einer Variablen im Auge behalten. Und zwar so: Wenn die Variable „tempC" einen Wert beinhaltet, der größer als 32 Grad Celsius ist, soll eine Warnung getwittert werden.

Wenn tempC (erstes Feld) is (Test Operation) Greater Comparison Value (Value to Test Against) 32.

> **Tipp**
>
> IFTTT vernetzt Dinge mit Services. Eine detaillierte Anleitung von Particle für den Service von IFTTT gibt es unter bit.ly/particle-ifttt.

Schritt 9: Eine Twitter-Botschaft vom Argon versenden
Wählen Sie jetzt für „+that" den Service Twitter. Und zwar „Post a tweet". Jetzt ändern Sie den Text. Meine Botschaft lautet: „Die Temperatur in der Lüneburger Fußgängerzone beträgt aktuell {{Value}} #hitzefrei." Wählen Sie „Create Action". Und schon sind Sie fertig. Ihr Wetterroboter arbeitet für Sie – selbst wenn Sie am Strand liegen.

Schritt 10: Testen!
Öffnen Sie Twitter. Schließen Sie nun Ihre Faust um den Temperatursensor, bis er wärmer wird. Drücken Sie bei IFTTT auf „Check Now" und warten Sie etwa zwei Minuten, IFTTT ist nicht der schnellste Service der Welt. Der Tweet sollte abgesetzt werden.

Herzlichen Glückwunsch! Sie haben sich von der Datenerhebung der Wetterdienste ein Stück unabhängig gemacht. Und können Ihre Leser jetzt mit selbst gemessenen Temperaturwerten versorgen.

> **Tipp**
>
> Um den Temperaturwächter voll auszureizen, können Sie mehrere IFTTT-Rezepte anlegen. Ein Rezept könnte zum Beispiel ab 35 Grad Celsius hitzefrei fürs Büro fordern, ein anderes bei Temperaturen unter 0 Grad Celsius auf Twitter vor Nachtfrost warnen. Auch mehrere Temperatursensoren können eingesetzt werden, zum Beispiel einer in jedem Stadtteil oder an besonderen Sehenswürdigkeiten der Stadt oder am öffentlichen Strand.

Ein Beispiel für den Einsatz des Temperaturwächters bietet das Harlem-Temperaturreporterprojekt des New York Public Radio *WNYC* (wnyc.org/series/harlem-heat-project).

Die zweite Etappe der Expedition im Journalismus der Dinge ist geschafft: Sie sind im ersten Höhenlager des Vernetzte-Dinge-Machens angekommen. Es hat sicher noch nicht alles auf Anhieb geklappt, und Sie waren nicht im Training. Hoffentlich haben Sie trotzdem noch Kraft. Die gute Nachricht: Je langsamer Sie aufsteigen, desto besser stehen Ihre Chancen, dass Sie sich gut in der Welt der Dinge akklimatisieren. Da unterscheidet sich die Expedition ins Internet der Dinge nicht viel von der Besteigung eines Achttausenders.

C Sensoren als Quellen

C2 SENSOREN PROGRAMMIEREN

Als Sie den *Frog-Bot* gebaut haben, haben Sie ihn programmiert. Ich möchte kurz auf die Programmierung eingehen. Wenn ich sage kurz, dann meine ich das: Willkommen beim kürzesten Programmierkurs der Welt! Ich werde Ihnen die drei Befehle vorstellen, die Sie brauchen, um einen Sensor zu programmieren.

Der typische Aufbau eines vernetzten Sensors ist dieser: Sie haben einen Sensor, der zum Beispiel Temperaturen misst. Dieser Sensor hängt an einem Mikrocontroller, im Beispiel oben dem Argon. Der Mikrocontroller sendet die Daten in die Cloud. Und um dieses Scharnier müssen wir uns jetzt kümmern. Denn damit der Mikrocontroller weiß, was er tun soll, braucht er Befehle. Die schickt ihm ein Programm. Die Particle-Mikrocontroller werden, wie übrigens auch der Arduino, in einem vereinfachten Dialekt der Programmiersprache C++ geschrieben.

In drei Befehlen um die Welt

Los geht's. Melden Sie sich bei der Entwicklungsoberfläche build.particle. io an. Sie könnten das Programm auch in einem beliebigen Text-Editor schreiben (einzig Word eignet sich nicht). Wählen Sie in der linken Leiste das Symbol „< >". Sie sehen ein leeres Fenster, in dem ein leeres Programm angezeigt wird:

```
void setup() {
}
void loop() {
}
```

Zwischen den geschweiften Klammern im Bereich `setup()` werden die Befehle Platz finden, die der Mikrocontroller nur beim Start einmal

> **„Was braucht man also, um ein weniger schlechter Programmierer zu werden? Nicht viel. Neugier ist hilfreich, ebenso wie ein entspannter Umgang mit der eigenen Ahnungslosigkeit."**
>
> KATHRIN PASSIG UND JOHANNES JANDER, *WENIGER SCHLECHT PROGRAMMIEREN*

ausführen soll. Das kann zum Beispiel die Prüfung sein, ob ein Sensor angeschlossen ist, oder eine Begrüßung. Im Bereich `loop()` finden zwischen den geschweiften Klammern die Befehle Platz, die immer wieder ausgeführt werden sollen. Zum Beispiel Messen und Veröffentlichen.

Befehl Nr. 1: pinMode

Sie müssen dem Mikrocontroller sagen, wo Daten ankommen. Sie erinnern sich? Jedes der Beinchen ist ein Ein- und Ausgang. Nun horcht der Mikrocontroller aber nicht alle ab. Der Befehl zwischen den geschweiften Klammern lautet also:

```
pinMode(A2, INPUT);
```

Wobei A2 für den Pin des Argons steht. Ist es ein digitaler Eingang, zum Beispiel D4 oder D7, kann er entweder an oder aus sein. Wir brauchen einen analogen Pin, und dieser soll Daten empfangen. Dafür steht das Input zwischen den Klammern.

C Sensoren als Quellen

Befehl Nr. 2: AnalogRead

```
&temperatur_gemessen = analogRead(A2);
```

An Ausgang A2 ist der Temperatursensor des *Frog-Bot* angeschlossen, zum Beispiel als Steckkabel neben dem Beinchen. Hier kommt die Sensorinformation an.

Befehl Nr. 3: Particle.Variable

Wir wollen, dass die Messwerte ins Netz kommen. Particle legt sie an einem Ort für uns ab, wir müssen ihn einfach nur benennen. Das übernimmt der folgende Befehl:

```
Particle.variable("Temperatur", &temperatur_gemessen, INT);
```

Er legt die gemessene Temperatur &temperatur_gemessen in den Kasten Temperatur.

Das fertige Programm

Das fertige Programm, mit dem ein Sensor ausgelesen wird und die Daten in die Cloud gebracht werden, sieht dann so aus:

```
int analogvalue;
void setup {
Particle.variable("Temperatur", &temperatur_gemessen, INT);
}
void loop() {
&temperatur_gemessen = analogRead(A2);
delay (1000); // Zwischen jedem Messen 1 Sekunde warten
}
```

Ab auf den Argon

Sie können jetzt auf dem Symbol mit dem Kreis Ihren Argon auswählen. Schließen Sie Batterie oder USB-Kabel an den Argon an, damit er Strom hat. Die Batterie wird an den seitlichen Batterieanschluss des Argon angesteckt. Dies ist die schwarze Buchse, die 90 um Grad gedreht nach rechts vom USB-Eingang wegzeigt. Wenn er türkis atmet, dann können Sie mit dem Blitzsymbol links oben das Programm auf den Argon übertragen. Sie wissen schon, „Flashen" heißt dieser magische Vorgang. Was aber passiert dabei? Das Programm wird zu Particle geschickt. Dort wird es kompiliert, das heißt in Maschinensprache übersetzt. In dieser Form wird es dann per WLAN auf den Argon übertragen. Er blinkt dabei magentafarben. Sollten Sie sich verschrieben haben, gäbe es jetzt eine Fehlermeldung. Unter console.particle.io können Sie die Temperatur abfragen.

Ich gebe zu, dieser Programmierkurs war wirklich sehr knapp. Aber Sie finden zum Thema Programmieren wirklich alles im Netz. Viel mehr werden Sie für dieses Buch nicht brauchen.

C Sensoren als Quellen

C3 WENN DINGE MENSCHEN BEOBACHTEN

Die vernetzten Gegenstände haben uns gut im Blick. Wir werden sie nicht mehr abschütteln. Nur: Was erzählen sie?

Wie würde der Wasserkocher, dem Sie morgens vor allem grummelig begegnen, Sie beschreiben? Was berichtet der Turnschuh, der Sie regelmäßig dann erlebt, wenn Sie am Limit sind? Und was würde der Staubsaugerroboter erzählen, der weiß, wie es unter Ihrem Sofa ausgesehen hat? Unsere Dinge sind zu Beobachtern unseres Alltags geworden, sie sind unsere stummen Mitbewohner. Im Unterschied zu früher zeichnen sie ihre Erlebnisse in Logbüchern auf. Welches Ding soll Sie nach Ihrem Tod porträtieren?

„15 Regentropfen, Schritt, Schritt, einatmen, Schritt, Schritt, ausatmen 15 – 2 – 1 – 2 – 1, er fühlt, wie der Rhythmus Leben in die müden Glieder bringt und wie der steigende Puls den Körper sanft weckt. 80, 90, 100, 120, 130, der Läufer schaut auf die Uhr, nickt, lächelt, trabt." So beschreibt Riffreporterin Eva Wolfangel den joggenden Florian Schumacher.

Über Florian Schuhmacher könnten seine Dinge viel erzählen, denn Schumacher ist ein Quantifier. Er ist ein Mann, der sein Leben optimiert, indem er alles misst, was sich messen lässt. Und einer, über den eine Folge Sensordaten vielleicht mehr sagt als jede einzelne seiner Interviewaussagen.

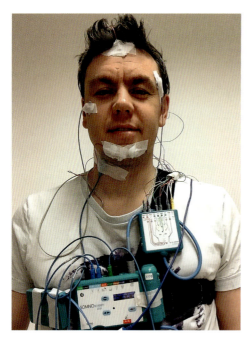

Abb. 28: Kein Gedanke ohne Signal: Florian Schumacher im Schlaflabor.

3 Wenn Dinge Menschen beobachten

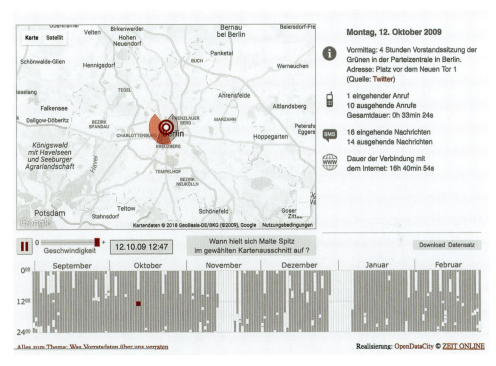

Abb. 29: Auf den Fersen: Die Bewegungen des Politikers lassen sich gut verfolgen.

Die Quantified-Self-Bewegung versammelt Menschen, die ihr Leben in Zahlen fassen. Sie zählen ihre Schritte und überwachen ihr Schlafverhalten, sie tracken ihre Stimmung, ihren Puls und den Hautwiderstand, ihr Gewicht und die Luftqualität, sie zeichnen ihr EKG auf und messen Insulin- und Cortisol-Spiegel im Blut, sie lassen ihre DNS analysieren. Wearables – also tragbare, vernetzte Geräte – machen ihnen das stete Sammeln von Daten möglich, ohne dass sie viel dafür tun müssten oder gar verhaltensauffällig würden. Die Krönung für viele: ihre erreichten Erfolge zu teilen.

Zwei Journalisten haben die Quantified-Self-Bewegung zum großen Ding gemacht: Gary Wolf und Kevin Kelly. Während ihrer Arbeit beim Technologiemagazin *Wired* stießen sie auf verschiedene Technologien: vom Life Logging bis zur Biometrie. Die beiden erkannten: So unterschiedlich die Dinge auch sind, eines haben sie gemeinsam, nämlich dass sie alltäglichen Gegenständen eine zusätzliche Dimension verleihen. Gemeinsam gründeten Wolf und Kelly im Jahr 2007 das Unternehmen Quantified Self Labs.

C Sensoren als Quellen

„These new tools were being developed for many different reasons, but all of them had something in common: they added a computational dimension to ordinary existence", schreibt Wolf (2011). Denn das ausgemessene Ich ist vor allem eine gute Story. Die Fitnesstracker sind unerbittlich. Fitnessarmbänder und Smartwatches mit EKG-Funktion, Überwachungskameras und Smart Assistants, sie alle sind Rechercheure in unserem Leben.

Der Grünen-Politiker Malte Spitz klagte im Jahr 2009 von der Telekom die Nutzungsdaten ein, die sein Smartphone sechs Monate lang aufgezeichnet hatte. Er stellte sie einem Journalistenteam von *Zeit Online* zur Verfügung. Daraus entstand ein Klassiker des Sensorjournalismus. Die Geodaten wurden mit Erklärungen gekoppelt. Dazu nutzten die Journalisten frei im Netz verfügbare Informationen aus dem Leben des Abgeordneten, wie Twitter und Blogeinträge. Wir lernten das Verhalten des Spitzenpolitikers kennen, dem wir ein halbes Jahr lang näherkamen als jede Reporterin. Sollte Spitz in dieser Zeit über seinen Aufenthaltsort gelogen oder ein Treffen gehabt haben, das er im Nachhinein lieber verschwiegen hätte, wir wüssten es. Durch das Bewegungsprofil seines Smartphones entstand ein erschreckend genaues Abbild seines Lebens.

Wer einen Eindruck davon bekommen will, welche Daten gesammelt werden können, dem gibt der Datenjournalist Marco Maas bereitwillig Auskunft. In seinem Projekt *Sensorenresidenz* gewährt Maas Einblick in seine Wohnung, die mit vielfältigen Sensoren ausgestattet ist. Von der Kohlenmonoxidkonzentration der Atemluft bis zur vernetzten Matratze – Maas hat seine Wohnung mit mehreren Hundert Sensoren ausgestattet. Und zwar aus der Überzeugung, dass diese sein Leben angenehmer machen (opendatacity.github.io/sensorenresidenz/).

Der MindRider ist ein Fahrradhelm, der seinen Träger durchleuchtet. Entwickelt am MIT Media Lab, misst der MindRider Hirnwellen, während sein Träger durch den Verkehr der Großstadt fährt. Die Forscher erhoffen sich damit Auskunft über die stressigsten Stellen für Radfahrer.

Doch auch wer sich nicht aktiv selbst vermisst, sammelt Daten. Der Datenwissenschaftler Charles Givre berichtet davon, was sein Smarthome über ihn weiß: vom intelligenten Türschloss bis zum Rollladen. Sogar sein Grillverhalten wird getrackt: über einen Sensor an der Propangasflasche seines Gasgrills. Auf einer Big-Data-Konferenz 2015 in New York sagte er: „If you were to start aggregating this over time, you could get a frighteningly accurate picture of pretty much where I am at any given time of day" (Kirchner 2015). Als Givre seine Geräte anpingte, um Informationen zu bekommen, stieß er auf einige Sicherheitslücken. Auch drei Jahre später habe sich dahingehend wenig getan, berichtet er (ebd.). So könnten die Tracking-Daten auch zur unfreiwilligen Dokumentation eines Lebens werden.

Wenn Maschinen unfair über uns berichten

Wenn Maschinen Geschichten über Menschen schreiben, erzählen sie nicht nur positive Dinge. Und sie sind nicht ganz unvoreingenommen. Der Soziologe und Geo-Chefredakteur Christoph Kucklick analysiert in seinem Buch *Die granulare Gesellschaft* ausführlich, wie die Digitalisierung unser Leben verändert. Eine seiner Kernthesen lautet: Die technologische Entwicklung zwingt uns, das Konzept von Gleichheit zu überdenken. In einem Interview erklärt er das so: „Je genauer wir vermessen, desto deutlicher treten die Unterschiede hervor. Und im Digitalen messen wir viel genauer als vorher. Autos haben jetzt Hunderte Sensoren, und so lässt sich bis in winzigste Details erfassen, wie jeder einzelne Autofahrer im Unterschied zu jedem anderen fährt." Ein Detail, das zum Beispiel für Autoversicherer interessant ist.

> **Tipp**
>
> Moderne Autos erfassen mit Sensoren beispielsweise Glatteis und Wasser auf der Straße. Autobauer BMW gibt diese Daten anonymisiert unter einer Creative-Commons-Lizenz frei (bit.ly/bmwteiltdaten).

Der Rechercheverbund Pro Publica unterhält das Projekt *Machine Bias*. Dort recherchieren Journalisten, wie sich Maschinenlernmodelle verhalten und wie daraus resultierende Ungerechtigkeiten aufgedeckt werden können (propublica.org/series/machine-bias). In ihrem Buch *Automating Inequality* zeichnet die Politikwissenschaftlerin Virginia Eubanks ein ganz und gar pessimistisches Bild der Beobachtung des Menschen durch seine Geräte.

Aus ihrer Sicht füttern die Daten Algorithmen, die zunehmend über unser Leben entscheiden: „Marginalized groups face higher levels of data collection when they access public benefits, walk through highly policed neighborhoods, enter the health-care system, or cross national borders. That data acts to reinforce their marginality when it is used to target them for suspicion and extra scrutiny" (Eubanks 2018). Die Ungleichbehandlung anhand der tatsächlich gesammelten Daten vernetzter Gegenstände sichtbar zu machen, auch das wird eine journalistische Aufgabe im Journalismus der Dinge sein. Und sie wird nicht einfach.

Sensor vs. Privatsphäre

Einige Paparazzi der Illustrierten *Bunte* hatten eine besondere Form des Sensorjournalismus für sich entdeckt und die private Fußmatte eines Spitzenpolitikers mit Sensoren versehen, um seine Liebesaffäre aufzudecken. Sobald jemand auf die Fußmatte trat, brachten sie ihre Kameras in Position. Tatsächlich sind solche Fußmattensensoren als Teil von Alarmanlagen erhältlich. Der Verleger und Grafiker Klaus Staeck schrieb dazu: „Dabei macht die Illustrierte vor kaum etwas Halt. Außer vor der Seriosität. Eine mit Bewegungssensoren gespickte Fußmatte vor Müntefings Wohnung [...] gehört jedenfalls nicht zum Recherchehandwerk ernsthafter Journalisten" (Staeck 2010).

Die Sensoren, die Tüftler in Toiletten einbauen, sind hoffentlich nie überfordert. Sie sollen jederzeit analysieren, was der Mensch ihnen zuwirft – und so Aufschluss über dessen Stoffwechsel geben, mithin Ratschläge erteilen. Wir haben wirklich gegrübelt, aber dazu fällt selbst uns keine attraktive journalistische Anwendung ein. Wir sehen einfach nicht, wie da „Mensch und Maschine zusammenarbeiten", wie Trendforscherin Karin Frick im Interview analysiert (Frick 2017).

Bei alldem stellen sich die Fragen: Wird in Zukunft ein Porträt überhaupt noch ohne diese Daten auskommen können? Wird es vielleicht sogar möglich sein, die Live-Lebensdaten – den Herzschlag einer Spitzensportlerin oder den Adrenalinspiegel eines Musikers – in das Porträt zu integrieren? Und in welcher Relation stehen diese scharfen Messdaten zur beobachteten journalistischen Welt?

Smarte Räume

Während die Quantified-Self-Bewegung vor allem tragbare Technologie nutzt, gibt es auch Ansätze, die vernetzte Umgebung journalistisch zu nutzen. Das *BBC*-Wohnzimmer der Zukunft erkennt mithilfe von im Internet der Dinge vernetzten Geräten, wer den Raum betritt (bbc.co.uk/rd/projects/living-room-of-the-future). Die *BBC* plant, abhängig von Sprache und anderen Referenzen, die Ausspielung der Story im Wohnzimmer an den Zuhörer anzupassen. Gleichzeitig erhebt das Zimmer Daten über seinen Nutzer. Gespeichert werden die Daten in der Databox, einer sicheren Datenplattform – auch eine *BBC*-Entwicklung (bbc.co.uk/rd/projects/databox). Soweit zumindest die Testumgebung.

Wenn Geschichten an den Leser angepasst werden, erzählen sie auch etwas über den Leser. Eine Gruppe von Freunden könnte dieselbe Grundstory hören. Sie kommt über verschiedene Ausspielkanäle zu ihnen, mit einer größeren Vielfalt als heute. Und beleuchtet für jeden ganz andere Dinge: „Imagine a situation where a person or group of people enter an immersive living room where their personal data is used to adapt the media played out through IoT devices. The narrative is the same for everybody, but the media shapes to them collectively within the context of the people around them (or absence of people)" (*BBC* 2018).

Nicht nur eine Gruppe von Freunden im Wohnzimmer, auch Menschenmassen lassen sich durch Sensoren beobachten. Auf Francesco Martoni, Strategy Manager bei *Associated Press*, geht die Idee zurück, Sensorjournalismus bei Konzerten einzusetzen. Über die Vibrationen des Bodens und die Lautstärke des Publikums könnten die beliebtesten Songs ermittelt werden. Und auf einem Parteitag die besten Reden? „A few ideas for how news organizations can incorporate the Raspberry Pis and sensors into their reporting quickly materialized: We can monitor vibration and noise from entertainment and political venues to identify the most popular songs at a concert, or the biggest plays of a game, or even the quotes that resonate the most at campaign rallies" (towcenter.org/internet-of-things-journalism/).

Um zu verstehen, wie ein Film ankommt, muss man sich bisher darauf verlassen, was die Zuschauer erzählen. Wissenschaftler des Max-Planck-Instituts für Chemie und der Johannes-Gutenberg-Universität in Mainz haben eine neue Möglichkeit erprobt: Bei 15 verschiedenen Filmvorführungen

C Sensoren als Quellen

haben die Forscher alle 30 Sekunden die Abluft aus dem Kinosaal mit Messinstrumenten analysiert. Das Ergebnis: Die Zusammensetzung ändert sich permanent. Ob eine Szene spannend, langweilig oder lustig ist, lässt sich demnach auch chemisch bestimmen. Das eröffnet doch ganz neue Wege der Filmkritik!

Wenn der Fernseher mittrackt

Cyborg-Reporting ist dann nur noch eine Frage der Zeit. Menschen, die sich mit Technik verbinden, ob sie nun einen Hirnschrittmacher tragen oder einen RFID-Chip unter der Haut, könnten mithilfe von Textrobotern zu Live-Berichterstattern ihres Lebens werden.

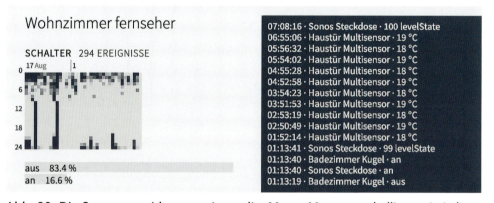

Abb. 30: Die Sensorenresidenz von Journalist Marco Maas protokolliert sein Leben.

C4 JOURNALISMUS MIT DEM INTERNET DER KREATUREN

Wenn die Katze in die Nacht aufbricht, erobert sie ihre Stadt. Sie lebt ihr Leben in einer anderen Welt. Ihre Halterin weiß von ihren Abenteuern nicht mehr als das, was die Katze als Beute mitbringt. Oder der Storch, der an einem der letzten warmen Augusttage von einem niedersächsischen Bauernhof aus in Richtung Bosporus startet. Zu einer Reise über das Jordantal und die Sinaihalbinsel bis nach Afrika. Niemand weiß, was er erlebt, wenn er das Niltal entlangfliegt, vielleicht bis in den Sudan, schließlich nach Süd- oder Ostafrika. Was erlebt der Storch, wenn er Bürgerkriegsgebiete überfliegt? Wo stockt die Reise? Oder der Europäische Aal, der im Oktober seine Wanderung aufnimmt, die Flüsse hinab in den Ozean, 5.000 Kilometer gegen den Golfstrom bis in die Sargassosee, wo er einst zur Welt kam. Jedes Mal, wenn die Honigbiene ihren Stock verlässt, setzt sie ihr Leben aufs Spiel, denn in jeder Blüte kann eine Spinne lauern, voll bepackt ist sie ein Leckerbissen für Vögel. Es sind Abenteuer, die vor unserer Haustür beginnen, denen Reporter mit klassischen Methoden aber weitgehend machtlos gegenüberstehen. Denn es ist nicht möglich, Katze, Storch, Biene und Aal auf ihren Wegen zu begleiten. Außer man macht die Tiere selbst zu Reportern. Sensordaten geben ihnen eine Stimme. Und uns verschaffen sie einen Draht ins abenteuerliche Leben der Geschöpfe.

Zum Fressen gern

Feiner, runder Sand, darin ein paar Eier. Wesen werden schlüpfen. Und sie werden eine Reportage schreiben. Eine Reportage, wie es sie noch nicht gegeben hat: eine Reportage, über Sensoren von Urzeitkrebsen und Lesern gesteuert.

C Sensoren als Quellen

Abb. 31: 10 Liter Drama: Im Aquarium sollen Sensoren das Leben der Triops erfassen.

Abb. 32: Das Leben der Urzeitkrebse als sensorgesteuerte Comic-Darstellung.

4 Journalismus mit dem Internet der Kreaturen

Meine ersten Schritte in der Tierbeobachtung mit Sensoren unternahm ich tatsächlich mit Triops longicaudatus. Diese Pfützenbewohner sind besser bekannt als Urzeitkrebse und im Spielwarenhandel als Teil von Experimentieraquarien erhältlich. Sie bieten den Vorteil, dass sie sich recht zuverlässig in einem Aquarium halten lassen. Ihr komplettes Leben – vom Schlupf über das rapide Wachstum, die Fortpflanzung und den Tod – spielt sich in etwa 60 Tagen ab. Im Prototyp der Reportage *Ursuppe* habe ich ihre Geschichte erzählt.

Sie hatte fantastische Elemente. Das Leben in der Ursuppe wurde nicht nur durch Sensoren, sondern auch von den Nutzern gesteuert. Sie kommunizieren dabei über Twitter. Prototypisch hatte ich einen Satz an Social-Media-Befehlen entwickelt, mit dem sich die Reportage per Twitter-Hashtag beeinflussen ließ. Ein Hashtag (z.B. #füttern) ist eigentlich nur ein Begriff, der durch Voranstellen der Raute in einem Tweet hervorgehoben wird. In der Ursuppe wird das Hashtag benutzt, um die Schnittstelle zwischen den Kanälen Webseiten-Story und Twitter als Steuerbefehl zu überqueren. Der Befehlssatz des Prototyps verstand die Hashtags #füttern, #lichtan, #lichtaus, #wärmer und #kälter. Das Social-Media-Geschehen veränderte nicht nur das Experiment. Die Zuschauer wurden zu Mitautoren der Reportage.

Es gab aber auch journalistisch viel zu entdecken. So ist der Entdecker der Urzeitkrebse als Spielzeug für Kinderzimmer, Harold von Braunhut, eine vielschichtige Figur. Er schaffte es nicht nur, aus einem unscheinbaren Krebs ein Spielzeug zu machen, das die Schöpfung nachahmt. Er soll auch ein eifriger Spender für den Ku-Klux-Klan gewesen sein. Wer hätte solche Abgründe geahnt, als er die Krebse im Einmachglas züchtete? Als ich an der Sensorstory arbeitete, in den nächtlichen Stunden vor dem kleinen Aquarium, an dessen Scheiben die Bewegungssensoren mit Klebeband festgeklebt waren, hatte ich mehr als einmal das Gefühl, den seriösen Wissenschaftsjournalismus zu verlassen. Vor mir Krebse, deren augenfälligstes Sozialverhalten neben futtern und sich paaren es ist, sich gegenseitig aufzufressen. Umso größer die Überraschung, als ich für die Erfindung der Sensorstory zum Wissenschaftsjournalisten des Jahres gewählt wurde. Erst später hörte ich von den Zikaden. Diese Geschichten habe ich in meinem Prototyp *Ursuppe* erzählt.

C Sensoren als Quellen

Der seltene Gesang der Zikaden

Sensorjournalismuspionier John Keefe löste das Rätsel der Zikaden. Die Larven der Gattung Magicicada entwickeln sich jahrelang im Boden, bevor fast alle Tiere gleichzeitig schlüpfen. Die 17-Jahres-Zikade kehrt nur nach 17 langen Jahren zurück, dann aber plötzlich und massenhaft. Die schwarzen Tiere mit ihren auffällig roten Komplexaugen sind plötzlich überall. Die Luft ist erfüllt von ihrem Paarungsgesang, einem eigenartigen Ton auf der Frequenz von sieben Kilohertz. Die New Yorker Rundfunkstation WNYC war wahrscheinlich die erste Medienorganisation, die in großem Maßstab Elektronikbastler im Land für eine Recherche nutzte. Um den 17-Jahres-Zikaden auf die Spur zu kommen, entwickelten die Reporter einen einfachen Soundsensor. Dann motivierten sie Bastler und Lehrer in den USA, die Sensoren zu bauen. Die Geräte waren darauf ausgerichtet, den Gesang der Zikaden aufzuspüren und so ihre Rückkehr vorherzusagen. Das „Swarmaggedon" wurde auf einer Karte verzeichnet.

Abb. 33: Der Cicada Tracker ist schnell und billig aufgebaut.

Der eingesetzte Sensorbausatz kostete etwa 80 US-Dollar. Als Mikrocontroller kam ein Arduino zum Einsatz. Der Soundsensor wurde mit einem Holzstab und einem Heißleiter selbst gebaut und dann 20 Zentimeter tief in den Boden gesteckt, um die Zikaden kurz nach ihrer Metamorphose zu registrieren (project.wnyc.org/cicadas/#buildyourown). Das Projekt, zutiefst nerdig, zeigte exemplarisch, wie man Zuhörer zu begeisterten Mitrechercheuren machen kann.

Sind alle Bienen gleich fleißig?

Wir lieben Bienen. Aber das Bienensterben, über das viel zu lesen ist und das die Dokumentation *More than Honey* einem breiten Publikum nahebrachte, macht uns auch Angst. Denn die Biene ist ein Symbol der funktionierenden Umwelt. Umso schwieriger, sich den Bienen sensorjournalistisch zu nähern. Ein Bienenstock ist für den Reporter kaum zu durchdringen. Schließlich ist er streng von Tausenden wehrhaften Wesen mit Giftstacheln bewacht. Als Hobbyimker weiß ich, wie schwierig es ist, ein Bienenvolk zu verstehen, selbst mithilfe üblicher Sensorik wie Temperatur und Gewicht.

Abb. 34: Eine fleißige Arbeiterbiene auf dem Weg von Blüte zu Blüte.

Der amerikanische Imker Paul Tenczar stattete seine Bienen mit kleinen elektronischen Markern aus. Diese winzigen RFID-Chips sind nur 0,5 Millimeter x 0,5 Millimeter groß. So konnte er einzelne Bienen automatisiert verfolgen. Immer wenn sie am Stock ankamen, mussten sie zwei RFID-Leser passieren. Tenczar konnte so nachweisen, dass in seinem beobachteten Stock nur 20 Prozent der Sammelbienen für 50 Prozent des Eintrags verantwortlich waren. Obwohl alle Bienen Schwestern sind, sind sie also unterschiedlich fleißig – einige scheinen Streberbienen zu sein, andere eher Faulenzerinnen. Und natürlich

Abb. 35: Eine Biene mit zwei RFID-Chips auf dem Rücken.

kann es für den Superorganismus Bienenvolk Sinn ergeben, dass einige fleißig sind – und nicht so lang leben – und andere sich schonen. Diese Idee war eine wichtige Inspiration für unser *WDR*-Projekt *#bienenlive*, in dem wir 2019 drei Bienenstöcke mit Sensordaten durchs Bienenjahr begleiten. Die Bienenköniginnen berichten aus ihrem Leben: per Newsletter und WhatsApp. Aber auch unser Textroboter gibt ihnen eine Stimme. Eine weitere Innovation war die 360-Grad-Kamera, die Livebilder aus dem sonst dunklen Bienenstock sendete.

Für die Serie *Secret life of the cat: What do our feline companions get up to* statteten Journalisten der *British Broadcasting Corporation* (BBC) 2012 in Zusammenarbeit mit dem Royal Veterinary College 50 Freigängerkatzen mit GPS-Sendern und Kameras aus, um die Frage zu beantworten, was diese Haustiere nachts erleben. Das Projekt setzte spezielle GPS-Halsbänder und winzige Katzenkameras ein. Mithilfe interaktiver Karten konnten die Nutzer die Routen ausgewählter Tiere verfolgen und sich Aufnahmen anschauen. Die Routen machten sichtbar, dass die Katzen große, eigene Territorien hatten, doch die Begegnung mit Artgenossen eher vermieden. Und dass sie sogar die Häuser anderer Katzenbesitzer aufsuchten – wenn deren Tiere nicht da waren. Einblicke in eine naheliegende Welt, die dennoch der Beobachtung weitgehend verschlossen bleibt.

Tipp

Mit dem Gerät Fitbark lassen sich Hunde sehr einfach verfolgen (fitbark.com).

Live aus dem Pansen

„Welche Milch wollen wir trinken?" war die Ausgangsfrage für unser sensorjournalistisches Experiment im öffentlich-rechtlichen Rundfunk. Im Herbst 2017 begleitete unser Team der Produktionsfirmen Sensorreportern und Chapter One für den *WDR* drei Milchkühe einen Monat lang sensorjournalistisch (superkuehe.wdr.de). Die Kühe Uschi, Connie und Emma standen stellvertretend für verschiedene Haltungsformen von Milchvieh. Kuh Emma lebt auf einem Familienhof, Connie auf einem Großbetrieb und Uschi auf einem Biohof. Für das Projekt trugen die drei je ein Schweizer

4 Journalismus mit dem Internet der Kreaturen

Pedometer, das ihre Schritte erfasste, vor der Kalbung einen Sensor am Schwanz, der die Geburt ankündigte, und eine Sensorkapsel im Pansen, die die Temperatur, die Bewegung und den pH-Wert aufzeichnete.

Diese Daten aus dem Inneren der Kühe sollten ihnen eine Stimme geben. Das klang bei Kuh Uschi dann zum Beispiel so: „Seit die neue Weide offen ist, sind meine Beine ordentlich in Bewegung. Meine Schrittzahl ist nach oben geklettert. Heute waren es schon 1.573 Schritte. So zum Ende der Weidezeit dehne ich meine Spaziergänge gern noch einmal aus" (Kuh Uschi, superkuehe.wdr.de/uschi/mein-tagebuch/7283).

Im Falle der Pansensensorik konnte es so klingen: „Die Zeiten, in denen der Saft so richtig aus dem Flotzmaul rann, wenn ich ins Gras biss, sind auch schon wieder vorbei. Es riecht nach Herbst. Und das schmeckt Kuh auch. Das Gras ist einfach nicht mehr so nahrhaft wie noch im Sommer. Ob das Auswirkungen auf den pH-Wert in meinem Pansen hat? Guckt selbst. Aktuell liegt er bei 6,5" (Kuh Uschi, superkuehe.wdr.de/uschi/mein-tagebuch/7243).

Viele Texte schrieben unsere fleißigen Hofreporter*innen, in diesem Fall Christian Franke und Tina Pokern. Die Idee bestand aber auch darin, gewisse Daten mit unserem System Storyboard live in Text zu übersetzen, den wir vorformuliert hatten. Wenn bestimmte Sensorbedingungen im Pansen der Kuh zusammentrafen, sollte eine Meldung erfolgen. Fiel etwa die Innentemperatur abrupt und für kurze Zeit ab, war das ein Hinweis auf einen Schwall kalten Wassers, was bedeutete, dass die Kuh gerade getrunken hatte. Das klang dann so: „Grad habe ich wieder einen großen Schluck genommen! Und prompt ist der Temperatursensor in meinem Pansen abgekühlt. Also, über eure kleinen Menschen-Trinkbecherchen kann ich ja nur lachen. Bei mir geht das ratzfatz. 10 Liter in einer halben Minute? Kein Problem."

Da das Innenleben der Kuh eine heikle Umgebung für Sensoren ist, verzichteten wir in diesem Fall auf Eigenbauten. Wir setzten für die Kuh-Innensensorik Sensoren des Unternehmens Smaxtec ein, die bis zu drei Jahre lang aus der Kuh berichten, und ergänzten sie um die Schweizer Uhr unter den Kuhpedometern: Schrittzählern der Firma Rumiwatch. Vor der Kalbung bekamen zwei Kühe einen Sensor am Schwanz befestigt, den sogenannten MooCall. Dieses System ist besonders zuverlässig in der Vorhersage einer bevorstehenden Geburt, weil sich dann die Schwanzbewegung der Kuh verändert.

C Sensoren als Quellen

Abb. 36: Das Tagebuch der Biokuh:
Einen Monat lang berichtete Kuh Uschi aus ihrem Leben.

Abb. 37: Kühe sind sehr neugierig, in diesem Fall auf meinen Koffer mit Sensorik.

Im Austausch mit den Tieren

Bemerkenswert ist auch, was Tiere mit ihren Sensoren anstellen, zum Beispiel Schweine, diese Spielexperten. Das Projekt *PigChase* der Kunsthochschule Utrecht zeigte schon vor ein paar Jahren, wie Tastsensoren die Schweine und Menschen einander näherbringen können. *PigChase* ist ein Computerspiel für Schweine und Menschen: Während ein Touchscreen im Stall steht und von den Schweinen per Schnauze bedient werden kann, benutzt der Mitspieler ein Tablet. So können Tiere und Menschen live miteinander interagieren (whatsthehubbub.nl/projects/pig-chase/).

Die gefährliche Reise der Störche

Viele deutsche Störche sind mit Sendern versehen, eignen sie sich doch aufgrund ihrer Größe und ihrer Standorttreue gut für Messgeräte. 2017 hat die *Stuttgarter Zeitung* die drei Störche Ingo, Libi und Zozu durchs Storchenjahr begleitet und dafür ein Liveblog aufgesetzt (Plavec/Zenke/Zintz 2017). Die drei Vögel tragen seit ihrer Geburt Sensoren zu Forschungszwecken, eingesetzt vom Max-Planck-Institut. Ihre Daten laufen in die Movebank ein, eine offene Datensammlung, in denen vom Weißen Hai bis zum Turmfalken, vom Löwen bis zum Seehund Tracking-Daten zusammengetragen werden. Die Position der Störche wird per Mobilfunk regelmäßig ein- bis zweimal am Tag von den Sendern auf dem Rücken übertragen. Während Störche aus Westeuropa in Richtung Spanien, Nordafrika und bis an die afrikanische Westküste ziehen, fliegen Störche aus Osteuropa meist die Ostroute über das östliche Mittelmeer Richtung Mittlerer Osten, manche sogar bis nach Südafrika. Die Tiere sind eine sichere Bank: Sie bieten über das Jahr zahlreiche Anlässe, um zu berichten. So konnte der Spanienkorrespondent der *Stuttgarter Zeitung* Störchin Zozu im Hinterland von Barcelona besuchen und davon berichten, wie die schwäbische Störchin den Winter verbringt. Ihre Position hatte ihm der Sensor mitgeteilt.

Bei dem Experiment, so schreibt Redakteur Klaus Zintz, ist es denkbar, dass nicht alle drei beobachteten Störche ihre Heimreise nach Baden-Württemberg überleben. Auch das muss den Lesern erklärt werden.

C Sensoren als Quellen

Abb. 38: Die Leser der *Stuttgarter Zeitung* konnten die Störche Ingo, Libi und Zozu live auf ihrem Flug verfolgen.

Auf in die Wildnis

Aber auch exotische Tiere liefern Stoff für fesselnde Erzählungen. Der *Great Elephant Census* ist ein großartiges Beispiel, das durch Live-Sensordaten noch gewinnen könnte (bit.ly/elecount). Das Unternehmen Cisco unterstützt das Projekt *Connected Conservation*, in dem Nashörner vernetzt werden, um sie vor Wilderern zu schützen (bit.ly/connectedcons). Und die *Seattle Times* hat GPS-Daten von Wölfen visualisiert, um in einer 3-D-Karte zu zeigen, wo die Wölfe auf Kühe treffen (bit.ly/warwolves).

Jede Kreatur da draußen hat ihre eigene Geschichte. Diese Idee hat mich als Journalistenschüler zum Wissenschaftsjournalismus gebracht. Doch da musste ich feststellen, dass Protagonisten meist weiße Kittel trugen. Tiere als Hauptprotagonisten waren der Kinderseite vorbehalten. Es war auch kaum möglich, stumme Tiere zum Träger großer Geschichten zu machen. Das ändert das Internet der Dinge: Ich finde die Vorstellung großartig, dass die Technologie jedem Lebewesen eine Stimme verleihen kann, ob Haus- oder Wildtier.

C5 SMART CITY REPORTING

Das weiß strahlende Zentrum Hamburgs, das bunt heruntergerockte Berlin-Kreuzberg, die alles verschluckenden Bankentürme Frankfurts oder die Stille des Englischen Gartens in München: Städte sind gute Protagonisten. Doch die Städte, in denen wir leben, sind für Journalisten schwer zu fassen. Sie sind lebendige Gebilde, in die der Reporter eintaucht, mitgerissen wird. Sie sind widersprüchlich und uneinheitlich. Aus der Reporterperspektive des Flaneurs ist es sehr schwierig, größere Strukturen zu erkennen. Dazu kommt die Mischung aus privatem und öffentlichem Grund, aus einsehbaren und verborgenen Räumen. Daten, etwa das Wahlverhalten von Anwohnern, lassen sich mittlerweile granular bis auf einzelne Straßenzüge herunterbrechen. Aber was ist mit dem Wasserverbrauch oder dem Fahrverhalten? Und wie verändern Live-Daten den Blick? Was könnten uns vernetzte Autos und Busse erzählen, was die Summe der Smartphone-Sensoren? Könnten uns Smarthome-Daten aggregiert etwas über die privaten Räume der Stadt berichten? Welche Geschichten stecken in Abwasserdaten und Supermarktschlangen, in Staus, den Füllständen von Mülltonnen und Bestellungen in Cafés, den Routen der Lieferdienstfahrer und der Briefträger? Sie erzählen Geschichten über den Rhythmus der Stadt. Das Internet der Dinge erhebt viele dieser Daten. Eine Ebene aus Daten macht die Stadt neu lesbar.

Dass nicht nur eine Wohnung mit Sensoren ausgestattet werden kann, beweist die spanische Stadt Santander (smartsantander.eu/): Mit mehr als 12.000 Sensoren ist sie die bestvernetzte Stadt in Europa und mittlerweile ein Pilgerziel für zahlreiche Delegationen aus aller Welt. Die Messfühler helfen dabei, alle Parkplätze in der Stadt wie ein einziges großes Parkhaus zu organisieren, Energie- und Wasserverbrauch zu überwachen, die Müllabfuhr zu regeln und die Bewässerung der Parkanlagen zu planen. Die Stadt mit 175.000 Einwohnern ist ein Megalabor – und könnte somit auch manche Inspiration für innovative journalistische Geschichten bieten. Wobei es nicht ganz einfach ist, im Vielklang der Daten eine Geschichte auszumachen und sie nicht zu komplex zu erzählen. Einige Pionierstädte,

C Sensoren als Quellen

wie das neuseeländische Christchurch (*Sensing City*) oder Chicago (*Array of Things*), teilen die Daten der smarten Stadt mit ihren Bewohnern. Andere Städte, darauf weisen die Journalismusforscher Ethan Zuckerman und Catherine D'Ignazio hin, machen ihre Bürger eher zu unbezahlten Datensammlern für den eigenen Vorteil.

Erst die Datenebene zeigt, was in der Stadt vor sich geht. Der Kampf des Fahrradfahrers mit dem Autofahrer um den Platz auf der Straße ist kein individueller. Aber wie kann man ihn sichtbar machen, jenseits von Unfallzahlen? An welchen Stellen der Stadt trifft man sich mit Bekannten? Und an welchen Plätzen stößt man auf unbekannte Menschen? Jede Stadt klingt anders. Und auch die Verteilung des Lärms verschafft der Stadt ein Profil. Wo sind ihre lauten, trubeligen Hotspots; wo die ruhigen Flecken und stillen Oasen? Eine Lärmkarte macht das sichtbar. Schließlich die Güter einer Gemeinschaft: Im Süden der USA ist, wie in vielen Gegenden der Welt, Wasser ein wertvolles Gut. Doch wer verbraucht, wer verschwendet die knappe Ressource? Auch das können Daten offenlegen. Im *Smart City Reporting* zeigt sich die volle Stärke des Journalismus der Dinge.

Es ist meist unproblematisch, im städtischen Raum Sensoren anzubringen: Das Mobilfunknetz ist in der Regel gut, es gibt viele Nischen und Pfähle, sogar Zugang zur Stromversorgung. Das Leserinteresse ist dankbar für all das. Gut gemacht, können die Live-Daten dem oft eintönigen oder allzu routinierten Blick des Lokaljournalismus eine neue Perspektive geben und uns den Raum, in dem wir leben, neu erzählen.

Die Ideen dafür liegen den Journalisten regelrecht zu Füßen. Inspiriert vom Code for America Labs, entstand auch in vielen deutschen Städten ein Code for Germany Labs der Open Knowledge Foundation. Dort treffen sich Coder und setzen Projekte zur Bürgerbeteiligung um: eine einfachere Lösung für den Nahverkehr in Magdeburg, vorausschauendes Parken in Dresden, transparente Daten für die Münchner Kommunalpolitik oder der Tal-o-Mat, der die Wuppertaler zur Stadtplanung befragt (codefor.de). Journalistisch werden die dort entwickelten Zugänge bisher eher sparsam aufgegriffen. Dabei ist eine der knappsten Ressourcen in den Code-for-Stadtlaboren verfügbar: Coder.

Im Folgenden möchte ich drei Projekte ausführlicher vorstellen, die prototypisch für den Journalismus der Dinge in der Stadt stehen: das Berliner Projekt *Radmesser*, den *Feinstaubradar* aus Stuttgart und das Projekt *Die nassen Prinzen von Bel Air* aus Los Angeles.

Das tägliche Duell auf der Straße

Beispielhaft ist das Projekt *Radmesser*, dem ich zum ersten Mal am Medieninnovationszentrum Babelsberg begegnet bin, einem Ort, an dem immer wieder journalistische Innovationen entstehen. Und die Idee klang von der ersten Minute an überzeugend.

Im Projekt, das ein Team zusammen mit der Berliner Zeitung *Tagesspiegel* entwickelt hat, geht es um die Sicherheit von Radfahrern im fließenden Verkehr. Wenn Autos zu dicht an Radlern vorbeifahren, Lieferwagen unerwartet abbiegen, Baustellen den Radweg versperren oder Fahrradfahrer den Stau rechts überholen, ereignen sich die meisten Unfälle. Vor allem das mangelnde Sicherheitsgefühl von Radfahrern auf der Straße sei für viele Berliner ein Grund, nicht aufs Rad zu steigen, vermuten die Projektmacher. Hendrik Lehmann vom *Tagesspiegel* sagt: „Oberstes Ziel ist, herauszufinden, wie oft und wo der Sicherheitsabstand nicht eingehalten wird: Gibt es Unterschiede nach Bezirken, nach Verkehrsmenge, nach Tageszeit? Und welche Rolle spielen die Radfahrerinnen und Radfahrer selbst?" (*Radzeit* 2018).

Verfügbare Studien gibt es nicht. Mit Abstandssensoren am Fahrradrahmen wurden daher neue Daten erhoben und verständlich aufbereitet. Die Redaktion hat 100 radelnde Leser mit Sensoren ausgestattet, die das Team zunächst selbst konstruiert, gelötet und zusammengebaut hatte. Lehmann sagt: „Das haben wir vorher etwas unterschätzt. Dafür haben wir jetzt Sachen über Klebetechniken, Bohrer und Programmbibliotheken gelernt, von deren Existenz wir vorher keinen Schimmer hatten" (*Radzeit* 2018).

Radmesser kümmert sich um ein vergleichsweise kleines Alltagsproblem und kombiniert es mit einer eher unbekannten Vorschrift: dem Mindestüberholabstand für Radfahrer. Auch die Kompetenzen im Team stimmen: Während Michael Gegg und David Meidinger Physiker sind, ist Hendrik Lehmann Journalist. Hinzu kommt, dass es bislang noch keine überzeugende journalistische Herangehensweise gab, dem Problem auf den Grund zu gehen. Gegg sagt: „Wir kamen zu dem Schluss, dass ein datenjournalistischer Ansatz dem Thema am besten gerecht wird. So erreichen wir eine breite Öffentlichkeit und können das Thema unabhängig und kritisch von verschiedenen Seiten beleuchten" (*Radzeit* 2018).

„Die Radfahrer schwärmten in alle [zwölf] Bezirke der Stadt aus und legten bis zum 11. November eine Gesamtstrecke von 13.300 Kilometern

C Sensoren als Quellen

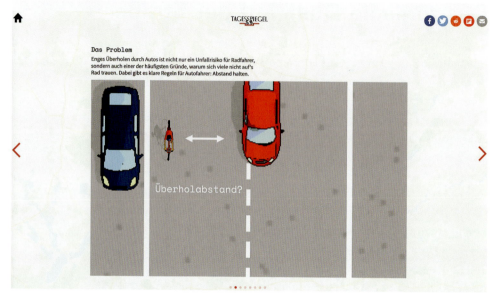

Abb. 39: Das Projekt *Radmesser* zeigt:
Viele Autofahrer halten den Überholabstand nicht ein.

Abb. 40: Der Radmessersensor wird mit zwei Gurten am Oberrohr befestigt.

zurück. Durchschnittlich war also jeder Radfahrer 130 Kilometer in Berlin unterwegs. Auf der Strecke wurden 16.700 Überholmanöver von Autos, Lastern, Bussen, Motorrädern und Rollern dokumentiert. Überholvorgänge mit einem Abstand von weniger als 1,5 Metern wurden als eng bewertet. 9.402-mal wurde zu eng überholt, das heißt, dass weit mehr als jeder zweite Überholer den Sicherheitsabstand nicht einhält. 3.019-mal wurde sogar mit weniger als einem Meter Abstand überholt, und 192 Autofahrer überholten mit einem Abstand von unter 50 Zentimetern" (*Radspannerei* 2018). Für diese Arbeit bekam das Team den Reporterpreis 2018 in der Kategorie Datenjournalismus.

Der eingesetzte Sensor ist ein modifizierter Parksensor, den die Radlerin ans Rahmenrohr schnallt. Die Komponenten kosten weniger als 25 Euro. Mithilfe von Ultraschall misst der Sensor durchschnittlich 20-mal pro Sekunde nach links und rechts. Links werden sogar zwei Sensoren eingesetzt, um zu bestimmen, ob das Auto wirklich das Fahrrad überholt oder ob es umgekehrt ist. Im Innern steuert ein kleiner Arduino-Mikrocontroller die Messungen, vergleichbar mit dem Particle Argon aus dem Werkzeugkasten. Doch die Redaktion verlässt sich nicht auf die bloße Abstandsmessung: Die Sensorbox ist über Bluetooth mit dem Smartphone des Fahrers verbunden, das am Lenker befestigt wird. Wenn die Radlerin von einem Fahrzeug hinten links überholt wird, macht das Smartphone automatisch ein Foto. Aus den Ultraschalldaten des Sensors errechnet ein Algorithmus in Kombination mit den Fotos später, welche Art Fahrzeug in welchem Abstand die Radlerin da überholt hat. Radmesser Gegg sagt: „So können wir hinterher mithilfe von Bilderkennung unterscheiden, ob es sich tatsächlich um ein Auto, ein anderes Fahrrad, einen Bus oder etwas Irrelevantes gehandelt hat, eine vorbeifliegende Taube zum Beispiel" (*Radzeit* 2018). Ein maximal einfaches Sensorsystem wird mit künstlicher Intelligenz zu einem starken journalistischen Tool.

Hinzu kommt die überzeugende grafische Aufbereitung des Projekts. Es sieht schick aus, die Usability ist fein, man wird gut durchgeleitet. Statt mit Fokus auf die Daten wird die Geschichte sehr grafisch erklärt. Das Problem wird in Kapiteln erzählt, die alle für sich allein funktionieren. Anhand einer Animation wird die erste Testfahrt erläutert. Ein Vorbild, wie man die Mobilität der Zukunft aufbereitet.

C Sensoren als Quellen

Gesundheitsgefahr aus der Luft

„Wie groß ist Stuttgarts unsichtbare Verschmutzung wirklich – und welche Gesundheitsgefahren liegen in der Luft?" So lautet der Teaser der *Stuttgarter Zeitung* für ihren *Feinstaubradar* (*Stuttgarter Zeitung* 2017). Die Redaktion kombiniert moderne Technik und Sensorjournalismus. So kann sie ihre journalistische Kompetenz bei dem politisch brisanten Thema voll ausspielen. Das Neckartor in Stuttgart ist wegen der hohen Feinstaubbelastung als die „dreckigste Kreuzung Deutschlands" bekannt geworden. Die Lunge der Großstadt ächzt. Die Luft ist tief gesättigt mit feinen Rußpartikeln. Die Grenzwerte werden hier seit Jahren gerissen. Nur hier? Zusammen mit dem Open Knowledge Lab Stuttgart gelang es der Zeitung, ihre Leser zum Bau von 750 Feinstaubsensoren zu motivieren und die Daten an die Redaktion zu liefern. In der Stadt, Heimat der Autobauer Mercedes-Benz und Porsche, wird die Diskussion um Fahrverbote für bestimmte Fahrzeuge besonders hitzig geführt.

„Die Idee, das auf eigene Daten zu stützen, entstand auf einem Hackathon in München", erzählt Redakteur Jan Georg Plavec. „Die entscheidende Veränderung war, von einzelnen Messpunkten wegzugehen und eine Gesamtbetrachtung anzustellen." Zusammen mit dem Entwickler Christian Frommeld und dem Designer Oliver Biwer entwarf er das System, das einen Anschluss ans Redaktionssystem bekam.

Der *Feinstaubradar* wertet die Daten auf zwei Wegen aus: Es gibt eine Live-Karte, die durch verschiedene Farben auf einen Blick zeigt, in welchen Teilen der Stadt eine akute Belastung vorliegt. Dazu gibt es Feinstaubberichte für alle Stuttgarter Stadtbezirke und die umliegenden Kreise. Die Feinstaubberichte werden automatisch erstellt: mithilfe einer Textautomatisierung der Firma AX Semantics. „Wir wollten mit Textautomatisierung etwas anderes tun, als es Redaktionen bisher gemacht haben", sagt Plavec. Das Projekt stieß auf großes Leserinteresse.

Der *Feinstaubradar* ist 2018 mit dem Lokaljournalistenpreis der Konrad-Adenauer-Stiftung ausgezeichnet worden. Die Jury lobt: „Die Redaktion nutzt moderne Technik und datenjournalistische Mittel als Werkzeuge, um ihre journalistische Kompetenz bei einem politisch brisanten Thema auszuspielen: Big Data im Lokalen" (*Stuttgarter Zeitung* 2018).

5 Smart City Reporting

Abb. 41: Sensorjournalist Jan Georg Plavec auf einem Hackathon zum Feinstaubradar.

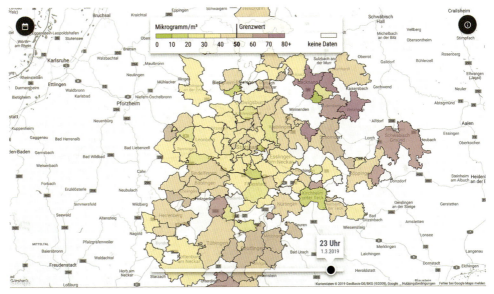

Abb. 42: Karte des Drecks: Auf einer interaktiven Karte können Leser*innen die Feinstaubbelastung zu jeder Zeit sehen.

C Sensoren als Quellen

Luft ist überall ein Thema

Die Idee der Luftverschmutzung ist eine der Sensorjournalismusideen, die am häufigsten aufgegriffen werden. In Indien sorgte das Projekt *#breathe* für hohe Aufmerksamkeit. Kommerziell erhältliche Messgeräte wurden in 15 verschiedenen indischen Städten aufgestellt. Die nicht kommerzielle Datensammelorganisation IndiaSpend und Twitter India initiierten das Projekt 2015. Die Geräte verschickten mit dem Hashtag #breathe Twitter-Statusmeldungen zur Luftqualität an ihrem Standort. Auf der Website von IndiaSpend wurde eine Karte mit aktuellen und historischen Messwerten gezeigt (indiaspend.com/the-air-we-breathe/design-a-new-breathe-human-interface-for-real-time-air-quality-monitoring-data-76441). Das Senseable City Lab am MIT entwickelte *Clean Air Nairobi* (senseable.mit.edu/cleanair-nairobi). Die rumänische Lokalzeitung *Gazeta de Sud* plante mit *HowYouBreathe* ein Projekt, das allerdings Finanzierungsprobleme bekam (medium.com/editors-lab-impact/investigating-air-pollution-with-sensor-journalism-e38f3a8260c1). Mit *Ein Land – zwei Lungen* unternahm das MIT Senseable City Lab den interessanten Versuch eines Vergleichs zweier Bewohner von Hongkong und Shenzen. Das Experiment zeigt: Die Personalisierung funktioniert (senseable.mit.edu/twolungs/). Und als Cityscanner schickte es Müllautos durch die Stadt, die mit verschiedenen Sensoren ausgestattet waren (senseable.mit.edu/cityscanner/).

Sensorjournalismus muss nicht immer elektrisch sein

Der *SWR* erfand das Format #Abgasalarm mit chemischen Sensoren (bit.ly/abgasalarm). Der Schadstoff Stickstoffdioxid (NO2) war vor allem durch den Dieselskandal ins Bewusstsein gekommen. Dieselfahrzeuge gelten als Hauptverursacher von NO. Die Teströhrchen sind billig und einfach aufzuhängen. 200 Messröhrchen wurden an Zuhörer*innen verteilt. Diese hängten die Röhrchen eine Woche lang auf. Die Messergebnisse wurden auf einer Karte visualisiert. Das Ergebnis: Schlechte Luft gibt es nicht nur in Großstädten, sondern auch auf dem Land. Insgesamt wurden die Grenzwerte an 21 Messpunkten überschritten. Der *SWR* schreibt: „[In Wiesloch]

5 Smart City Reporting

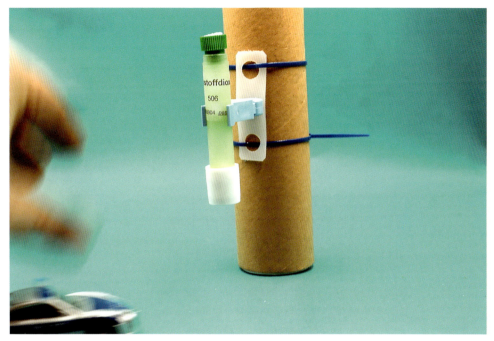

Abb. 43: Einmal pusten, Frau Stadt: Passivsammler, wie dieses Röhrchen der Firma Passam, messen Stickstoffdioxid.

wurde der höchste Wert der gesamten Messaktion ermittelt. 63,4 µg/m³ Luft – damit wurde in Wiesloch eine Grenzwertüberschreitung in einer Größenordnung festgestellt, wie sie sonst in Großstädten wie Köln oder Hamburg gemessen werden" (*SWR* 2017).

> **Tipp**
>
> Sie können selbst messen, ob die Luftverschmutzung an Ihrem Wohn- oder Arbeitsort den Grenzwert der Gesetzgeber überschreitet. Der Hersteller Passam bietet dafür Testpakete an. Im Preis von circa 40 Euro ist die Auswertung schon enthalten (bit.ly/passamkit).

Bürgerinnen in die Sensorprojekte einzubeziehen ergibt Sinn und stößt auf erstaunlich hohes Interesse. Das gemeinsame Messen kann gar gemeinschaftsstiftend sein. „Monitoring builds community solidarity and helps citizens determine whether to take action as citizens to demand a corporate or government cleanup or other actions to mitigate environmental harm", schreiben Catherine D'Ignazio und Ethan Zuckerman (D'Ignazio/Zuckerman 2017: 207).

Das Projekt *Streetbump* der Stadtverwaltung Boston nutzt Autofahrer, um mit einer Bürgerrecherche Schlaglöcher in den Straßen zu finden. Eine App verwendet zwei Sensoren des Smartphones, um Schäden an Bostons Straßen aufzuspüren: den Beschleunigungssensor, um holprige Stellen zu identifizieren. Und den GPS-Sensor, um sie korrekt zu verorten (streetbump.org).

Wasserverschwender aus dem All finden

Wasserknappheit ist in Kalifornien ein großes Problem. Im Sommer 2016 litt Los Angeles wieder unter der Dürre. Doch nicht überall herrschte Wassermangel: In den Gärten des Reichenstadtteils Bel Air sprudelten weiter Brunnen, und viele Swimmingpools blieben frisch gefüllt. Ein Haushalt im Stadtteil Bel Air verbraucht eine Wassermenge, wie sie für 90 Familien gereicht hätte. Allein ein Grundstückseigentümer pumpte in einem Jahr 11,8 Millionen Gallonen (etwa 45.000 Kubikmeter) Wasser in seine Gartenanlage. Eine kalifornische Durchschnittsfamilie verbraucht jährlich rund 132.000 Gallonen (etwa 499 Kubikmeter).

Doch die Stadt verweigerte dem Journalistenteam von Reveal, einer investigativen Reporterorganisation, die Auskunft, wer die Wasserverschwender waren. Denn der Wasserverbrauch war legal: Jeder darf so viel Wasser verbrauchen, wie er bezahlt. Also begannen die Journalisten, über andere Möglichkeiten nachzudenken, die Wasserprinzen von Bel Air zu enttarnen.

Und sie hatten eine Idee. Denn das Wasser hat natürlich eine sichtbare Wirkung – besonders bei Dürre. Es verwandelt ausgetrocknete Gärten in grüne Oasen. Die Rechercheure setzten also auf Satellitenaufnahmen als Farbsensoren. Sie nutzen den „Normalized Difference Vegetation Index", einen Algorithmus, der eigentlich entwickelt worden war, um Dürre und Abholzung auf Satellitenbildern zu erkennen. Für jedes große Grundstück von Bel Air ermittelten sie so die Gründichte. Um ganz sicherzugehen, nutzten sie noch eine zweite Methode: multispektrale Aufnahmen, mit denen die Feuchtigkeit des Bodens abgeschätzt werden kann. Sie schätzen mithilfe der Algorithmen den notwendigen Wasserbedarf.

„Yes, it takes almost 550,000 gallons of water in L.A. to keep a half-acre lawn healthy each year. And that's assuming that your irrigation system is 100 percent efficient, which it never is" (Corey 2016).

Die Reporterinnen und Reporter nutzten also wissenschaftliches Inventar auf neue Art, um ihr journalistisches Ziel zu erreichen. Mit den ermittelten Werten konfrontierten sie die Besitzer der Grundstücke. Nicht alle antworteten. Die, die es taten, bestätigten die Recherchen. Unter den Wasserverbrauchern waren: Jerrold Perenchio, Produzent des Blockbusters *Blade Runner*, ein Investmentbanker, ein Seifenopernproduzent und eine Wal-Mart-Erbin. Michael Corey von Reveal schreibt:

„Lagen wir richtig? Nur eine Person hat uns bisher über ihren tatsächlichen Wasserverbrauch informiert. Wir schätzten, dass Robert Daly, ehemaliger Chef von Warner Bros. und ehemaliger Chef der Los Angeles Dodgers, zwischen 2,1 Millionen und 4,2 Millionen Gallonen pro Jahr verbraucht hat. Er sagte Lance (Williams), dass ihm etwa 4 Millionen Gallonen in Rechnung gestellt wurden" (Corey 2016).

Die Suche nach den Wasserprinzen von Bel Air gehört zu einer der verrücktesten Arten des Sensorjournalismus. Wie bei *Feinstaubradar* und *Radmesser* stand am Anfang ein alltägliches Problem, dem der Journalismus auf gewohnte Weise nicht begegnen konnte. Die Kollegen haben sich mit neuer Ausrüstung vorgewagt, die sie sich selbst bauen mussten. Sie vertrauten auf Provisorien und Prototypen. Und sie erschlossen sich eine neue Perspektive auf die Stadt, die sie eigentlich wie ihre Hosentasche zu kennen glaubten.

Lärm in die Box

Aktuell entwickle ich einen Out-of-the-box einsetzbaren Lärmsensor für Redaktionen. Denn in Baden-Württemberg zum Beispiel gibt es derzeit nur zwei staatliche Messstationen, die Live-Daten erheben. Wer wissen will, wie es an anderen Stellen aussieht, ist auf errechnete Lärmkarten angewiesen. Für Lärmkarten, die es von vielen Städten in Deutschland gibt, werden Berechnungen herangezogen. Diese Berechnungen können

C Sensoren als Quellen

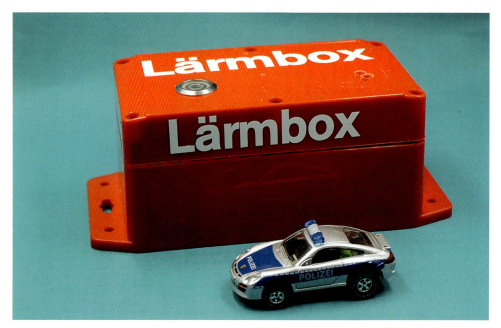

Abb. 44: Die Lärmbox misst den Schall und sendet die Daten in die Cloud.

vom subjektiven Empfinden der Anwohner entscheidend abweichen. In einem sonst ruhigen Wohngebiet kann das nächtliche Knallen von Autotüren oder das Quietschen einer Straßenbahn eine echte Lärmbelästigung sein, von der die Bewohner aus dem Schlaf gerissen werden. Ich habe eine Zeitlang in der Nähe eines Straßenbahnbetriebshofes gewohnt und weiß, wovon ich rede. An viel befahrenen Straßen ist es hingegen eher die kontinuierlich hohe Lärmbelastung, die bei den Bewohnern Stress verursacht.

Dabei ist Lärm eine der größten Umweltbelastungen für die Menschen. Da er unsichtbar ist, wird er unterschätzt. Lärm wird sehr subjektiv wahrgenommen. Überschreitet er eine gewisse Schwelle, bedeutet er psychischen und physischen Stress. Eine typische Erscheinung sind Schlafstörungen. Handelsübliche Schallpegelmessgeräte bieten immer nur eine Momentaufnahme. Die verbreiteten Smartphone-Apps zur Lärmmessung messen nach meinen Erfahrungen mehr schlecht als recht. Ich habe daher die rote Lärmbox *Clara Schumann* entwickelt, die Live-Daten vom Ort liefert. Und zwar auf Knopfdruck.

Ihre Kennzeichen: Sie kann bis zu sieben Tage autonom messen und die Daten über Mobilfunk in die Cloud übertragen. Sie ist dabei unabhängig von Stromversorgung und WLAN. Die Lärmbox ist kein wissenschaftliches Gerät. Sie ist ein journalistisches Gerät, um einen Fall zu dokumentieren. Sie ist darauf ausgelegt, einen Schallpegel zu messen, um einen sensorbasierten Eindruck von der Situation vor Ort zu erhalten, auf die man mit journalistischen Mitteln eingehen kann. Der Prototyp twittert unter @laermbox.

Zum Redaktionsschluss dieses Buches ist das Projekt noch in einer frühen Phase. Einen einfachen Schallpegelmesser, den kleinen Bruder der Lärmbox, habe ich für Sie im folgenden Kapitel gebaut.

Einen undercover Lärmsensor bauen

„Es gibt vielerlei Lärme. Aber es gibt nur eine Stille", schrieb Kurt Tucholsky im Jahr 1925 in der *Weltbühne*. Jeder Großstadtbewohner wird wissen, was er meint. Und auch, dass Lärm eine recht subjektive Sache ist. Unsere Umgebung ist laut. Lärm ist eine der unterschätzten Gefahren. Sie wollen wissen, wie laut die Disco wirklich ist? Welchen Lautstärkepegel das Open-Air-Konzert erreicht? Oder wie laut die Hupe der LKWs ist? Sie brauchen einen Schallpegelmesser! Dieser hier könnte der Stein des Anstoßes für eine Diskussion um den Lärm in der Stadt sein.

Viele Schallpegelsensoren messen den Lärm nur in einem Moment. Die Anregung zu diesem Sensor verdanke ich Bernhard Scholz vom Magazin *Der Kontext*. Bernhard war genervt vom Lärm, ich weiß gar nicht mehr genau, von welchem. Seit zwei Jahren lagen die Zutaten für den Sensor herum. Schließlich entwickelte ich diesen mobilen, getarnten Sensor. Machen Sie sich lieber einen Gedanken mehr, bevor Sie einen getarnten Sensor einsetzen. Ich benutze zum Beispiel einen Aquarienstein, der eingesetzt wird, um die Pumpe zu verstecken. Der Stein schützt Ihren Sensor vor Vandalismus, und er ist ein optimales wassergeschütztes Gehäuse.

Zutaten
- Particle-Argon-Mikrocontroller
- Powerbank, 10.000 maH
- Soundsensor „Analog Sound Level Meter", df robotics
- Ein kleines Stück Acrylglas, circa 12 x 25 cm, 3 mm Stärke

C Sensoren als Quellen

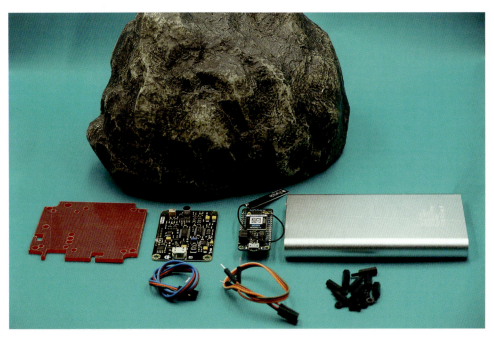

Abb. 45: Alle Zutaten für einen getarnten Schallpegelsensor.

Abb. 46: Der Mikrocontroller wird festgeschraubt.

- 8 Nylon-Abstandhalter M2.5 x 6 mm mit passenden Schrauben und Muttern
- 3 kurze Dupont-Käbelchen männlich-männlich
- Aquarienstein mit Pumpenaushöhlung
- Bohrer 3 mm
- Gewebeklebeband

Schritt 1: Die Messsoftware
Damit der Lärmsensor weiß, was er tun soll, müssen Sie ihn programmieren. Das geht fix, denn das Programm ist wirklich einfach. Ich gehe davon aus, dass Sie Ihren Argon schon installiert haben. Ist das nicht der Fall, folgen Sie den Schritten bei der Anleitung zum *Frog-Bot* (S. 62). Öffnen Sie hierzu die Entwicklungsumgebung von Particle (build.particle.io). In dem Symbol, das einem Fadenkreuz ähnelt, müssen Sie Ihren Argon auswählen. In meinem Fall heißt er „Brenda". Gehen Sie nun zum Symbol „<>". Jetzt können Sie den Code hineinkopieren. Dann drücken Sie auf den Blitz, um das Programm auf den Mikrocontroller zu übertragen.

🌐 DAS PROGRAMM SOUNDMESSER.INO

Die Software ist sehr einfach gehalten, und sie veröffentlicht alle fünf Sekunden einen Messwert im Netz. Das Programm können Sie natürlich verfeinern und zum Beispiel zwischen Mittelwert und Höchstwert unterscheiden.

Schritt 2: Den Argon befestigen
Ich habe eine Acrylglasplatte so zugeschnitten, dass sie in den Aquarienstein gut hineinpasst. Dann habe ich nach der Schablone Löcher hineingebohrt, um den Argon und den Soundsensor nebeneinander darauf zu befestigen (er hat leider Bohrungen für M2.5-Schrauben). Mit den Abstandshaltern kann man ihn jetzt darauf befestigen. Man kann ihn auch auf einer Steckplatine montieren.

Schritt 3: Soundsensor anschließen
Der Soundsensor misst den Schall an der schwarzen Mikrofonkapsel. Sie ist sehr empfindlich. Berühren Sie sie besser nicht.

C Sensoren als Quellen

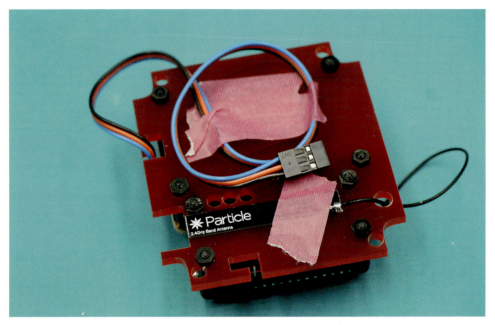

Abb. 47: Soundsensor und Argon sind dicht nebeneinander montiert.

Abb. 48: In den künstlichen Stein werden Öffnungen gebohrt.

Schritt 4: Mikrofonlöcher bohren

Bohren Sie jetzt in den Aquarienstein fünf bis sechs kleine Löcher, damit der Schall den Soundsensor erreicht. Am besten dort, wo innen die schwarze Mikrofonkapsel des Soundsensors sitzt und möglichst etwas regengeschützt. Sie können von innen ein Insektenschutzgitter oder ein Lautsprechergitter dagegenkleben.

Schritt 5: Strom anschließen

Schließen Sie die Powerbank an und verstauen Sie alles im Stein. Von unten sollten Sie ein Stück Acrylglas mit Gewebeklebeband befestigen, damit der Sensor nicht feucht wird.

> **Tipp**
>
> Die Bergische Universität Wuppertal zeigt in einem Video, wie Sie den Sensor mit einer Bonbondose, neun 10-Cent-Münzen und einem Zollstock kalibrieren können (youtu.be/_5Ste5q4Vv0).

Schreiben Sie zum Beispiel „Mein Name ist Messstein Bernd. Ich bin nicht vom Geheimdienst, sondern ein Sensor für ein Forschungsprojekt!", Ihren Namen und Ihre Telefonnummer unter den Sensor. Das hilft Missverständnisse zu vermeiden, falls jemand Ihren Sensor findet. Suchen Sie sich nun einen guten Platz für den Sensor. Er sollte wirklich unauffällig sein, trocken stehen und sich nicht zu weit vom zu messenden Objekt befinden. Und natürlich braucht er Empfang. Eventuell platzieren Sie ihn unter einigen Pflanzen?

> **Tipp**
>
> Mit dem kostenlosen Dienst tinamous.com können Sie Ihre Sensordaten in schöne Datenkurven verwandeln und mit anderen teilen.

C Sensoren als Quellen

Abb. 49: Der Aquarienstein ist ein sehr geräumiges Gehäuse.

Abb. 50: Der Soundstein ist wirklich unauffällig.

Einen Abstandssensor für die Keksdose bauen

Ich habe schon weiter oben beschrieben, wie gut ich das Projekt *Radmesser* finde. Autos bewegen sich sehr schnell, das macht es nicht ganz einfach, das Projekt nachzubauen. Aber mit Abstandssensoren kann man viel Spaß haben. Einen einfachen Abstandsmesser für Objekte bauen wir hier.

Ich finde, Wissenschaft wird besonders spannend, wenn man live dabei sein kann. Wir stellen ein verhaltenspsychologisches Experiment für unsere Leser*innen nach. Bestimmt haben Sie einmal vom *Marshmallow*-Experiment gehört. Der Psychologe Walter Mischel hatte in den 1960er-Jahren Kindergartenkinder auf eine harte Probe gestellt. Mischel stellte vor den Kindern Süßigkeiten auf einen Tisch und zwar zwei Schalen. In einer Schale lag zum Beispiel ein Schokokeks. In der Schale der Versuchung lagen zwei Kekse. Mischel stellte seine jungen Probanden vor die Wahl: Sie durften sich den einen Keks gleich nehmen. Oder, so erklärte er, wenn sie warten würden, bis er wiederkomme, dann bekämen sie die zwei Kekse. Durch eine verspiegelte Glasscheibe konnte er beobachten, wie schwer es Kindern fällt, einen Keks nicht zu essen. Und zwar auch, wenn ihnen versprochen wird, dass sie nach wenigen Minuten einen zweiten bekommen. Ob die Kinder von heute das besser oder schlechter können als früher? Das können Sie mit dem *Kekswächter* herausfinden – indem Sie das Experiment in der Redaktion live nachstellen.

> **Tipp**
>
> Eine wissenschaftliche Neu-Untersuchung der Psychologin Stephanie Carlson von der Universität Minnesota zu dem Thema finden Sie hier: bit.ly/marshmallow_heute.

Der Abstandssensor des Kekswächters funktioniert ähnlich wie der des Radmessers: Er ermittelt die Distanz zu einem Objekt und zeigt die Distanz an, sobald eine Hand näher als etwa 50 Zentimeter kommt. Untergebracht habe ich den Sensor in einer kleinen Keksdose. Sie ist handlich und hübsch. Für so einen Sensor kommt es auf feste Verbindungen an. Um die Sache nicht unnötig zu erschweren, setzen wir auf das Grove-System, das ich im

Abb. 51: Big Cookie is watching: Ein Keksglas, Abstandssensor und etwas Elektronik.

Abb. 52: Mit dem Daumen kann der Mikrocontroller leicht hineingedrückt werden.

5 Smart City Reporting

Kapitel „Mein Werkzeugkasten" (S. 46) schon vorgestellt habe. Es arbeitet mit Sensoren, die über kleine Stecker verbunden werden können. Sie können einen solchen Sensor aber auch sehr einfach zusammenlöten. Ich orientiere mich bei der folgenden Anleitung am Beispielprojekt von Grove (bit.ly/kekswaechter).

Zutaten
- 1 Keksdose oder -glas, durchsichtig, mit Blech- oder Kunststoffdeckel
- 1 Particle Argon (WLAN) oder Boron
- 1 Grove-Shield für Particle Mesh (aus dem Starterset)
- 1 Ultraschallsensor (aus dem Starterset)
- 1 4-Ziffern-Anzeige (aus dem Starterset)
- 1 Grove-Summer (aus dem Starterset)
- 1 Lithium-Ion Polymer-Batterie, 3,7 V, 2.500 mAh mit JST-PH-Anschluss
- 1 Dremel-Tool oder Bohrer, 16 mm
- einige leckere Kekse

Schritt 1: Den Controller einsetzen
Der Particle Argon kann über einen Hotspot des Handys eine Cloud-Verbindung herstellen. Wählen Sie den Boron, so erledigt er das von allein über Mobilfunk. Setzen Sie den Particle Argon in das Grove-Shield und drücken Sie ihn vorsichtig auf dem QR-Code hinein.

Schritt 2: Verkabeln
Den Ultraschallsensor – das ist der mit den zwei silberfarbenen Dosen – schließen Sie per Kabel an den Anschluss A1 an. Verbinden Sie nun das Vier-Zahlen-Display per Kabel mit dem Ausgang D2. Den Buzzer verbinden Sie mit dem Anschluss SCL/SDA.

Schritt 3: Stromversorgung an
Schließen Sie jetzt die Batterie an den seitlichen Batterieanschluss des Argon an. Dies ist die schwarze Buchse, die um 90 Grad gedreht nach rechts vom USB-Eingang wegzeigt.

Schritt 4: Das Gehäuse vorbereiten
Schneiden Sie mit der Diamanttrennscheibe des Dremels für den Ultraschallsensor in den Deckel der Dose eine Öffnung oder zwei Löcher mit

C Sensoren als Quellen

Abb. 53: Ultraschallsensor (hinten), Display (Mitte) und Buzzer (vorn).

Abb. 54: Mit einem Dremel kann leicht eine Öffnung
in den Deckel geschnitten werden.

5 Smart City Reporting

Abb. 55: Sie können den Abstandssensor von innen in die Öffnung drücken.

Abb. 56: Das Programm für den Kekswächter ist sehr einfach.

Abb. 57: Zum Testen des Kekswächters brauchen Sie nur einen hungrigen Kollegen.

C Sensoren als Quellen

einem Durchmesser von 16 mm. Drücken Sie den Ultraschallsensor hinein, sodass die beiden Dosen hinausschauen und die Steckerbuchse innen nach oben zeigt.

Schritt 5: Abstandssensor einbauen
Drücken Sie den Ultraschallsensor in die Deckelöffnung hinein und führen Sie die Elektronik und das Display unter der Deckeldichtung hinaus. Bei einem großen Glas können Sie die Elektronik auch elegant im Behälter unterbringen.

Schritt 6: Programmieren
Laden Sie das Programm „Kekswächter" herunter (siehe Kap. „Downloads", S. 13) und wechseln Sie in die Entwicklungsumgebung build.particle.io. Kopieren Sie das Programm hinein und flashen Sie es mit dem Blitzsymbol auf den Argon, das heißt, das Programm wird übertragen.

 DAS PROGRAMM KEKSWAECHTER.INO

Schritt 7: Testen
Befüllen Sie die Dose mit leckeren Keksen und starten Sie das Programm.

> **Tipp**
>
> Unbekannte vorbeifahrende Objekte sind natürlich schwieriger zu erfassen, als Kinderhände, die nach Keksen greifen. Den Schaltplan und Code für den original *Radmesser* finden Sie auf Github (bit.ly/radmessercode).

C6 DIE UMWELT BEOBACHTEN

Wer einmal auf dem Ast einer mächtigen Linde saß, mit freiem Blick auf die Kulturlandschaft ringsum, bekommt eine andere Sicht auf die Welt, die von Menschen geformt wurde. Menschen haben die Böden begradigt, bearbeitet und manche auch vergiftet. Sie haben sich die Wälder und das Wasser untertan gemacht. Sie haben Berge abgebaut und andere aufgetürmt, Wege getreten, gepflastert, asphaltiert. Wenn Sie dort so im Baum sitzen, werden Sie sich fragen, welche Perspektive der alte Riese auf das Leben und die Städte der vergangenen einhundert Jahre hat. „Regungslos war ich, Baum mitten im Wald // Und wusste die Wahrheit nie gesehener Dinge", schreibt Ezra Pound in *The Tree*. Viele Schriftsteller lauschten wie Pound in den Wald hinein. „Es ist ziemlich wolkig heute morgen", berichtete eine Kiefer in Brandenburg zweimal täglich via Twitter. Ökophysiologen hatten den Baum 2016 einige Tage lang mit Messfühlern ausgestattet und ans Internet angeschlossen, um auf die Folgen des Klimawandels aufmerksam zu machen. Die Aktion ist vorbei, die Reporterin Kiefer beobachtet wieder ganz für sich – doch schon fangen andere Bäume an zu plaudern, etwa eine Buche in Belgien (@TreeWatchEFA).

Hallo @Linde. Die vernetzte Natur erlaubt uns Einblicke, die wir anders über unsere Lebensgrundlage nicht erhalten. Gerade in den Umweltwissenschaften, die seit jeher auch auf ehrenamtliche Beobachter setzen, sind lebendige Open-Science-Communitys am Werk. Umweltbeobachtung mittels Journalismus der Dinge ist nicht nur etwas für Schöngeister, in manchen Fällen könnte sie lebensrettend sein. Es gibt eine seismografische globale Community um die Plattform Raspberryshake, es gibt Vogelbeobachter, Orchideensammler und Insektenzähler. Und neben den staatlichen Daten existiert Bürgerwissen. Ob Geofone, Hydrofone, ob Pegelstände, Stickoxidmessung oder Bodenanalyse: Warum nicht die Natur journalistisch sprechen lassen? Ich habe meinen Blick schweifen lassen und fünf ganz verschiedene Beispiele für Sie herausgesucht, an denen das Potenzial für einen Umweltjournalismus der Dinge

C Sensoren als Quellen

Abb. 58: Eine brandenburgische Kiefer auf der Versuchsfläche Britz des Thünen-Instituts in Eberswalde.

Abb. 59: Die Geister von Fabriken: das Sensorprojekt *Ghost Factories*.

klar wird. Das erste Beispiel betrifft den Boden, in dem die alte Linde fest verwurzelt steht.

Vergifteter Boden

Der Boden, in der Stadt zumal, wird vor allem als gegebene Tatsache betrachtet: tot, versiegelt, ungefährlich. Wenn Journalisten Enthüllungsgeschichten über belastete Böden schreiben, stützen sie sich meist auf Messungen, die beispielsweise Behörden erhoben haben. Doch was, wenn solche Messungen unter Verschluss sind – oder ignoriert werden?

„Hatte die Regierung die Warnung beherzigt, die vor mehr als zehn Jahren in einem wissenschaftlichen Magazin veröffentlicht worden war: dass Menschen, die in der Nähe verlassener Fabriken leben, in Gefahr schweben können?" (Young/Eisler: 2013).

Alison Young und Peter Eisler aus dem Investigativteam von *USA Today* nutzten ein mobiles Analysegerät, um selbst Bodenverschmutzung zu untersuchen. Ihr Ziel: Areale, auf denen früher Fabriken gestanden hatten. *Ghost Factories*, Geisterfabriken, nannten sie ihre Recherche, die 2012 veröffentlicht wurde. Die Geschichte lag ihnen sprichwörtlich vor den Füßen. Über Daten brachte sie den Boden zum Sprechen, dem in der Stadt oft kaum Bedeutung zugemessen wird.

Das X-Ray-Fluoreszenz-Analysegerät, mit dem sich die Reporterin aufmachte, wird normalerweise verwendet, um die Bodenzusammensetzung zu untersuchen. Es ist ein Hightech-Gerät, das zum Zeitpunkt der Recherche 41.000 US-Dollar kostete. Young konnte einen Deal erzielen, um das Gerät gegen eine monatliche Gebühr zu leihen. Der Hersteller bildete sie und ihre Kollegen aus.

Bis in die 1960er-Jahre wurde in vielen Unternehmen recht sorglos Blei geschmolzen. Während die Fabriken verschwanden, hinterließen sie verseuchte Erde (scientificamerican.com/article/ghost-factories/). Young und ihre Kolleginnen begannen alle 464 verdächtigen Flächen zu suchen, die eine frühere wissenschaftliche Studie als problematisch ausgemacht hatte. Auf alten Karten in Archiven identifizierten sie 160 dieser Gebiete als Fabrikgelände und konzentrierten sich darauf. Mit dem Bodenuntersuchungsgerät analysierten sie über 1.000 Proben aus 21 Arealen, die in der Nachbarschaft der ehemaligen Fabriken lagen.

C Sensoren als Quellen

Ihre Recherche konnte zeigen, dass viele der Stätten mit Blei belastet waren und die Grenzwerte der Umweltbehörde überstiegen wurden. „Eine unsichtbare Gefahr in unseren Hinterhöfen", titelte *USA Today* online (2012). In der nächsten Anleitung zeige ich Ihnen, wie Sie einen einfachen Bodensensor bauen können, der die Trockenheit ermittelt.

Wie Sensoren im Katastrophenfall bei der Berichterstattung helfen können

Einen Baum wie die alte Linde, von der aus wir auf die Umwelt schauen, bringt so schnell nichts zum Wanken. Es sei denn, ein ausgewachsenes Erdbeben. Darauf schaut die weltweite Community von Raspberry Shake, die mit einfachen Geofonen Erderschütterungen auf den Grund geht. Ihre Mitglieder arbeiten an einem Sensornetzwerk, das hyperlokal und intelligent Erdbewegungen aufzeichnet. Alles begann mit einem verwegenen Team. Es stellte im Juli 2016 auf der Crowdfunding-Plattform Kickstarter den persönlichen Seismografen „Raspberry Shake 1D" vor. Dahinter steht das Unternehmen OSOP aus Panama, das seit über einem Jahrzehnt professionelle und dementsprechend teure Seismografen baut. OSOP-Gründer Ángel Rodríguez wollte ein Gerät entwickeln, das auch Privathaushalte, Schulen und Universitäten einsetzen können. Entscheidend war der Preis. Nun gibt Raspberry Shake mit einem Erweiterungsboard für den Minicomputer Raspberry Pi auch wenig entwickelten Regionen die Möglichkeit zur Erdbeobachtung und möglicherweise zur rechtzeitigen Erkennung von Erdbeben (raspberryshake.org/about/project/).

Auch im deutschen Waldboden und auch in den Jahresringen unserer Linde lässt sich noch Strahlung nachweisen, die die Reaktorkatastrophe von Tschernobyl freigesetzt hat. Gerade im Ernstfall sind gesicherte Informationen schwer zu bekommen. Nach der Nuklearkatastrophe von Fukushima gab es schnell Open-Source-Ansätze zur Strahlungsmessung im Umkreis der Unglücksstelle. Für das Projekt *Safecast* fuhren Ehrenamtliche durch Japan und maßen die Strahlenbelastung an unterschiedlichen Orten. Die japanische Organisation hat sich der „Open Citizen Science"

6 Die Umwelt beobachten

Abb. 60: Erdbeben selbst messen: Die Raspberry-Shake-Platine liefert auch in unseren Breiten interessante Daten. Hier baue ich sie in mein Lünofon ein.

verschrieben: Sie sammelt Daten über Radioaktivität und Umweltverschmutzung und stellt sie öffentlich zur Verfügung. Das Besondere: *Safecast* bietet einen „Open Source Geiger Counter", den bGeigie Nano, mit dessen Hilfe jeder Radioaktivität, GPS-Koordinaten und Zeitmarken aufzeichnen und an die *Safecast*-Plattform übermitteln kann, wo die Daten in Karten umgewandelt werden (blog.safecast.org).

In ähnlicher Richtung aktiv ist das *Open Geiger Project*, das auch auf den Geigerzähler im Eigenbau setzt (bit.ly/opennuclear).

Umweltbeobachtung mittels Journalismus der Dinge kann lebensrettend sein. Vor allem im Unglücksfall ist der menschliche Reporter ein Nadelöhr für Informationen. Überdies wird aus dem Katastrophengebiet meist für die Menschen außerhalb und zu wenig für die in Gefahr befindlichen Menschen innerhalb des Gebiets berichtet. Ein Team beim Hackathon für neuen Katastrophenjournalismus entwickelte 2017 die wegweisende Idee, Tsunami-Berichterstattung an die Tsunami-Sensordaten zu koppeln. Die Journalisten von He Yomiuri Shimbun aus Japan haben daraus den Prototyp einer Katastrophenkarte für das Smartphone gebaut (bit.ly/tsunamiprevention).

Für viele Journalisten, gerade in Entwicklungsländern, scheitert die Recherche zu Umweltthemen vor allem daran, dass es an Daten und Informationen mangelt. Für sie bietet der Sensorjournalismus die Möglichkeit, selbst gesicherte Daten zu erheben. Dafür braucht es nicht einmal Internet. Sensoren können auch in dezentralen Strukturen arbeiten. Sogenannte Mesh-Netzwerke setzen darauf, dass die Dinge selbst ein Netzwerk bilden und gegenseitig Daten weiterleiten. So muss ein Sensor nicht zentral registriert werden, er braucht keinen offiziellen Zugangspunkt. Dafür bedarf es allerdings einer Struktur von ausreichend fähigen Geräten. Für Netzwerke wie Feinstaubsensoren könnte das spannend sein. Das macht Sensornetzwerke potenziell interessant für Gesellschaften, in denen eine freie Arbeit der Presse nicht möglich ist. Justin Arenstein, Leiter von Code for Africa, sagte auf dem Journalismusfestival in Perugia 2018, dass Drohnen, Satellitenbilder und Sensoren – auch in Kombination – Journalisten einen Weg ebnen können, Geschichten aus abgelegenen Gegenden zu erzählen, bei gleichzeitig niedrigen Kosten.

Eines der populärsten und erfolgreichsten Projekte dürfte der *Feinstaubradar* sein, den wir im Kapitel „Smart City Reporting" genauer beleuchtet haben (S. 94).

Wie stark steigt der Meeresspiegel?

Unsere Linde wird gespürt haben, wie sich der Jahreslauf in den vergangenen hundert Jahren langsam verändert hat, wie die Winter wärmer und die Sommer trockener wurden. Sie hat nie das Meer gesehen, aber sie spürt die Folgen des Klimawandels.

Wie stark der Meeresspiegel steigen wird, hängt vor allem davon ab, wie viel Eis an den Polkappen schmelzen wird. Wie stark er bereits gestiegen ist, zeigen Sensoren an den Küsten. Dort werden die Auswirkungen des Klimawandels mit am deutlichsten sichtbar – dank der Pegelstände, die von Sensoren gemessen werden. Das Team des Rechercheverbunds Correctiv hat 2017, gemeinsam mit Journalisten aus sieben Ländern, aus den Pegeldaten an den Meeresküsten das Projekt *Searise* entwickelt. „Seit dem Jahr 1933 hat eine britische Behörde, der Permanent Service of Mean Sea Level

6 Die Umwelt beobachten

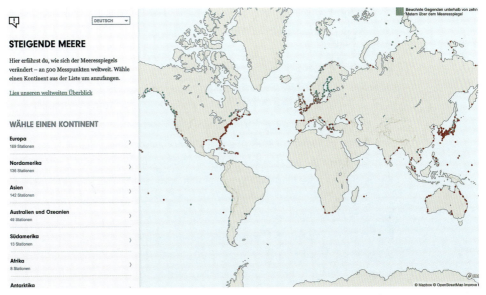

Abb. 61: Das Projekt *Searise* zeigt, wie sich die Pegelstände an den Küsten durch den Klimawandel verändert haben.

(PSMSL), die Fluthöhen von Häfen in aller Welt gesammelt. An mehr als 2.000 Orten haben die Briten Pegelmesser aufgestellt und sie zum Teil im Monatsrhythmus abgelesen", schreibt Rechercheurin Annika Joeres (2017).

Diese Daten zeigen, wie stark der Meeresspiegel tatsächlich schon angestiegen ist: Correctiv hat daraus eine Karte erstellt. In der nicht armen Welt der Klimaberichterstattung ein herausragendes Projekt – dank Sensordaten. Joeres schreibt: „Über 700.000 Pegeldaten weltweit belegen: Der Meeresspiegel steigt. Der Klimawandel ist an den Küsten angekommen."

Die Stille unter der Meeresoberfläche

In den Gewässern vor Tansania ist es für gewöhnlich eher ruhig. Hier existiert ein eigenes Ökosystem aus Meereslebewesen. Doch das Gebiet wird von der Sprengstofffischerei bedroht. Wenige rücksichtslose Fischer werfen Dynamit ins Wasser und richten großen Schaden an.

C Sensoren als Quellen

Dort setzt Sea Sensors (@SeaSensors auf Twitter) an. Die Initiatoren Gill Braulik, Wissenschaftlerin an der University of St. Andrews, die sich seit 15 Jahren mit dem Schutz von Meeressäugetieren beschäftigt, und ihr Forscherkollege Jamie Macaulay versenkten 2018 vier State-of-the-Art-Soundrekorder vor der Nordküste Tansanias. Jede Station verfügt über drei Hydrofone. Johnny Miller, Fotograf und Gründer der NGO African Drone, der die beiden Wissenschaftler dabei begleitet hat, schreibt: „Wir haben eine Reihe von Hydrofonen gebaut, Unterwassersensoren, die triangulieren und verfolgen, wo Explosionen stattfinden. Die lösen eine Drohne aus, die wiederum eine Eilmeldung verschickt, sodass ein Reporterteam schnell vor Ort sein kann, um Nachrichten zu liefern. So basieren die nicht länger nur auf Pressemitteilungen einer Umweltschutzorganisation" (Miller 2018).

Die verwendeten Sensoren sind wasserdichte Hydrofone. Die drei Unterwasserstationen sind an jeder Seite eines dreieckigen Stahlrahmens angebracht. Der Rahmen wird nach Norden ausgerichtet, damit die Daten in richtiger Orientierung auf einer Karte erscheinen. Damit die Netze sich nicht an den Sensorstationen verfangen, wurden diese in 20 Metern Tiefe installiert. Die verwendete Aufnahmeeinheit ist eine Spezialanfertigung für die University St. Andrews: wasserdicht und nur aktiv, wenn es laut wird. In ruhigen Gegenden hält die Stromversorgung so über mehrere Monate.

Tipp

Hier erklärt Jamie Macaulay, wie sie mit der Software SoundSort den Explosionen in der Datenmenge auf die Spur gekommen sind: bit.ly/BlastSuche.

Jeder Story ihren Sensor

Viele Dörfer in Mitteleuropa hatten früher eine Dorflinde. Sie war das Zentrum, dort trafen sich die Leute und tauschten Nachrichten aus. Eine eigene Messstation am stolzen Baum, das wäre was. Wie zum Beispiel der umfangreiche Umweltsensor, den das Projekt Smart Citizen am FabLab Barcelona entwickelt hat. In einem Gehäuse aus dem 3-D-Drucker, das an einen Taucherhelm erinnert, steckt eine Platine mit mehreren Sensoren. Sie messen Helligkeit, Geräusche, Temperatur, Luftfeuchtigkeit, Stickoxide und

Feinstaub. Bei großflächiger Verbreitung entsteht so ein engmaschiges Netz aus verschiedenen Sensoren, die anlassbezogen genutzt werden können. Die Komplexität des Boards führte leider auch zu Schwierigkeiten. Und zu einem hohen Preis. Ein Kit kostet etwa 300 Euro. Das Projekt wurde vom Horizons-Programm der Europäischen Union unterstützt. Gerade entsteht die zweite Version des Boards, das aktuell noch nicht erhältlich ist (smartcitizen.me).

Auch Wasser ist spannend. Mit dem richtigen Sensor können Sie ein nahes Gewässer verstehen. Und hierfür können Sie Riffle nutzen, einen Sensor für Flaschen, den die Initiative Public Labs in den USA entwickelt hat. Riffle steht für „Remote, Independent and Friendly Field Logger Electronics" („ferngesteuerte, unabhängige und freundliche Feld-Sammel-Elektronik") und kostet etwa 75 Euro. Er sammelt 6-mal in der Stunde Daten über die Leitfähigkeit und Temperatur des Wassers. Ein Hauptanliegen beim Design war, wie er wasserdicht sein würde. Deshalb ist Riffle lang und schmal, damit er in jede Flasche passt. Zum Beispiel in eine kleine Smoothie-Glasflasche. Aus dem Deckel schauen ein Temperaturfühler und zwei Schrauben. Sie sollen die Leitfähigkeit des Wassers messen – je nachdem wie viel Strom zwischen den beiden Schraubenköpfen fließt. Den Metalldeckel der Flasche habe ich durch ein Kunststoffexemplar aus dem 3-D-Drucker ersetzt. Mögliche Ansätze wären, die landwirtschaftlichen Folgen für Gewässer zu erforschen. Oder auch den steigenden Salzgehalt in vielen Süßwassergewässern, zum Beispiel durch den Einsatz von Streusalz im Winter.

Abb. 62: Im Inneren der Flasche stecken der Riffle-Sensor und die Batterie.

Einen eher ungewöhnlichen Ort für Umweltsensoren hat der Wissenschaftler Vikram Iyer von der Universität Washington gefunden (livingiot.cs.washington.edu/). Iyer baut eigentlich an kleinen Drohnen mit, die Sensoren transportieren. In einem Experiment montierte er jedoch Umweltsensoren auf eine ganz andere Plattform. Im Interview mit dem *Deutschlandfunk* sagt er: „Wir verfolgten einen ganz anderen Ansatz und

C Sensoren als Quellen

Abb. 63: Summ, summ, summ, Sensor flieg' herum.
Diese Hummel trägt einen kleinen Temperatursensor auf dem Rücken.

setzten die Sensoren huckepack auf natürliche Flugmaschinen. Hummeln haben sich über Jahrtausende zu sehr effizienten Fliegern entwickelt. Mit der passenden Nahrung können sie stundenlang fliegen" (*Deutschlandfunk* 2019). „Living IoT" nennt Iyer seine Plattform. Die ist nur 100 Milligramm schwer und kleiner als ein Reiskorn. Um Energie zu sparen, werden die Messdaten erst ausgelesen, wenn die Hummeln in ihr Nest zurückkehren.

Journalismus macht keine Wissenschaft

Journalisten sind keine Umweltingenieure, sie erstellen keine Gutachten. Ihnen wird sicher von professionellen Umweltvermessern entgegengehalten werden, dass ihre Messungen ungenau, die Messgeräte nicht geeignet sind. Man kann auf viele verschiedene Arten Lärm messen. Es gibt Apps,

Geräte für 15 Euro und solche für 5.000 Euro. Journalisten müssen wissen, wie belastbar ihre Daten sind, wie hoch die Abweichung. Sie brauchen aber keine wissenschaftliche Präzision. Journalisten sind keine Ingenieure, sie verfertigen keine Gutachten. Trotzdem müssen sie sich im Klaren sein, dass ihre Messungen möglicherweise nicht korrekt sind. Dass man nicht einfach losziehen und mal so eben messen kann. Und dass man vor allem misst, was man messen will.

Vielleicht saust gerade eine Hummel an Ihnen vorbei. Sie sitzen noch auf dem Ast der Linde. Vor Ihnen liegt die von Menschen geformte Welt. Sie haben eine neue Perspektive gewonnen. Sie haben die Möglichkeit, auf eine ganz neue Art von der Wirkung der Natur auf dieser Welt zu erzählen. Lesen Sie den Boden! Spüren Sie den Bewegungen im Inneren der Erde nach. Tauchen Sie! Und lernen Sie die Sprache der Bäume mithilfe von Sensoren zu verstehen.

Einen Feuchtigkeitssensor für den Garten bauen

Ich bin überzeugt: Der Boden unter unseren Füßen ist eine der unterschätzten Gegebenheiten. Es lohnt sich als Reporterin, sich mit ihm zu beschäftigen. Das zeigt nicht zuletzt das Projekt *Ghost Factories* (S. 115). Alles, was Arbeit im Garten macht, erledigt die Technik. Mähroboter nutzen künstliche Intelligenz, GPS und Ultraschallsensoren für den optimalen Weg über den Rasen. Apps sammeln Daten und senden Informationen zu jedem Strauch und jeder Staude an das Smartphone. Mit dem Kleingarten fällt eine der letzten analogen Bastionen des Alltags. Der prüfende Finger im Beet weicht jetzt Boden-Bodo. Er misst die Feuchtigkeit und gibt Gießalarm. Und wenn Sie mutig sind, können Sie aus Bodo mittels 3-D-Druck einen Flamingo als elektrischen Reporter machen.

Journalistisch lässt er sich bei einem Landwirt während der Sommerdürre einsetzen. Aber auch, um herauszufinden, wie oft die städtischen Grünstreifen bewässert werden. Oder auch, wie viele Hunde jeden Tag an einem Baum ihr Bein heben – solange es trocken ist. Die folgende Anleitung orientiert sich an der Anleitung des Sensorherstellers Sparkfun, die Sie hier finden: bit.ly/soilbodo.

C Sensoren als Quellen

Zutaten
- 1 Particle Argon
- 1 Bodenfeuchtesensor von Sparkfun, ideal ist die Version mit Schraubterminals, SEN-13637
- 1 Lithium-Ion Polymer-Batterie, 3,7 V, 2.500 mAh mit JST-PH-Anschluss
- 3 Käbelchen mit einem männlichen und einem weiblichen Anschluss
- optional 3-D-Druck-Gehäuse „Thirsty Flamingo" (thingiverse.com/thing:1306595)

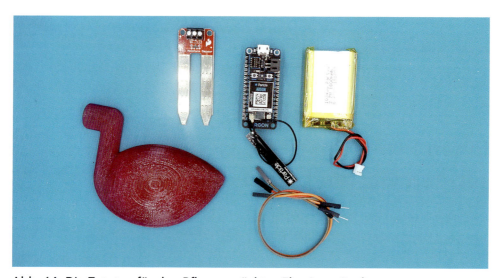

Abb. 64: Die Zutaten für den Pflanzenwächter-Flamingo *Bodo*.

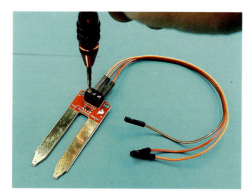

Abb. 65: Der Bodenfeuchtesensor hat eine Signalleitung.

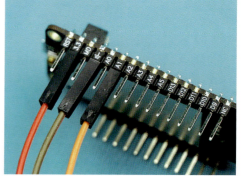

Abb. 66: Die Kabel des Sensors werden direkt an den Argon gesteckt.

Schritt 1: Die Kabel anschließen
Die zwei Beine des Bodenfeuchtesensors sind wie Widerstände. Wenn mehr Wasser im Boden ist, leiten sie den Strom besser, das Sensorsignal wird also stärker. Legen Sie den Sensor vor sich, sodass die Buchse oben liegt. Mit einem kleinen Kreuzschlitzschraubenzieher können Sie die Schrauben der Anschlussbuchse lösen und dann vorn die Kabel hineinstecken. Schließen Sie das rote Käbelchen an die linke Buchse (VCC) und das schwarze Kabel an die mittlere Buchse (GND) an. Das dritte Kabel, die Signalleitung, wird rechts (SIG) angesteckt.

Schritt 2: Den Sensor verbinden
Weil der Sensor in ein Gehäuse soll, verzichten wir auf ein Breadboard und stecken die Kabel direkt auf die Beinchen des Argon. Sie sind sowohl oben wie auch seitlich beschriftet.
1. Das rote Kabel auf den Argon Pin 3,3 V
2. Das schwarze Kabel auf den Argon Pin GND
3. Das dritte Kabel, die Signalleitung, auf den Argon Pin A1

Schritt 3: Power
Schließen Sie die Batterie an den seitlichen Batterieanschluss des Argon an, das ist die schwarze Buchse, die um 90 Grad gedreht nach rechts vom USB-Eingang wegzeigt.

Schritt 4: Den Mikrocontroller programmieren
Laden Sie das Programm herunter (siehe Kap. „Downloads", S. 13):

> 🌐 **DAS PROGRAMM BODENBODO.INO**

Kopieren Sie es in die Entwicklungsoberfläche build.particle.io. Drücken Sie auf das Blitzsymbol, um es zu flashen.

Schritt 5: Das Gehäuse bauen
Boden-Bodo soll außen zum Einsatz kommen, das heißt, er sollte gut geschützt sein. Das Circuito-Team hat dafür das Gehäuse „durstiger Flamingo" gebaut, das aus unserem kleinen Sensor ein schmuckes Gadget

C Sensoren als Quellen

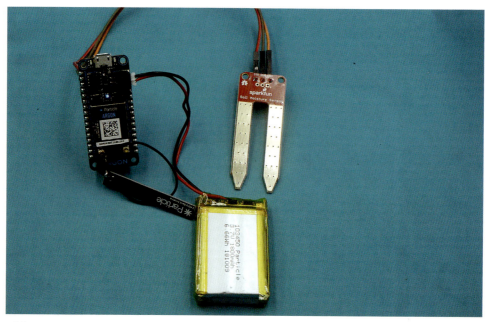

Abb. 67: Erst die Batterie (vorn) macht Boden-Bodo mobil einsetzbar.

Abb. 68: Der Sensor bildet die Beine des Flamingos.

macht. Es lässt sich auf einem 3-D-Drucker drucken oder als Ausdruck bestellen. Im Bauch des Flamingos finden der Argon und die Batterie Platz. Der Sensor bildet die Beine des Flamingos.

Schritt 6: Bodo testen

Stecken Sie Bodo in einen Blumentopf, und schauen Sie, was er meldet!

C Sensoren als Quellen

C7 SENSOREN ALS WHISTLEBLOWER

Der Informant trägt Sonnenbrille und übergibt an der Autobahnraststätte oder im abgedunkelten Hotelzimmer einen USB-Stick mit wertvollen Daten. So erzählen es Whistleblower wie Edward Snowden oder Herve Falciani. Whistleblower, das sind Menschen, die Zugang zu einem Geheimnis haben. Und keine Skrupel, es zu teilen. Eine Rolle, die für vernetzte Dinge wie gemacht ist. Sie umgeben uns unauffällig und wissen alles: Alexa im Wohnzimmer, der vernetzte Mixer in der Küche, das Smartphone auf dem Nachttisch. Hoffentlich läuft Ihnen bei diesem Gedanken ein Schauer über den Rücken. Damit Sie beim Lesen dieses Kapitels nicht unruhig werden, ziehen Sie bitte jetzt den Stecker Ihres Sprachassistenten, versetzen Sie Ihr Smartphone in den Flugmodus, und schalten Sie das smarte Licht aus. Sensoren haben kein schlechtes Gewissen. Sie sind die idealen Whistleblower.

Der Journalismus der Dinge lässt sich nicht nur deskriptiv einsetzen. In den Daten steckt auch verborgenes Wissen, etwa über die Bewegung von internationalen Regierungsangehörigen oder über geheime Militärbasen. In Kapitel B1 auf Seite 35 habe ich den *GVA Dictator Alert* vorgestellt, der die Landung von Diktatorenflugzeugen auf dem Flughafen Genf dokumentiert. Im Kapitel zu Sensoren in der Stadt (S. 98) habe ich beschrieben, wie ein Journalistenteam von *Reveal* die Wasserprinzen von Bel Air mit Satellitenaufnahmen jagt. Im Folgenden möchte ich an vier Recherchen zeigen, wie Sensordaten für investigative Recherchen genutzt werden können. Die *Washington Post* kam Schießereien auf die Spur, das Team von *Follow the Money* dem zweiten Leben unseres Elektroschrotts, *De Correspondent* konnte geheime Militärbasen kartieren und die *Sun Sentinel* Verkehrsverstöße von Polizisten nachweisen.

7 Sensoren als Whistleblower

Fitnesstracker: Der Feind am eigenen Arm

Schauen Sie auf Ihren Arm. Tragen Sie einen Fitnesstracker? Das ist ein Sensorgerät, das viel über Ihr Leben verraten kann. Allein dadurch, dass es Ihre Position trackt. Einen der beliebtesten Fitnesstracker stellt die finnische Firma Polar her. Auf einer Karte im Netz konnten die Nutzer nicht nur sehen, wo sie selbst trainiert hatten, sondern auch, wo andere Mitglieder unterwegs waren. Was als Service für Läufer auf der Suche nach neuen Strecken gedacht war, entpuppte sich als folgenschwere Sicherheitslücke, denn nicht alle Nutzer wussten über diese Funktion Bescheid. Mitarbeiter von militärischen Zentren, Soldaten im Auslandseinsatz und Geheimdienstmitarbeiter auf der ganzen Welt trugen die Fitnesstracker beim Joggen, wie Journalisten der niederländischen Rechercheplattform *De Correspondent* entdeckten. Zusammen mit dem Recherchekollektiv Bellingcat nahmen sie im *Project Polar* Nutzer unter die Lupe, die um Militärbasen und Geheimdienstzentralen herum unterwegs waren – alles Plätze, die auf Landkarten üblicherweise weiß sind. Die Rechercheure um Maurits Martijn fanden 6.460 Fitnesstracker-Nutzer, deren Laufwege sie sich genauer anschauten.

Viele Läufer starteten von zu Hause aus, sodass sie sich leicht identifizieren ließen. Dann joggten sie problemlos durch die Schranke von Guantanamo Bay in Kuba, durch ein Militärlager in Erbil im Irak oder im malischen Gao, durch Militärbasen in Afghanistan, Saudi-Arabien, Katar, im Tschad und in Südkorea. Die Journalisten veröffentlichen die Laufwege der Nutzer – und damit die Lagepläne bisher geheimer Anlagen.

Ich finde es bemerkenswert, wie einfach der Zugang zu solch sensiblen Daten letztlich war, und vorbildlich, wie die Reporter ihre Methode dargestellt haben. Die Journalisten legen ihren Rechercheweg detailliert offen. Bekannt ist, dass auch andere Tracker ähnliche Sicherheitslücken haben.

Das klassische Beispiel der Vorratsdaten von Malte Spitz (S. 74) zeigt, dass sich allein aus Mobilfunkdaten das Leben eines Menschen rekonstruieren lässt. Mit zwei solcher Profile können geheime Treffen nachgewiesen werden. Der einzige Unterschied ist, dass diese Daten nicht so einfach zugänglich sind. Über Kipp- und Beschleunigungssensoren können Sensordaten im Smartphone heute belegen, ob der Besitzer staubsaugte oder auf der Toilette saß. Was, wenn der nächste Whistleblower ein Sprachassistent

C Sensoren als Quellen

Abb. 69: Mithilfe der Fitnesstracker Wege ins Sperrgebiet zeigen.

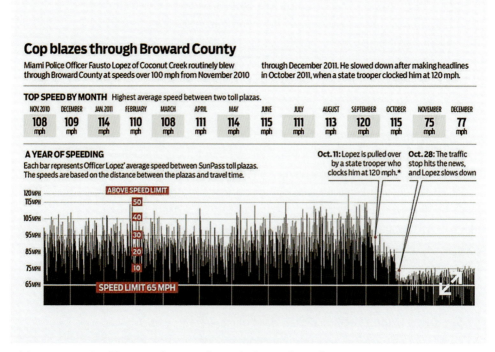

Abb. 70: Die Grafik zeigt die Geschwindigkeitsüberschreitungen eines einzelnen Polizisten.

im Wohnzimmer, ein Fitnessarmband oder eine vernetzte Waschmaschine ist? Was, wenn das nächste Daten-Leak aus einem Smarthome stammt? Gerade testen die ersten Banken Überweisungen per Sprachbefehl.

Der Journalismus der Dinge stellt auch ganz neue ethische und rechtliche Fragen, etwa welche Daten investigative Journalisten überhaupt nutzen dürfen. Zuallererst sind es Fragen zu Datenschutz und Privatsphäre, wenn Daten aus dem Lebensumfeld von Menschen verwendet werden. Aus ethischer Sicht müssen die Notwendigkeit und Relevanz den Einsatz von Sensoren rechtfertigen. Der Bereich ist kaum erschlossen, was Freiräume schafft, aber auch Risiken birgt. Redaktionen, die Journalismus mit Gegenständen betreiben, werden oft auf die Expertise von Medienethikern und Medienrechtlern angewiesen sein. So stellen sich der Journalistin etwa Fragen wie: Dürfen Sensoren an fremden Gegenständen angebracht werden? Wer muss informiert werden? Wem gehören die Sensordaten? Dürfen Rohdaten veröffentlicht werden oder müssen sie verarbeitet, möglicherweise anonymisiert werden?

Wie man mit Sensorjournalismus den Pulitzer-Preis gewinnt

Die *Sun Sentinel* zeigt, wie man mit Sensorjournalismus den Pulitzer-Preis gewinnt. Die Annahme der Reporter: Polizisten halten sich in Sachen Geschwindigkeit selbst nicht immer an das Gesetz. Denn wer sollte sie anzeigen? Das Blatt wertete Funkfrequenzen aus, die von Tags an Polizeifahrzeugen ausgestrahlt werden. Diese Tags dienen vor allem dem Mautsystem SunPass. Polizeifahrzeuge sind mit einem speziellen Transpondertyp ausgestattet, der es ihnen erlaubt, die Mautstraßen kostenfrei zu nutzen.

„Kein Blaulicht. Keine Sirene. Nur Geschwindigkeit", sagt in *Nieman Reports* der Datenjournalist John Maines, der das kritische Fahrverhalten von Polizisten selbst beobachtete. Und weiter: „Wir hätten es ohne Sensorjournalismus nicht machen können" (*Nieman Reports* 2017).

Speeding Cops (*Rasende Polizisten*) heißt die dreiteilige Artikelserie. Sie ist ein Klassiker des Sensorjournalismus, die Maines und seinen Kollegen 2013 den Pulitzer-Preis einbrachte. Sie kannten die Zeiten, zu denen die Polizeiautos an den Mautstationen vorbeifuhren. Mit einem GPS-Gerät maßen die Reporter die Distanz zwischen den Mautstationen, um die Geschwindigkeit der Fahrzeuge zu ermitteln. Sie fütterten mit den Daten einen einfachen Algorithmus. Eines von fünf Einsatzfahrzeugen überschritt das Limit von 145 km/h (90 mph). Das waren recht viele Fahrer, die offenbar nicht auf dem Weg zu einem Notfall waren, sondern zu ihrer Dienststelle.

Heraus kam eine Liste mit fast 800 Polizisten, die innerhalb eines Jahres zu schnell gefahren waren: zwischen 145 km/h und 210 km/h (90 mph und 130 mph). Die Gesetzeslage in Florida erlaubt Polizisten eine Geschwindigkeitsüberschreitung in Notfällen, wenn sie niemanden gefährdet. Die Daten machten das Problem sichtbar. Doch die Reporter begaben sich zusätzlich auf die Suche nach Menschen, die durch rasende Polizeifahrzeuge ums Leben gekommen waren. Außerdem dokumentierten sie, dass die Polizisten für ihre Verkehrsvergehen kaum belangt wurden (sun-sentinel.com/news/speeding-cops/; die Seite kann man aus Europa momentan nicht abrufen).

Sensoren können Journalisten helfen, Institutionen und Personen in die Pflicht zu nehmen. Sie können aber auch den Lesern helfen, die Arbeit von Journalisten kritisch zu prüfen. Und sogar den Protagonisten der Geschichte. Als John Broder, Autotester der *New York Times*, das neue Tesla-Modell testete und scharf kritisierte, reagierte Tesla mit Sensordaten: den aufgezeichneten Logfiles des Autos. Sie zeigten Ladezeiten, Fahrzeiten und Entfernungen. „Nach einer Negativ-Erfahrung vor einigen Jahren mit Top Gear, einer populären Auto-Sendung, in der behauptet wurde, dass unserem Fahrzeug der Strom ausgegangen sei, woraufhin man es habe in die Garage schieben müssen, sind wir stets darauf bedacht, Medienfahrten sorgfältig zu loggen", schreibt das Unternehmen in seiner Stellungnahme (Musk 2013). Margaret Sullivan, Public Editor der *New York Times*, hat den Fall untersucht und schreibt ein lesenswert differenziertes Fazit. Sie schreibt, Broder habe einige Dinge ungenau notiert und sich nicht optimal verhalten, jedoch nicht gefälscht: „A little red notebook in the front seat is no match for digitally recorded driving logs, which Mr. Musk has used, in the most damaging (and sometimes quite misleading) ways possible, as he defended his vehicle's reputation" (Sullivan 2013).

Sensoren können im Verborgenen arbeiten. Getarnt als Stein oder versteckt in einem Rohr können sie Daten aufnehmen, ohne einen Rückschluss auf den datensammelnden Journalisten zu erlauben. Das gilt insbesondere für Offline-Sensoren, die einfach nur speichern. Ausgelesen werden können sie zum Beispiel unauffällig per Bluetooth.

> **„Speeding cops can kill. Since 2004, Florida officers exceeding the speed limit have caused at least 320 crashes and 19 deaths. Only one officer went to jail – for 60 days."**
>
> JOHN MAINES, *SUN SENTINEL*

Wo wird geschossen?

Die *Washington Post* näherte sich der Waffengewalt auf neue Art – mithilfe von 300 Sensoren. In vielen amerikanischen Städten sind solche Sensoren des Unternehmens ShotSpotter installiert. Die Idee basiert auf Forschungen des Akustikwissenschaftlers Robert Showen vom Forschungsinstitut Menlo Park, der das System entwickelte. Er suchte nach einer technischen Lösung, um einer Gang in seinem Viertel etwas entgegenzusetzen.

Die Audiosensoren registrieren die Schallwellen abgegebener Schüsse. Aus dem kakofonen Geräuschteppich der Großstadt stechen Schüsse als Spitzen heraus. Durch Kombination mehrerer verteilter Sensoren kann man den Ort der Schussabgabe eingrenzen. Vor allem Polizisten können so schneller zur Stelle sein. Innerhalb von acht Jahren wurden 39.000 Schüsse im Großraum Washington D.C. aufgedeckt – wobei nur ein Drittel des Stadtgebiets überwacht wird und nicht alle Schüsse aufgezeichnet werden. Die Zahl ist deutlich höher als die der offiziell gemeldeten Vorfälle mit Waffen. Sie entspricht im Schnitt 17 Schüssen am Tag. Ein Drittel der

C Sensoren als Quellen

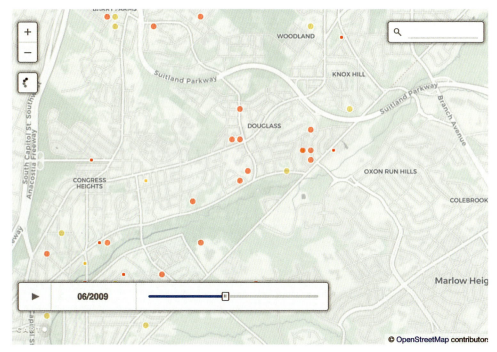

Abb. 71: Sensoren für Schüsse. Jeder Punkt ist eine Schießerei.

Abb. 72: Sperrmüll und dann? Die Recherche verfolgt den Schrottfernseher von der Straße bis nach Afrika.

abgegebenen Schüsse fielen an Neujahr und am 4. Juli, dem Unabhängigkeitstag in den USA. Aber auch in belebten Wohngegenden mit Schulen fielen zahlreiche Schüsse. Erst die Auswertung von Sensordaten zeigte den Bewohnern, wie nah ihnen die Waffengewalt war. Reporter Todd C. Frankel schreibt, diese Daten könnten der beste Weg sein, um das amerikanische Problem der Waffengewalt zu zeigen (wapo.st/gunspotter).

Diese Schusssensorsysteme sind vielfach im Einsatz. Angeblich wird eines davon sogar im Weißen Haus getestet. Im südafrikanischen Krüger-Nationalpark helfen Schusssensoren bei der Suche nach Wilderern.

Wo landet der Elektroschrott?

Ebenfalls vor der Haustür begann die Recherche zum Nachleben dreier Fernseher, die in deutschen Wohnzimmern ausgemistet wurden. Das Team *Follow the Money* hatte die Idee, den Spuren des Elektroschrotts zu folgen.

Sie setzten auf GPS-Tracker. Diese ermöglichen es, in Echtzeit Personen, Gegenstände oder Tiere über Satelliten zu orten. GPS-Tracker lassen sich für viele Funktionen verwenden, doch für journalistische Zwecke kamen sie bisher nur selten zum Einsatz. Das Projekt mit der größten Reichweite hieß *Die GPS-Jagd – wo landet mein Schrottfernseher?*. Dafür stattete die Medienproduktionsfirma *Follow the Money* im Jahr 2013 kaputte Fernseher mit GPS-Trackern aus und verfolgte deren Weg zu Entsorgungshöfen, Zwischenhändlern und Häfen bis nach Afrika. Inklusive der Probleme, die sich zeigten: Aus dem Schiffscontainer auf hoher See funktionierte die Ortung nicht. 77 Tage und 2.600 Funksignale später konnten die Journalisten eines der Geräte, das sie selbst auf den Weg geschickt hatten, im Norden Ghanas für 100 Dollar erwerben. Auf diese Weise gingen die Reporter der Frage nach, was mit dem Elektroschrott aus Deutschland geschieht – und fanden einen Weg, dies exemplarisch und anschaulich zu illustrieren. Jegliches Recycling und alle Verordnungen zum Umgang mit Elektroschrott sind nutzlos, wenn die deutschen Abfallgeräte ein zweites Leben in Afrika beginnen. Ich liebe an dem Projekt die elegante Einfachheit seiner Idee. Das Projekt wurde mehrfach mit journalistischen Preisen ausgezeichnet. Seine Finanzierung musste allerdings zunächst durch Crowdfunding gesichert werden. Erst im zweiten Schritt nahmen auch andere Medien wie *Arte* und der *Norddeutsche Rundfunk* (*NDR*) das Format auf (schrottfernseher.de).

C Sensoren als Quellen

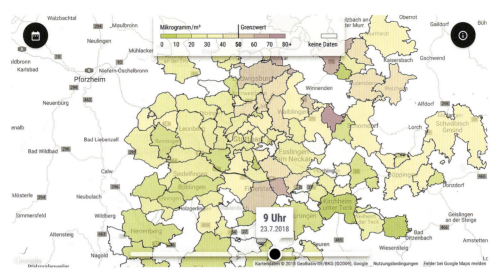

Abb. 73: Der Feinstaubradar zeigt die dreckigsten Stellen Stuttgarts auf einer Karte.

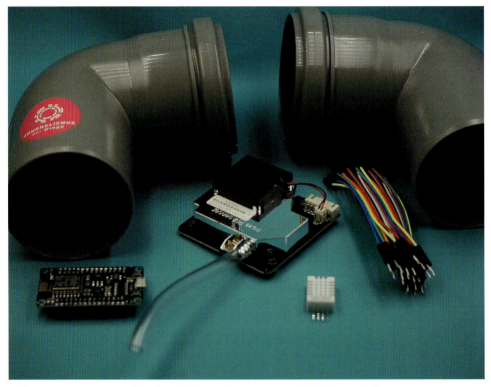

Abb. 74: Die Zutaten für den Feinstaubsensor von Luftdaten.info.

Es ist ein steter Balanceakt, die schutzwürdige Privatsphäre von Einzelnen gegen die journalistische Erkenntnis abzuwägen. Ob der Fitnesstracker am Arm oder der GPS-Tracker im Schrottfernseher, ob durch ein Netzwerk von Maut- oder Schusssensoren: Objekte als Whistleblower leisten dem Journalismus wertvolle Dienste. Investigative Recherchen sind oft zeitaufwendig und nur etwas für entsprechend geschulte, erfahrene Journalisten. Die Beispiele zeigen: Es lohnt sich, auch Sensorexperten ins Team zu holen. Die Sensoren sind unbestechlich und vertrauenswürdig. Und es ist nur eine Frage der Zeit, bis der nächste Sensor eine sensible Information preisgibt.

Einen Feinstaubsensor bauen

Die Luft, die wir einatmen, ist verschmutzt. Bauen Sie sich einen eigenen Feinstaubsensor und finden Sie heraus, wie stark.

Der Feinstaubradar der *Stuttgarter Zeitung*: 750 Sensoren der Leser messen ständig die Feinstaubbelastung in der Stadt – 5.000 Sensoren deutschlandweit (ich bin übrigens Pate eines Sensors mit der ID 12850).

Eine Live-Karte zeigt die Belastung an: Rot eingefärbte Gebiete sind stärker belastet, grüne weniger. Was die Sensordaten nicht können, leisten die klassischen Journalisten mit Reportagen und Erklärstücken in der Zeitung. Überlegungen zur Dramaturgie eines Feinstaubprojekts habe ich bereits vorgestellt (S. 147). Doch wie setzt man nun solch ein Projekt praktisch um?

„Es geht nicht um wissenschaftliche Messungen. Die Redaktion räumt ein: ‚Die selbst gebauten Feinstaubmesser können nicht zuverlässig ermitteln, ob vor der eigenen Haustür gerade die EU-Grenzwerte für Feinstaub überschritten werden. Durch die große Zahl von Sensoren lässt sich jedoch auch für größere Teile der Stadt erkennen, wie sich die Werte im Tages- oder Wochenverlauf verändern – ob also beispielsweise die Feinstaubkonzentration auch im Wohngebiet tatsächlich steigt, wenn die Stadt Feinstaubalarm ausgerufen hat'" (Plavec 2017).

Das Open Knowledge Lab Stuttgart hat zur Messung einen einfachen Sensor entwickelt, der nicht schön ist, aber seinen Dienst tut. Die folgende Anleitung stützt sich auf die großartige Arbeit der ehrenamtlichen Maker von *luftdaten.info*. Mein Versuch ist nur, sie noch verständlicher aufzuschreiben.

C Sensoren als Quellen

Aus einem Mikrocontroller, einem Sensor, sieben Kabeln und zwei Kabelbindern wird der Bausatz zu einer Messstation für PM10. PM10 sind die Partikel, die im Allgemeinen als Feinstaub bezeichnet werden. Der Feinstaubsensor selbst besteht aus einer Kammer, in die alle zehn Minuten Luft mit einem kleinen Ventilator hineingezogen wird. Mithilfe von Licht wird geschaut, wie viele Partikel sich in der Luft befinden. Ein Mikrocontroller, der NodeMCU, fragt die Werte vom Sensor ab. Er verbindet sich mit einem WLAN und schickt die Werte zur Veröffentlichung an den Kartenserver des Projekts *luftdaten.info*. Zum Schutz vor dem Wetter steckt der Sensor in einem Stück Wasserrohr.

Zutaten
Für den Sensor:
- Partikelsensor, Modell „SDS011"
- NodeMCU, Modell „ESP8266 v3"
- Temperatursensor „DHT22"
- 7 kleine Kabel mit Steckerenden „Breadboard-Kabel" oder „Dupont-Kabel"
- 6 Kabelbinder

Für die Stromversorgung:
- 1 Steckernetzteil vom Handy mit einem kurzen und einem langen Micro-USB-Kabel

Für das Gehäuse:
- Aquarienschlauch, Innendurchmesser 6 mm, Länge ca. 20 cm (Zoofachhandel)
- 2 Abflussrohre HT Bogen, Typ „DN 75 87°" (Durchmesser 75 mm, 87 Grad gebogen)

Schritt 1: Die Messsoftware
Damit der Feinstaubsensor weiß, was er mit den Werten machen soll, müssen Sie die Software zum Messen auf Ihren Mikrocontroller laden. Die Software haben die Enthusiasten aus Stuttgart schon fertig programmiert und stellen sie kostenlos zur Verfügung. Die Software ist ein kleines Open-Source-Programm, das die Werte des Sensors an die Feinstaubkarte schickt. Sie finden die jeweils aktuellste Version unter dieser Adresse:

7 Sensoren als Whistleblower

madavi.de/sensor/update/data/latest_de.bin. Dann braucht man einen ekligen Befehl in der Kommandozeile. Wie der für einen Windows-, Mac- oder Linux-PC lautet, steht hier: luftdaten.info/feinstaubsensor-bauen/.

> **Tipp**
>
> Eine Videoanleitung zum Zusammenbau gibt es hier: youtu.be/8oLCTeCfabU.

Abb. 75: Eine ausführliche Anleitung zum Aufspielen der Software.

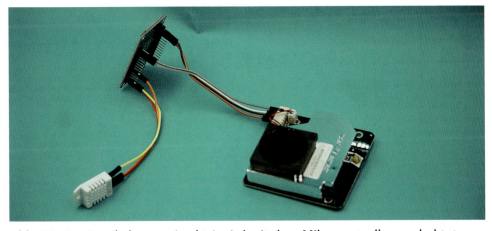

Abb. 76: Der Partikelsensor (rechts) wird mit dem Mikrocontroller verdrahtet.

Partikelsensor SDS011	Mikrocontroller NodeMCU
Pin 1 (ganz rechts)	Pin D1
Pin 2	Pin D2
Pin 3	GND
Pin 4	(nicht verbinden)
Pin 5	VU oder VIN
Pin 6	(nicht verbinden)
Pin 7 (ganz links)	(nicht verbinden)

Abb. 77: Die Verbindung des Partikelsensors mit dem Mikrocontroller.

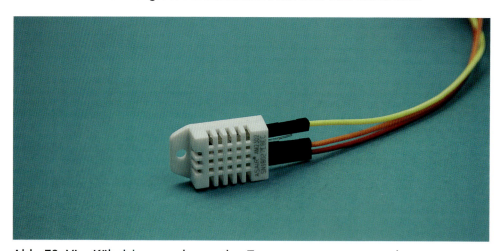

Abb. 78: Vier Käbelchen werden an den Temperatursensor gesteckt.

Temperatursensor DHT22	Mikrocontroller NodeMCU
Pin 1 (ganz links)	3V3
Pin 2	D7
Pin 3	(nicht verbinden)
Pin 4	GND

Abb. 79: Die Verbindung des Temperatursensors mit dem Mikrocontroller.

Schritt 2: Den Feinstaubsensor anschließen
Im ersten Schritt wird der Partikelsensor SDS011 an den Mikrocontroller NodeMCU angeschlossen. Dafür werden vier der kleinen Kabel gebraucht. Legen Sie den Mikrocontroller mit den Beinchen nach oben vor sich ab. Jedes Bein ist ein Ein- oder Ausgang. Auf der Oberseite hat jedes Beinchen eine Beschriftung aufgedruckt, zum Beispiel „D1" oder „GND".

Die Pins des Partikelsensors sind von rechts nach links nummeriert. Achten Sie beim Aufstecken der Kabel darauf, dass die Buchsen wirklich auf den Pins stecken, da sie leider auch gut neben den Pins steckenbleiben. Gehen Sie beim Anschließen der Kabel wie in der folgenden Tabelle beschrieben vor.

Schritt 3: Den Temperatursensor anschließen
Damit nicht nur Feinstaub gemessen wird, sondern auch die Temperatur, wird ein zweiter Sensor angeschlossen. In der weißen Gitterbox des DHT22 stecken ein Temperatur- und Luftfeuchtigkeitssensor. Legen Sie den DHT22 links vor sich hin, das Gitter nach oben. Den Mikrocontroller legen Sie rechts hin. Beginnen Sie mit dem linken Beinchen, und gehen Sie gemäß der folgenden Tabelle vor.

Schritt 4: Die Komponenten zusammenbinden
Stecken Sie den Schlauch auf den Feinstaubsensor. Jetzt wird die Konstruktion mit Kabelbindern zusammengebunden. Binden Sie mit einem Kabelbinder den Mikrocontroller und den Partikelsensor durch die Löcher so zusammen, dass die WLAN-Antenne (silberner Block) vom Sensor wegzeigt. Mit einem zweiten Kabelbinder befestigen Sie den weißen Temperatursensor am Schlauch. Schieben Sie das Paket in eine Rohrhälfte.

Schritt 5: Ihren Sensor auf das Radar bringen
Stecken Sie das Micro-USB-Kabel in den Mikrocontroller. Stecken Sie das Steckernetzteil ein. Nach ein paar Minuten erscheint ein WLAN-Netzwerk mit dem Namen Feinstaubsensor-XXXX, wobei XXXX für eine Nummer steht. Verbinden Sie sich mit diesem WLAN. Der kleine Mikrochip braucht wahrscheinlich ein paar Versuche, bis er sich mit dem Computer verbindet, seien Sie geduldig. Geben Sie im Browser 192.168.4.1/ ein, das ist das Menü Ihres Sensors, dort kann er konfiguriert werden.

C Sensoren als Quellen

Abb. 80: Die Elektronik wird jetzt in das Rohr als Gehäuse geschoben.

Abb. 81: Nicht schön, aber funktional: der fertige Feinstaubsensor.

Schritt 6: Verpacken und aufhängen

Jetzt werden die beiden Rohrkurven zusammengesteckt. Sie sollen ein U bilden. Dann kommt die Sensoreinheit hinein. Die Teile werden so in das Rohr geschoben, dass der Sensor darin festklemmt. Die große Platine sollte oben sein und der Schlauch aus dem Rohr herausragen. Mithilfe von zwei Kabelbindern kann man den Sensor aufhängen. Er sollte vor einem Fenster hängen, wo das heimische WLAN erreichbar ist. Das Stromkabel wird idealerweise durch das Fenster hineingeführt und innen an das Netzteil angeschlossen. Die Rohrenden sollten nach unten zeigen und mit Fliegengitter verschlossen werden, Sie laden sonst Insekten zum Verweilen ein. Damit der Sensor Teil des Sensornetzwerkes wird, müssen Sie im letzten Schritt noch das Formular mit Standort und Sensornummer ausfüllen (luftdaten.info/feinstaubsensor-bauen/). Fertig!

> **Tipp**
>
> Ein deutlich schöneres Gehäuse kann man sich für etwa 20 Euro auf dem 3-D-Drucker drucken lassen. Eine Vorlage von Philipp Giebel gibt es hier: thingiverse.com/thing:2843927.

Erzählen Sie doch Ihre eigene Feinstaubstory – das kann die Geschichte einer viel befahrenen Straße sein, die eines Hafens, über die Liebe Ihrer Leser zu Holzkaminen oder die eines neuen Gewerbegebiets. Die Sensoren sind schnell und kostengünstig zu bauen. Folgen Sie dem Vorbild der *Stuttgarter Zeitung*, und bauen Sie eigene Sensoren. Ich bin gespannt auf Ihre Ideen!

Die Reporterbox und das Storyboard

Nach meinen ersten Sensorexperimenten träumte ich von einer Box, die jeder Reporter nehmen kann, um zu messen, was er braucht. Die Box meiner Träume hatte auch Ausgänge. Für ein Pflanzenexperiment konnte man also die Beschaffenheit des Bodens messen und das Licht an- und ausschalten. Am Medieninnovationszentrum Babelsberg entwickelte ich

C Sensoren als Quellen

Abb. 82: Die *Reporterbox* sammelt Messdaten live aus dem Stall oder von der Weide.

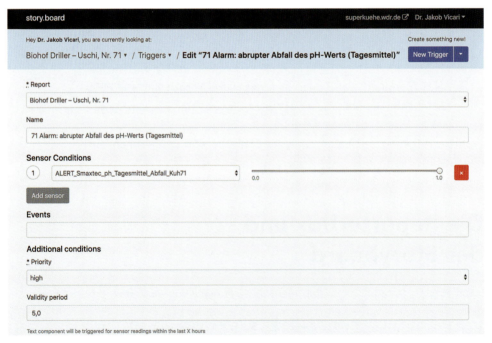

Abb. 83: Im Sensorredaktionssystem Storyboard kann man Texte mit Sensorereignissen kombinieren.

die *Reporterbox*. Drinnen steckten natürlich die Chips von Particle.io, die ich Ihnen hier vorgestellt habe. Dazu baute ich Sensoren, die in Gehäusen steckten: Sensoren für Sound, Farbe, Ozon, Stickoxide, Methan, Licht, Temperatur und Luftfeuchtigkeit waren nur einige davon.

Der Clou der *Reporterbox* liegt in ihrer einfachen Bedienung: Die Reporterin steckt einen Sensor hinein. Die Box startet. Sie begrüßt sie freundlich auf einem kleinen Display. Sie erkennt die angeschlossenen Sensoren. Dann fängt sie schon an zu messen.

Die Daten landen im zweiten Teil des Systems: einem kleinen Redaktionssystem für Sensordaten, das die Entwickler Robert Schäfer, Till Prochaska, Matthias Böhm und Jannis Konrad mit mir entwickelt haben. Es ist Open Source und hört auf den schönen Namen Storyboard. Die Idee der Software ist, Live-Sensorwerte einfach verfügbar zu machen und sie für verschiedene Ausspielwege, ob eine Homepage, einen Chatbot oder Twitter, mit erklärendem Text bereitzustellen.

In unserem Sensor-CMS Storyboard kommen Sensordaten an. Nehmen wir das Beispiel eines Stocks. In unserem Projekt #bienenlive setzen wir das System für „Live-Durchsagen" der Bienenköniginnen ein. Es erhält Sensordaten, zum Beispiel Temperatur, Stockgewicht, Starts und Landungen. Die Idee dieses Redaktionssystems ist es, dass man Textbausteine an bestimmte Sensorereignisse hängen kann. Die Sensordaten sollen also automatisch in kleine Texte übersetzt werden. Die Texte schreiben Reporter passend für jede Situation, die man so vorhersehen kann.

Für jeden Sensor kann man Trigger definieren. Ein Trigger ist im Journalismus der Dinge zum Beispiel: „Temperatur kleiner 10 Grad." Jeder Trigger fügt dem Bericht Text hinzu, zum Beispiel den Satz: „Es ist ganz schön kalt heute." So kann man zum Beispiel für jeden Tag um 18 Uhr einen Bericht generieren. Aber eben auch zu jedem Moment einen Live-Statusbericht. Diese Funktion liebe ich. Leser*innen tun sich leider oft schwer zu verstehen, dass gerade in diesem Moment nur für sie Text erstellt wird. Damit kann die Bienenkönigin zu jeder Zeit eine Meldung der Live-Lage aus ihrem Stock abgeben. Oder die Milchkuh meldet, wenn sie etwas trinkt und die Temperatur in ihrem Pansen plötzlich rapide abfällt.

Um Sensordaten mit vorgeschriebenen Textbausteinen zu verknüpfen, werden im Storyboard Trigger angelegt, also bestimmte Sensorereignisse. Ein Trigger könnte zum Beispiel sein: „Wenn Außentemperatur größer 30 Grad." Dieser Trigger kann außerdem auslösen, dass dem Bericht der Satz hinzugefügt wird: „Draußen ist es ganz schön heiß." Ein anderer Trigger könnte sein: „Wenn Außentemperatur kleiner 30 Grad", was wiederum dazu führen kann, dass der Satz hinzugefügt wird: „Draußen ist es ganz angenehm."

Andere Trigger könnten sich mit dem Gewicht des Bienenstocks beschäftigen. Die Kette aus Sensormesswert, Trigger und Text könnte dann so aussehen: „Wenn Gewicht kleiner 20 Kilogramm, füge Satz hinzu: ‚Noch haben wir wenig Honig, der Stock wiegt genau 16 Kilogramm.'" Alternativ lautet sie so: „Wenn Gewicht größer oder gleich 20 Kilogramm, füge Satz hinzu: ‚Die Honigmenge steigt. Der Stock wiegt aktuell 22 Kilogramm.'" Wenn es nach 20 Uhr und vor 5 Uhr morgens ist, kann folgender Satz hinzugefügt werden: „Es ist dunkel. Insgesamt heute [16.007] Starts und [12.354] Landungen. Das heißt [3.653] von uns sind Vogelfutter geworden. Schluchz. Ich lege fleißig Eier."

Eine dritte Triggerfunktion würde auf Uhrzeiten basieren, also zum Beispiel: „Wenn Mittwoch, füge Satz hinzu: ‚Schön, dass ihr da seid. Schreibe gerade meinen Newsletter für übermorgen. Bis dahin: bleibt stark, Schwestern! Eure Bienenkönigin.'" Oder: „Wenn Donnerstag, füge Satz hinzu: ‚Bleibt dran, folgt mir, morgen früh kommt mein neuer Newsletter. Eure Bienenkönigin.'"

Daraus kann man dann einen automatischen Live-Status der Königin machen, etwa so: 16:02 Uhr: „Hier ist eure Queen Cleo aus dem Wittener Bienenstock. Draußen ist es ganz schön heiß. Wir alle warten auf die 50.000. Landung. Schaut im Live-Bild unten zu! Noch haben wir wenig Honig, der Stock wiegt genau 16 Kilogramm. Bleibt dran, folgt mir, morgen kommt mein neuer Newsletter #followthequeen. Eure Bienenkönigin."

Oder eben: 20:14 Uhr: „Hier ist eure Queen Cleo aus dem Wittener Stock. Draußen ist es gerade ganz angenehm, berichten die Kolleginnen. Heute hatten wir die 50.000. Landung einer fleißigen Biene. Ich sage immer: ‚Man wird nicht als fleißige Biene geboren, man wird es.' Es ist dunkel. Insgesamt heute 16.007 Starts und 12.354 Rückkehrer. Das heißt 3.653 von uns sind Vogelfutter geworden. Schluchz. Ich lege fleißig Eier. Noch haben wir wenig Honig, der Stock wiegt genau 16 Kilogramm. Bleibt dran, folgt mir, morgen früh kommt mein neuer Newsletter #followthequeen. Bis dahin: bleibt stark, Schwestern! Eure Bienenkönigin."

C8 DRAMATURGIE IM JOURNALISMUS DER DINGE

„Biep. Biep. Biep. Biep. Biep. Biep.
Bieeeeeeeeeeeeeeeeeeeeeeeeeeeeeep.
(Stille)."

Jeder dramatische Moment lässt sich heute exakt vermessen. Der Tod ist nach wildem Kammerflimmern die Nulllinie im EKG, der Flugzeugabsturz ein fallender Höhenmesser, das Erdbeben die zitternde Kurve des Seismografen, die lebensrettende Operation eine Reflexkurve nach dem Erwachen. Das Drama ist gut vermessen, und oft sind die Messdaten das einzig Verlässliche, was wir über die Sekunden, in denen die Katastrophe oder die Rettung geschehen sind, sicher wissen. Aber was macht aus dem Messpunkt eine gute Geschichte? Indem wir ihn zum Höhepunkt unserer Geschichte machen. Die Dramaturgie ist der Kern jeder Erzählung. Sie fängt den Leser ein, nimmt ihn an die Hand und entlässt ihn nach Möglichkeit erst mit dem letzten Satz. Auch für den Journalismus der Dinge gelten die Regeln journalistischer Dramaturgie, wie sie *Spiegel*-Reportage-Redakteur Cordt Schnibben einmal aufgestellt hat: „Aufmerksamkeit erzeugen, Spannung halten, belohnen."

Die besten Reporter nutzen dabei längst Sensordaten für ihre Dramaturgie, ohne dass uns das besonders auffällt. Einige große Reportagen werden sogar auf einen einzigen, den entscheidenden Messpunkt hin erzählt. Wenn alles auf einen Schluss hinausläuft, in dem sich die Stränge der Geschichte vereinen, eignet sich dafür nichts so gut wie ein Messwert.

Sensoren erfassen die dramatischsten Momente

Nehmen wir ein klassisches Beispiel von Journalismus über Sensoren. *Geo*-Reporterin Hania Luczak war Zeugin einer medizinischen Sensation: Ein todkrankes Mädchen bekommt bei einer Organtransplantation einen neuen Darm. Die Reportage über das Schicksal der jungen Patientin endet mit dem funktionierenden peristaltischen Reflex des Spenderorgans. Der Reflex beweist, dass das todkranke Mädchen gerettet ist:

„Und der neue Darm bewegt sich schon, als führe er ein Eigenleben. Beinahe vergnügt betrachten die Chirurgen die Wellenbewegungen der rosigen Schlingen. Das Gedärm reagiert auf feinste Druckreize mit Konvulsionen. Der peristaltische Reflex, den Lenie nie hatte. Später schütteln sie einander die Hände. Traum-OP, sagt der Anästhesist" (Luczak 2009).

Die Reportage *Ein neuer Bauch für Lenie* wurde im Jahr 2010 mit dem Egon-Erwin-Kisch-Preis ausgezeichnet. Entziehen wir uns dem Sog dieser großen Reportage, um uns in die nächste zu stürzen. Gibt es eine größere Frage als die nach dem Ende des Lebens? Eine der besten Reportagen über das Sterben und darüber, was genau im Körper und im Geist passiert, wenn ein Mensch stirbt, stammt von Roland Schulz. Sie endet mit einer steilen Kurve aus Sensordaten:

„In einem Experiment hängten Forscher betäubte Ratten an ein EEG-Gerät und stoppten ihre Herzen. In den Sekunden vor ihrem Tod flammten die Gehirnströme der sterbenden Ratten stärker als im Leben auf. Zweifler sehen darin das letzte Aufbäumen eines sterbenden Gehirns, das verzweifelt herauszufinden versucht, was ihm widerfährt. Zuversichtliche sehen darin ein letztes Feuerwerk, das ein sterbendes Gehirn abbrennt, um angemessen aus dem Leben zu gleiten. Und dann bist du tot" (Schulz 2016).

Diese zwei Beispiele zeigen, wie Sensordaten dramatischen Sog entfalten können, wie sie Spannung in einen Moment verdichten und zum erlösenden Schlusspunkt einer Reportage werden.

Ein Gewinn durch gemessene Exaktheit

Exakte Werte lassen sich auch dramatisch mitten in Texten einsetzen, wie das dritte Beispiel zeigt. In dieser Reportage gelingt es, eine Katastrophe in einem einzigen Satz zusammenzufassen: „Das Unmögliche geschah bei Überlingen um 23.35 Uhr und 32 Sekunden, zwei Flugzeuge und 71 Menschen fielen elf Kilometer tief, Swetlana, Konstantin, Diana" (Koch 2008).

Die Geschichte hinter dieser so exakt bestimmten Katastrophe möchte ich unbedingt lesen. Ihr Autor Erwin Koch hat die Kunst der präzisen Werte in seinen Reportagen perfektioniert. Sie ist sein Stilmittel, die Exaktheit längst sein Markenzeichen.

Aus Daten eine Geschichte machen

Der peristaltische Reflex, die Kurve eines EKG, der fallende Höhenmesser zweier Flugzeuge: Reporter haben die Ausschläge in den Kurven genutzt, um einen Wendepunkt in ihren Geschichten zu haben. Sie haben dazu den Datenstrom auf den dramatischen Moment reduziert, den sie brauchen. Als Reporter treten sie für einen kurzen Moment in den Datenfluss. Die Daten der Dinge haben keine Szenen, sie sind ein stetig fließender Strom aus Messwerten, ein meist langweiliger Strom wie das Leben in der Kleinstadt. Das EKG und der Höhenmesser sind vielleicht nur für wenige Sekunden lang interessant. Diese Augenblicke gilt es für die Dramaturgie der eigenen Sensorstory zu identifizieren.

In der Arbeit mit Sensordaten müssen wir nach solchen dramatischen Strukturen suchen. Oft lassen sie sich vorhersehen: Wenn wir einen Fahrraddiebstahl sensorjournalistisch begleiten, ist der dramatische Wendepunkt der, in dem die Alarmanlage des Fahrrads uns den Diebstahl vermeldet. Wenn wir die unsichtbare Bedrohung in der Luft einer Stadt als Sensorstory erzählen, dann ist der Wendepunkt der, in dem die Messwerte den Grenzwert übersteigen. Wenn wir eine Milchkuh begleiten, ist der Wendepunkt der, an dem sie ihr Kalb zur Welt bringt.

C Sensoren als Quellen

Aber Vorsicht! Im Journalismus der Dinge wirken die Daten nicht unterstützend oder szenisch, wie in den drei beispielhaften klassischen Reportagen. Im Journalismus der Dinge geben Daten die Struktur einer Geschichte vor. Sie sind das Rückgrat, sie treiben das Geschehen voran. Allerdings tragen die wenigsten Dinge eine natürliche Dramaturgie in sich. Die Daten der Dinge werden erst durch den Eingriff des Erzählers zu Akteuren im Drama: Soll das Verschwinden vom Radar am Anfang einer Geschichte, einer Suche stehen oder am Ende einer Rekonstruktion der Katastrophe?

Einen Buchansatz wählt das Projekt *Radmesser* (siehe S. 91). Der *Tagesspiegel* arbeitet mit Kapiteln, die die Recherche nachbilden und die im Laufe der Recherche nacheinander veröffentlicht werden. Nach einer Bestandsaufnahme der Radwege und der Planungen wird eine Beispielfahrt gezeigt und der Start der Messaktion mit 100 Lesern aufgegriffen. In den Kapiteln 6, 7 und 8 werden die Ergebnisse vorgestellt. Jedes Kapitel funktioniert dabei für sich allein. Die Zahl der Kapitel ist nach oben offen. Allerdings versteckt sich dabei etwas der Live-Charakter. Auch dass noch Kapitel hinzukommen werden, ist nicht jedem Leser klar.

Drei Superkühe

Als Nächstes möchte ich die Dramaturgie unseres Sensorjournalismusprojekts *Superkühe* vorstellen (superkuehe.wdr.de). Die Dramaturgie einer Reportage hat die klassische Form einer Sanddüne: Erst geht es steil hinauf, dann fällt es mit leichten Erhebungen sanft ab.

Welche Dramaturgie lag dem Projekt *Superkühe* zugrunde? Die Grafik zeigt es auf einen Blick: Kuh Uschi (blaue Kurve) folgt der klassischen Reportagedramaturgie. Und die anderen beiden verdreifachen die klassische Sanddüne, weil jede Kuh für eigene Höhepunkte sorgt, und zwar idealerweise versetzt und nicht gleichzeitig. So sind die Dramaturgiekurven für Kuh Connie (orange) und Kuh Emma (grün) versetzt. Höhepunkte waren die drei Kalbungen, die von Sensoren angekündigt wurden. Sie fanden glücklicherweise tagsüber statt und verliefen problemlos. So wurde es in der ersten Phase des Projekts nicht langweilig. Die ersten zwei Kalbungen gab es als Video, die dritte wurde zusätzlich live auf Facebook gestreamt.

Das 30-Tage-Fenster wurde bewusst gewählt, denn das Leben einer Milchkuh verläuft eher gleichförmig: melken, wiederkäuen, trinken,

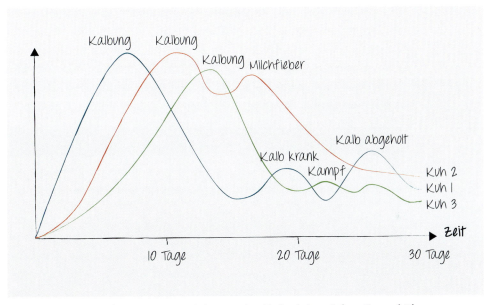

Abb. 84: Dies ist die Dramaturgiekurve des Beispielprojekts *Superkühe* (siehe S. 84).

wiederkäuen, melken, wiederkäuen. Eine Milchkuh gibt etwa 280 Tage im Jahr Milch. Damit sie wieder Milch gibt, muss sie erfolgreich besamt werden und ein Kalb auf die Welt bringen. Es lag dramaturgisch also auf der Hand, mit der Kalbung und der Rückkehr der Kuh in die Milchproduktion einzusteigen. Wäre dabei etwas schiefgegangen, hätte sich eine andere Dramaturgie ergeben. Eine, in der zu Beginn der Viehhändler auf dem Hof vorfährt und die Kuh mitnimmt auf ihre letzte Reise.

Wendepunkte sind die Kalbung, das erste Melken, der Moment, in dem die Kuh vom Kalb getrennt wird und wenn das Kalb den Hof verlässt. Die ersten drei Wendepunkte finden dabei auf den meisten Milchhöfen in wenigen Stunden statt, liegen also auf einem Gipfel. Zusätzliche Spannung lieferte die (letztendlich harmlose) Erkrankung der Kuh Connie (orange).

Die Kuhperspektive für die Erzählung einzunehmen, war eine bewusste Verletzung journalistischer Regeln. „Wir geben der Kuh eine Stimme", so sagt das Produzent Bertram Weiß, „der Kunstgriff sollte dem Leser helfen, unseren neuen journalistischen Ansatz zu akzeptieren". Die Sensoren waren nichts weiter als Werkzeuge des Reporters, um die Stimme der Kuh zum Leser zu bekommen. Die Milchkühe wurden nach der geplanten

Dramaturgie gecastet. „Wir suchten Kühe, die trächtig waren und deren Abkalbetermine im ersten Drittel unserer Geschichte liegen würden. Zudem sollten sie stellvertretend für die anderen Kühe der Herde stehen, aber auch einen eigenen Charakter haben", sagt Weiß. Schon vor dem ersten Messwert war das Team auf verschiedene Verläufe der Geschichte vorbereitet, Fehlschläge eingeschlossen.

> **Tipp**
>
> In der Arbeit mit Live-Daten ist es sinnvoll, Alternativdramaturgien vorzubereiten, weil sich die Geschichte jederzeit unerwartet ändern kann.

Der Sensorjournalismus paart sich in vielen Beispielen mit Prozessjournalismus, bei dem der Leser die Entstehung des Produkts live mitverfolgt. Die Geschichte entsteht vor dem Auge des Lesers. Die Journalisten arbeiten so transparent und rückgekoppelt über soziale Medien. Und die Geschichten gewinnen sowohl Spannung als auch Unsicherheit, weil zunächst offenbleibt, wie sie enden.

Eine Dramaturgie bauen

Und jetzt Sie! Denken Sie an Ihre eigene Idee zum Journalismus der Dinge. Es kann eine ganz einfache Idee sein, zum Beispiel ein Projekt *Wassertemperatur im Badesee*. Nehmen Sie ein Blatt, und malen Sie die ideale Dramaturgiekurve darauf, wie sie in der Abbildung gezeigt wird. Sie hat die klassische Form einer Sanddüne: Erst geht sie steil hinauf, dann fällt sie mit weiteren leichten Erhebungen sanft ab. Nun müssen Sie die Täler und Gipfel mit Sensorereignissen besetzen. Was ist der Höhepunkt?

Bei einer Temperaturmessung im Badesee wäre der Höhepunkt wahrscheinlich das erste Mal, wenn die Wassertemperatur die 22-Grad-Marke, zu der angenehm gebadet werden kann, überschreitet. Badehose eingepackt und ab zum See! Welches ist Ihr dramaturgischer Höhepunkt? Und wie sieht die Dramaturgie aus, wenn der Höhepunkt nicht eintritt? An welchen Punkten können Artikel auf das Projekt aufmerksam machen? Haben Sie alle sieben Regeln der Sensordramaturgie eingehalten? Überprüfen Sie es mit der folgenden Checkliste.

Checkliste: Die sieben Regeln der Sensordramaturgie

Mit Sensoren können Sie live Informationen sammeln. Bevor der erste Sensor installiert wird, sollte eine Geschichte dramaturgisch geplant sein, dabei sollten die folgenden sieben Punkte berücksichtigt werden:

- **Die Leserin muss fest hineingezogen werden.**
  Am besten mit dem Versprechen, ein Ereignis so mitzuerleben wie nie zuvor: Wie erlebt eine Milchkuh die Milchproduktion in einem Großbetrieb mit 800 anderen Kühen? An welchen Stellen unserer Stadt ist die Luft so schlecht, dass die Gesundheit gefährdet ist? Wo in meiner Stadt sind die gefährlichsten Stellen für Radfahrer? Und so weiter. Und wie lautet Ihr Versprechen?

- **Dem Leser nahekommen.**
  Die Daten der Dinge müssen den Leser näher an die Story bringen. Dazu müssen sie vom Abstrakten weg, ihn mitfühlen und miterleben lassen. Sie dürfen nicht nur das Gehirn erreichen, sie müssen das Herz des Lesers gewinnen. Denken Sie an den Höhenmesser von Erwin Koch, an das EKG von Roland Schulz oder den peristaltischen Reflex von Hania Luczak. Welches Ereignis hat das größte dramatische Potenzial?

- **Zu Beginn an die Dramaturgie denken.**
  Die Dramaturgie sollte schon früh in der Konzeption berücksichtigt werden. Viele Ereignisse lassen sich vorausahnen: die Kalbung der Kuh, der Anstieg der Feinstaubwerte, ein Vulkanausbruch, die Senkung im Steinkohlegebiet, ja selbst das Sterben. Wie sicher lassen sich die erwarteten Höhepunkte bestimmen? Wenn sie nicht eintreten, welche anderen Ereignisse könnten dann zu Höhepunkten werden?

- **Live erzählen?**
  Eine Kernentscheidung ist, ob die Sensorstory live oder retrospektiv erzählt wird. Die beste Spannungskurve ist eine Live-Datenkurve, denn der Leser spürt, dass er nicht das übliche, abgekartete journalistische Spiel vor sich hat. Klassische Reportagen folgen immer noch viel zu oft der alten Dramaturgie des Kinofilms, erzählen etwas behäbig und enden mit Happy End. Auch eine Live-Kurve steigert sich im Idealfall langsam zum Spannungshoch. Wir schalten im günstigsten Fall nicht ins Erdbeben hinein, sondern in die Ruhe vor dem Sturm. Wir beginnen mit der Berichterstattung nicht während der Kuhgeburt, sondern in den Tagen davor. So verschaffen

wir dem Leser Zeit, sich auf ein Setting einzulassen. Wenn das erste versprochene Ereignis eintritt, hat die Sensorstory den Leser gepackt und kann viel vom Pflichtstoff erzählen.

☐ **Auch Sensorstorys brauchen Protagonisten mit Macken.**
Im Journalismus der Dinge müssen das keine Menschen sein. Beim Flug nach Afrika wummert das Herz von Störchin Lena, als sie über das Bürgerkriegsgebiet fliegt. Das unsichtbare Gift bedroht die Luft, die wir atmen. Kuh Uschi mit nur einem Horn gibt die beste Milch von Ostwestfalen. Und unsere Bienenkönigin Thea im Projekt *#bienenlive* entschied sich kurz nach Projektstart mit einem Schwarm von dannen zu ziehen – sodass wir über Nacht Ammenbiene Sarah als Erzählerin erfinden mussten.

☐ **Daten halten sich nicht an Planungen.**
Daten brechen die Regeln des hergebrachten Erzählens. Das ist eine Stärke! Denn diese Überraschung ist ein guter Treiber der Geschichte. Natürlich nur, wenn etwas passiert. Nichts ist langweiliger, als einer gleichförmigen Messlinie beim Gleichförmigbleiben zuzuschauen, wie etwa einer Milchkuh beim Wiederkäuen oder der Messlinie eines Feinstaubsensors in der verkehrsberuhigten Altstadt. Auch Journalismus der Dinge verträgt Abschweifungen, Humor und Nebenfiguren.

☐ **Mit Fehlern transparent umgehen.**
Technische Systeme haben Fehler, Ausfälle. Gehen Sie mit Fehlern und Problemen offen um. Im Projekt *Superkühe* gab es intensive Überlegungen, wie man mit kranken Tieren umgehen würde und wie mit einer Fehlgeburt. Die Antwort: transparent und offen.

Alles klar? Dann legen Sie los, und brechen Sie mindestens eine der oben genannten Regeln. So innovativ sollten Sie sein.

C9 DIE ETHIK DER SENSOREN

Sensoren stellen auch eine ethische Herausforderung dar: Was darf man, wo und wer? Tom Rosenstiel, Mitherausgeber des Buchs *The New Ethics of Journalism: Principles for the 21st Century*, schreibt: „Technology has so drastically altered how news is gathered, processed and understood, it has taken journalism closer to its essential purpose. [...] News always belonged to the public. Now the ethics of journalism must consider the role of the audience, and the impact of community and the potential of technology more fully" (Stearns 2015).

Sensoren überwachen. Ein Temperatursensor misst auch, wenn ein Mensch den Raum erwärmt. Ein Schalldrucksensor zeigt auch die Lautstärke eines Gesprächs an. Wie tief ist der Eingriff – und sollen wirklich alle Bereiche des Lebens vermessen werden?

Im Tow-Center-Report zum Sensorjournalismus wird berichtet, dass Journalistikprofessorin Joanne Gabrynowicz schon 2013 davor warnte, dass schlecht gemachter Sensorjournalismus dem aufkommenden Feld irreparablen Schaden zufügen und vor allem dazu führen könne, die Angst vor Sensoren in der Bevölkerung zu erhöhen (bit.ly/towcenterethics).

Josh Stearns bringt es folgendermaßen auf den Punkt: „In addition to the transparency and community engagement outlined above, whenever possible journalists interested in employing sensors should develop meaningful ways for communities to access, control, and discuss their participation and data" (Stearns 2015).

Im Datenjournalismus-Handbuch weist Journalismusforscherin Wiebke Loosen darauf hin, dass die größte Stärke des Datenjournalismus – die Daten! – auch gleichzeitig eine Schwäche sind: „At the same time, however, this means that data journalism's peculiarity, its dependency on data, is also its weakness. This limitation concerns the availability of data, its reliability, its quality, and its manipulability" (Loosen 2018b).

Mein Kollege Bertram Weiß hat dazu den Tierethiker Professor Dr. Herwig befragt, der am renommierten Messerli Forschungsinstitut in Wien die Abteilung Ethik der Mensch-Tier-Beziehung leitet. Auf die Frage, ob es ethisch vertretbar sei, Kühe mit Sensoren auszustatten, sagt Grimm: „Immer vorausgesetzt, dass die Tiere durch die Sensoren keinen Schaden nehmen und nicht unter vermehrtem Stress leiden, ist der Ansatz zu begrüßen, weil er die Frage der zukünftigen Gestaltung der Mensch-Tier-Beziehung zum Thema macht." Grimm lobt ausdrücklich den sensorjournalistischen Ansatz: „Sie wollen nicht simplifizieren, nicht klarstellen, wer die Guten und wer die Bösen sind, sondern uns alle dazu aufrufen, sich mit diesem Thema zu beschäftigen und darüber nachzudenken, welche Werte in unserer Gesellschaft realisiert werden sollen" (superkuehe.wdr.de/zum-projekt/interviews/grimm/).

Aufhalten lässt sich der Einzug von schlauen Algorithmen in alle Lebensbereiche ohnehin nicht. Für den Informatiker Tobias Krafft folgt daraus eine Rechenschaftspflicht der Algorithmen der Gesellschaft gegenüber. Der Journalismus kann eine Aufgabe leisten. Dabei sieht er basierend auf seiner Forschung eine Ambivalenz. Wenn der schlaue Assistent seinen Besitzer husten höre und Hustensaft empfehle, sei das durchaus positiv. Doch wie weit darf das Mitdenken der Maschine gehen? Krafft fragt: „Wenn die Assistenten aus dem Sprachfluss die Stimmung zwischen Eheleuten herausfinden. Und dann auf einen Scheidungsanwalt hinweisen. Ist das dann gut?" Um das überhaupt beurteilen zu können, fordert er, den Spieß umzudrehen. Die Algorithmen müssten uns Rechenschaft ablegen. Noch sind viele intransparent, das ist Thema seiner Forschung, die die Volkswagen Stiftung fördert: der Umgang mit diesen Black Boxes. Buchautor Holger Volland glaubt, dass der heutige Mensch noch gar nicht bereit für die Maschinen ist. „Wir haben keinen Schutz im Gehirn, der uns warnt: ‚Achtung, das ist ein Roboter. Alles, was du ihm verrätst, geht in die Datenbank eines Unternehmens.'" Er ist aber zuversichtlich, dass sich solche Fähigkeiten entwickeln: „Das dauert noch zwei, drei Generationen, bis wir intuitiv wissen: Auch wenn etwas so tut, als sei es nett und persönlich, es nicht unbedingt nett und persönlich ist." Vielleicht braucht der Mensch einfach noch eine gewisse Entwicklung, um die schlauen Maschinen zu lenken.

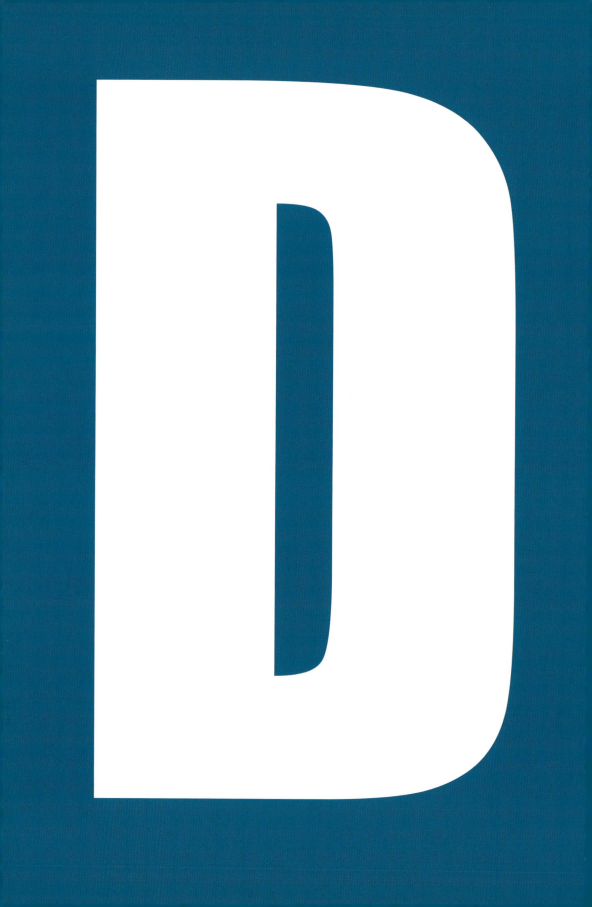

DIE NEUEN EMPFÄNGER

D1 160
Wenn die Dinge ins Plaudern kommen

D2 175
In einer Woche kann man alles erfinden: Die Sprint-Methode

D3 184
Smarte Voice-Assistants überall

D4 194
Warum sollten Dinge sprechen?

D5 210
Nachrichtenmöbel erfinden

D6 218
Die neuen Rundfunkgeräte

D7 225
Der nächste Schritt: Raspberry Pi

D8 230
Ein Tag in Ihrer Zukunft

D Die neuen Empfänger

D1 WENN DIE DINGE INS PLAUDERN KOMMEN

Es gibt kaum Beeindruckenderes, als wenn die unbelebte Umwelt nicht nur spricht, sondern auch auf Fragen eingeht. So kann jede Leserin selbst entscheiden, was und wie viel sie wissen möchte.

„Warum heizt du nicht?" Was wäre, wenn der Toaster Fragen nach dem eigenen Befinden beantworten könnte. Ein Chatbot macht es möglich. Mit interaktiven Dialogsystemen bestellen wir Pizza, buchen wir Flüge und können uns in Lebenskrisen beraten lassen.

Mit Services wie Chatfuel (chatfuel.com) kann sich jeder seinen eigenen Chatbot bauen. Schreibt man so einen Chatbot zum Beispiel auf Facebook an, verwickelt er den Nutzer in eine Unterhaltung.

Eine Spezialform sind sensorgetriebene Chatbots, die auf Realdaten reagieren. Soll also der Chatbot für eine Milchkuh antworten, wie wir es für das Projekt *Superkühe* entwickelt haben, könnte er zum Beispiel einlesen, wie viel Milch die Kuh gegeben hat. Je nach Milchmenge variiert dann die Antwort auf die Frage: „Wie viel Milch hast du heute gegeben?"

Solche Chatbots können auf drei Arten aufgebaut sein: Sie reagieren auf ein Set von Befehlen, sie sind wie verästelte Bäume aufgebaut oder sie sind zirkulär.

Wenn sie einfach auf Schlagworte reagieren, kommt auf die Frage „Wie ist das WETTER?" die Antwort „Es regnet gerade und es ist 24 Grad Celsius warm." Fragt man nun „Wie wird das WETTER morgen?", kommt häufig dieselbe Antwort noch einmal. Zudem leiten solche Strukturen den Nutzer nicht durch den Prozess. Das macht diese Struktur sehr unbefriedigend.

Die Baumstruktur hat den Vorteil, dass sie Wiederholungen vermeidet und am ehesten ein natürliches Gespräch nachbildet. Auf die Frage „Wie ist das WETTER?" kommt die Antwort „Es regnet gerade und es ist 24 Grad Celsius warm. Willst du wissen, wie es morgen wird [ja/nein]?" [Ja.]

„Morgen scheint die Sonne, es wird 30 Grad Celsius warm. Willst du wissen, wie hoch die Regenwahrscheinlichkeit ist [ja/nein]?" …

Mit jeder Antwort tut sich ein neuer Zweig auf, der wieder in viele Zweige mündet. Das Problem dieser Strukturen ist, dass sie schnell komplex und unübersichtlich werden. Sie lassen sich auch nur sehr schwierig ändern. Baumstrukturen sind daher in den meisten Fällen nicht zu empfehlen. Die sprechende Barbie ist als strikte Baumstruktur aufgebaut. Daher kommt die Dominanz der Gesprächsführung.

Zirkuläre Strukturen setzen an einem zentralen Menü an, zu dem die Gesprächsarme zurückkehren. Sie sind wie eine Krake, an deren Armen man sich entlanghangelt. Ist man am Ende angekommen, befördert die Krake einen wieder in die Mitte, und man kann einen neuen Arm wählen. Solche Strukturen haben den Vorteil, dass sie sehr übersichtlich und einfach zu verwalten sind.

Schon ein einfaches Antwortverhalten, das zeigt die Forschung, schaltet uns in einen Plaudermodus. Und was kann es Besseres geben, als mit seinen Leser*innen über Journalismus zu plaudern?

Dinge werden zu Trägern von Geschichten

„Der orange-schwarze Schmetterling, den ich sah, wird Monarchfalter genannt. Oh, und wusstest du, dass Schmetterlinge überall auf der Welt leben – mit Ausnahme der Antarktis? Uh huh … und warum, glaubst du, gibt es keine Schmetterlinge in der Antarktis?" (Hello Barbie).

Das ist Wissen für Kinder, dialogisch verpackt im Körper einer Plastikpuppe. Die *Hello Barbie* ist eines der ambitioniertesten vernetzten Spielzeuge auf dem Markt. Zusammen mit dem Unternehmen Toytalk hat Mattel die leblose Puppe zu einer halbwegs ernsthaften Gesprächspartnerin entwickelt. Über einen Chip im Bauch verbindet sie sich mit dem WLAN. Drückt man auf einen Knopf am Gürtel, beginnt sie eine Unterhaltung. „Alle Antworten sind sorgfältig geskriptet", sagt ihre Chefautorin. Die heißt Sarah Wulfeck, hat einen Master in Journalismus und arbeitet beim Unternehmen Toytalk, das die intelligente Technologie der Barbie entwickelt hat. Die beiden Firmengründer hatten beim Animationsstudio Pixar

D Die neuen Empfänger

gearbeitet, bevor sie den Barbie-Hersteller Mattel von der Notwendigkeit der sprechenden Barbie überzeugten. Barbie beherrscht etwa 8.000 Zeilen Dialog, das sind 216 Druckseiten. Mittels Spracherkennungstechnologie wählt sie die passenden Antworten aus. Und sie ist nicht dumm. Sie kennt das Leben der Sacajawea, sie kennt Exekutive, Legislative und Judikative, Halloween, Mariah Carey und George Washington. Die Antworten werden über die Cloud ständig aktualisiert. Bei der Installation kann man auswählen, welche Feste Barbie feiern soll: Ramadan, Chanukka oder Weihnachten. „Wir wollten ein ernst zu nehmendes Gegenstück bauen, die coolste Babysitterin der Welt", sagt Chefautorin Wulfeck. „Sie soll die Fantasie der Kinder beflügeln." Die Frage ist nicht so sehr, ob wir Barbie als Trägerin unserer Geschichten sympathisch finden. Sie ist die Trägerin, die den meisten Kindern am nächsten ist. Noch berichtet sie von fiktiven Ausflügen zur Wildtierstation in Afrika. Doch warum soll sie nicht tatsächlich dorthin reisen und journalistisch berichten, was sie wirklich erlebt hat? Wenn wir uns die Zukunft des Journalismus der Dinge als Trichter von Möglichkeiten vorstellen, liegt eine sprechende Barbie vielleicht nicht in den gewünschten, aber sehr wohl im Feld der wahrscheinlichen Möglichkeiten.

Stuart Candy hat in seiner Doktorarbeit *The Futures of Everyday Life* ein solches Modell beschrieben: Mit der Zeit werden immer mehr Dinge möglich, der Trichter weitet sich. Er hilft dabei, die Komplexität der Entwicklung in die Bereiche „possible", „probable" und „preferable" einzuordnen. Das ist ein Modell, das bei der Zielsetzung neuer Prototypen im Journalismus der Dinge hilft (Candy 2010).

Die *Hello Barbie* ist technisch machbar, und der Hersteller hat die Ressourcen, sie zu verbreiten. Der Ansatz dieses Buches ist es, mit Prototypen auf einen anderen Bereich zu zielen: den Präferenzbereich („preferable"), der am Rand des Trichters des Möglichen liegt und die Produkte umfasst, die wir uns aus journalistischer Sicht wünschen. Aus diesem Bereich werden wir im zweiten Teil viele Prototypen vorstellen, denn den Bereich des Wahrscheinlichen werden die Konzerne besetzen.

Der Zukunft eine andere Richtung geben!

Wir wollen im zweiten Teil des Buches sowohl existierende vernetzte Geräte wie Smart Assistants journalistisch nutzen, aber wir wollen auch neue Ausspielgeräte prototypisch entwickeln.

Der Journalismus der Dinge erlaubt es, den Rundfunk ganz neu zu denken. Bertolt Brecht schrieb im Jahr 1930: „Der Rundfunk ist aus einem Distributionsapparat in einen Kommunikationsapparat zu verwandeln. Der Rundfunk wäre der denkbar großartigste Kommunikationsapparat des öffentlichen Lebens, ein ungeheures Kanalsystem, das heißt, er wäre es, wenn er es verstünde, nicht nur auszusenden, sondern auch zu empfangen, also den Zuhörer nicht nur hören, sondern auch sprechen zu machen und ihn nicht zu isolieren, sondern ihn auch in Beziehung zu setzen" (aus: Brecht 1930).

Das Radio im Internet der Dinge kann diesen Anspruch endlich technisch einlösen. Ziehen wir noch einmal das Trichtermodell heran: Was zu Brechts Zeiten eine theoretische Präferenz war, weit außerhalb des machbaren Raums, liegt jetzt mitten im Trichter, nah am Machbaren, wie wir in den Kapiteln zu sprechenden Dingen (S. 160) und Nachrichtenmöbeln (S. 210) zeigen werden. Barnie und Alexa lösen die Sprecherrolle für den Zuhörer schon ein. Ebenso das *Red Button*-Radio aus der *BBC*-Forschung (S. 218). Sie werten das Zuhörer-Feedback automatisiert aus und passen den ausgespielten Inhalt dialogisch an. Doch sie lassen den Zuhörer weiter isoliert zurück, er wird nicht in Beziehung zu anderen gesetzt. Auf Amazons Kindle findet sich die Funktion, dass unterstrichen wird, was andere bemerkenswert fanden. Der isolierte Akt des Lesens wird somit etwas sozialer. Mit der Möglichkeit, auch Kommentare von anderen anzuzeigen und so das Gespräch ins Buch zu verlagern, scheiterte 2018 das deutsche Start-up Sobooks. Wikipedia zeigt erfolgreich, wie kollektive Textarbeit aussehen kann. Die Kommentarfunktion der Zeitungen hat eine solch konstruktive Kraft leider nicht hervorgebracht.

D Die neuen Empfänger

Die Vernetzung der Hasen

Abb. 85: Nabaztag, ein stilisierter Hase, war ein erstes nicht computerartiges Objekt.

Eines der ersten ungewöhnlichen Empfangsgeräte waren die Nabaztag-Hasen, die 2005 auf den Markt kamen. Entwickelt hatten sie die französischen Internet-der-Dinge-Pioniere Rafi Haladjian und Olivier Mével Anfang des Jahrtausends. Die 23 Zentimeter hohen Hasen waren mit dem WLAN verbunden, konnten sprechen, ihren Bauch in verschiedenen Farben leuchten lassen und ihre Ohren bewegen. Außerdem reagierten sie auf RFID-Chips. Was sie nicht hatten, waren Tasten. Sie erforderten von ihren Benutzern eine ganz andere Herangehensweise, als die es von Smartphones und tastaturbetriebenen Desktop-Computern gewohnt waren. Die Nabaztags konnten auch untereinander kommunizieren. Leider waren sie ihrer Zeit voraus und erreichten nie ein Massenpublikum. 2011 endete der offizielle Support für Nabaztags. Der Nabaztag-Hase ist die erste ausgestorbene Art im Internet der Dinge.

Mit Sen.se versuchte der Erfinder Rafi Haladjian es später noch einmal mit einer seriöseren Version vernetzter Geräte (und scheiterte erneut, aber das ist eine andere Geschichte). Der Designer Tom Le French ist den umgekehrten Weg gegangen und hat die Netzdienste der Gegenwart in Gadgets übersetzt: tomlefrench.com/rebirth.

Und doch bleibt diese eine Frage, wie das konstruktive Feedback von Lesern auf journalistische Arbeiten aussehen kann. Ein Feedback, das nicht nur den Empfang verändert, sondern auch den Inhalt. Dabei können Fehler korrigiert oder Punkte berücksichtigt und vertieft werden, die der Autor übergangen hatte. Es können auch ganz neue Erkenntnisse gewonnen werden, wie etwa beim Projekt *Kunstjagd* des *Bayrischen Rundfunks* (kunstjagd.com), bei dem die Zuschauer halfen, ein verschollenes Bild wiederzufinden: „Wir wissen nicht, was passieren wird. Wir haben lediglich ein paar Spuren. Und eine große Hoffnung: dass viele von euch uns bei dieser

Suche helfen." Doch das sind alles Blitze, die nur kurz die Möglichkeiten echter Interaktivität beleuchten.

Wie erzählende Dinge den Journalismus verändern werden

Printerthing und *sMirror*, *Trådfri* und Nachrichtenmöbel: Um all das – und noch viel mehr – wird es im nächsten Teil dieses Buches gehen. Es ist höchste Zeit, darüber zu sprechen, denn in der intensiven Beschäftigung mit dem Internet der Dinge habe ich sechs Erkenntnisse gewonnen. Nein, eigentlich sind es sieben. Und die siebte, vielleicht wichtigste, nenne ich gleich vorweg: Das Internet der Dinge geht nicht mehr weg. Es kann den Journalismus besser machen. Nutzen wir es!

1. Das Zeitalter des Smartphones als Zeitungsbote ist vorbei

Die Digitalisierung des Unbelebten macht auch unerwartete Dinge zu medialen Plattformen: Küchenmixer und Frühstücksbretter, Turnschuhe, Barbie-Puppen und Cremedosen. Wer eine sprechende Alexa zu Hause hat, die auf Zuruf jeden Song spielt, wird sich kein Radio mehr kaufen. Ein Kind, das mit einer Toniebox aufwächst, wird das Konzept der CD nur schwer verstehen. Wer einen vernetzten Küchenmixer hat, wird so schnell kein Kochbuch mehr erwerben. Kurz: Das Publikum ist im Journalismus der Dinge nicht mehr an ein bestimmtes Ausspielgerät gebunden, an kein TV-Gerät, kein Radio – und auch kein Smartphone. Die journalistischen Geschichten sind immer genau dort, wo wir sind. Sie folgen uns durch unser Leben.

2. Dinge liefern Inhalte maßgefertigt

„Guten Morgen, Robert. Hier kommen deine Nachrichten." Der smarte Badezimmerspiegel zeigt jedem Familienmitglied, das das Bad betritt, eben die Nachrichten an, die individuell gebraucht werden. Gesteuert wird die personalisierte Anzeige nicht durch Touchdisplay oder Spracherkennung, sondern durch die persönlichen Objekte der Morgenroutine. Die eigene Zahnbürste spielt den persönlichen Nachrichtenmix aus – exakt so lang, wie an diesem Morgen das Zähneputzen dauert. Sie werden nicht mehr lesen, was ihr Nachbar liest. Und vor allem nicht auf dem gleichen Gerät.

3. Das Smarthome macht Journalismus wieder magisch

Erzählerischer Journalismus erzeugt magische Momente: Man taucht ein in den dichten Urwald Borneos auf der Suche nach einer seltenen Kreatur, man liegt mit der Arktisexpedition im Zelt. Wenn die Reporterin die eisige Luft erwähnt, läuft einem ein kalter Schauer über den Rücken. Man besteigt ein Frachtschiff und meint die Stimme des Kapitäns immer noch zu hören, wie sie über das Schiff ruft: „Manfreds Stimme ist so rostig wie das Schiff und klingt, als komme sie aus einem ungenau eingestellten Radioempfänger. Das liegt daran, dass Manfred an Land zu viel trinkt und auf See zu viel raucht." Die Stimme erwacht im Ohr, auch wenn die Reportage von Peter Sartorius über 40 Jahre alt ist (Sartorius 1977).

Der Alltag der Schiffsbesatzung aus *Maloche, Einsamkeit und Lebensgefahr* hat so gar nichts vom Alltag des typischen Lesers, der auf dem heimischen Sofa sitzt. Doch was, wenn das Thermostat die Temperatur um zwei Grad absenkt, das Licht einmal flackert und dann die Stimme des Kapitäns kurz im Ohr erklingt? Und das nicht als Multimedia-4-D-Installation, sondern weil die Leserin ihr vernetztes Zuhause für den Journalismus geöffnet hat. Journalismus wird magisch, wenn die Dinge um uns herum zu Erzählern werden.

4. Reporter durchbrechen die vierte Wand

Was lange als Utopie galt, ist nur noch einen Aufruf einer Web-Schnittstelle entfernt. Ein kleiner Befehl, nicht viel länger als der, der die Schriftart festlegt. Im Text auf dem Smartphone müsste nur noch ein einziger Befehl an einen Service wie IFTTT stecken. Diese Art von Journalismus ist nicht mehr Armlängen entfernt, sondern liegt fast auf den Fingerspitzen von uns Schreibenden. Dabei könnte alles anders sein: Der Zuschauer schaut nicht nur zu, der Zuhörer hört nicht nur zu. Die vierte Wand wird durchbrochen – und jeder kann teilnehmen, fühlen, erleben.

5. Geschichten passen sich dem Kontext an

Für diese Medien braucht man fähige Geschichtenerzähler*innen. Solche, die sich nicht scheuen, die horizontale Textebene zu verlassen und ihre Geschichten in den Raum hinein zu konzipieren. Das Erzählen kann auch agil werden und sich an der Nutzung der Leserin entlang entwickeln. Man muss den Kontext ernst nehmen, in dem der Leser sich befindet. Und die Erzählung sollte sich dynamisch daran anpassen. Der Schlenker zur

Geschichte Neufundlands passt in der Reportage perfekt, wenn sie in der Badewanne gehört wird, ist in der U-Bahn auf dem Weg zur Arbeit jedoch vielleicht zu viel. Wenn die Reportage auf dem Display begonnen wird, könnte sie zum Joggen in einen Audiostream wechseln.

Journalist*innen nehmen künftig besser wahr, in welchem Kontext ihre Leser Geschichten rezipieren.

6. Das Internet der Dinge ist näher an uns dran als jede Zeitung

Der Bedarf an guten Geschichten wird durch das Internet der Dinge nicht kleiner. Aber die Symmetrie zwischen Leser*innen und Journalist*innen richtet sich neu aus, es ändert sich, wo welcher Bedarf herrscht und wie er gestillt wird. Neben klassischen Reportern ringen Datenjournalist*innen, visuelle Geschichtenerzähler*innen und individualisierte Briefings mit Zusammenfassungen um die Aufmerksamkeit. Journalist*innen, die programmieren, animieren oder 3-D-videografieren können, stehen in den Startlöchern. Sie alle buhlen um die Aufmerksamkeit des Lesers, ohne sich über den Punkt, die Situation oder das Ambiente allzu große Gedanken zu machen, in denen die Leserin diesen Journalismus konsumiert. Journalist*innen, die das in Betracht ziehen, die mit ihren Geschichten näher und zielgenauer zum Leser gelangen und dafür bereit sind, neue Kanäle zu nutzen, werden erfolgreicher sein. Die, die Geschichten auf der Haut des Lesers aufsammeln und ihm in die Ohrmuschel setzen, werden einen Vorteil haben.

Der Journalismus der Dinge erreicht seine Leser*innen unmittelbarer und direkter als jeder bisherige Informationskanal.

Das sind sie, meine sechs Erkenntnisse. Ich werde auf den nächsten Seiten weitere Beispiele vorstellen und Ihnen zeigen, was es schon gibt und wer daran arbeitet, sodass Sie prüfen können, ob meine Erkenntnisse richtig sind.

Eine Idee habe ich in Zusammenarbeit mit den Datenfreunden 2018 einfach umgesetzt: Der *sMirror* existiert – und reiht sich in eine Reihe von spezialisierten Empfängern ein, die alles sind, nur keine Volksempfänger. Es gibt Radios, die nur eine spezielle Sendung empfangen und Displays für eine einzige Nachrichtenquelle. Die drei *Newsthings* des Media Innovation Studios setzen den userzentrierten Ansatz radikal um: *ConeThing*, *RadioThing* und *Printerthing* liefern Nachrichten in einfachster, zugeschnittener Form. *Printerthing* zum Beispiel als personalisierten Internetausdruck (Quelle: mediainnovationstudio.org/newsthings-demos-at-google-dni-summit/).

Das Projekt *Ambient-News* des Schleswig-Holsteinischen Zeitungsverlags ist dafür ein gutes Beispiel. Zusammen mit den Datenfreunden unternimmt der Verlag einen Schritt in die Wohnwelt der Leser. Der Verlag verleiht Tablets und smarte Lampen an Testleser, die ihre Lichtsteuerung für einige Wochen für die Redaktion öffnen. Sobald Bemerkenswertes in der Welt geschieht, soll die smarte Glühbirne ein Signal geben. Eine schlaue Lebenswelt, die uns mit relevanten Informationen und guten Inhalten zu dem Zeitpunkt versorgt, an dem wir sie brauchen. Marco Maas, Geschäftsführer der Datenfreunde, bringt das auf die Formel „Die richtige Nachricht zur richtigen Zeit, am richtigen Ort" (Maas 2018).

Weinausschank als Hashtag-Battle

Ein Projekt, das man nicht vergisst, ist der *WineBot*, der in einer Folge der *NBC News Today* zum Einsatz kam. Das Prinzip war simpel: Zwei Weingläser stehen unter einem Ausschenker. Je nachdem, was die Zuschauer twittern, füllt sich das eine oder das andere Glas. Twitter kippt nach. Mit jedem Tweet, der das Hashtag #TeamKLG oder #TeamHoda enthält, füllt sich das Glas für eine der beiden Moderatorinnen weiter auf: „Every time someone tweets #TeamKLG, Kathie Lee's glass gets a little more white wine. Every time someone tweets #TeamHoda, Hoda's glass gets a little more red wine. Both the hosts and the audience can see who is ‚winning' just by looking at the fullness of the glasses" (Source 2016).

Auch der technische Aufbau des *WineBot* ist einfach: Ein Arduino kontrolliert zwei Dosierpumpen. Jede der Pumpen hat ein Stück lebensmittelechten Schlauch aus dem Aquarienbedarf angeschlossen, der aus der Weinflasche ins Glas führt. Zwei Taster sorgen dafür, dass die Pumpen gefüllt werden, bevor das Experiment startet. Man mag die Sinnhaftigkeit des *WineBot* infrage stellen. Doch mit dem simplen Gerät haben Zuschauer eine äußerst wirkungsvolle Möglichkeit, in die Sendung einzugreifen. Möglich macht es ein neues, vernetztes Medien-Gerät: der *WineBot*. *WineBots* könnten aber auch bei den Zuschauern zu Hause stehen, als Empfangsgeräte – das vernetzte Glas statt des Second Screen.

Vernetztes Papier

Das Flattern einer Seite beim Umblättern oder das Kratzen eines Stiftes über die raue Papieroberfläche: Die Herausforderung für papierbasierte Medien im Zeitalter des Journalismus der Dinge ist groß. Papier ist, nach Steinwänden, die älteste Kommunikationsplattform. Über die verschiedenen Erscheinungsformen vom Papyrus bis zum Holzpapier hat es seine Vorteile beibehalten, bis das Smartphone aufkam. Versuche, das Papier selbst zu vernetzen, sind dadurch attraktiv. Richtig gut gelungen sind sie bisher nicht.

Die Vernetzung kann tatsächlich auf Papier beginnen. Der einfachste Fall von vernetztem Papier sind QR-Codes. Werden sie mit dem Handy gescannt, öffnen sie im einfachsten Fall einen passenden Link zum Text. Sie sind markant, hässlich und einfach zu integrieren. Ein QR-Code signalisiert: Ich habe mehr, als das Papier hergibt. Und er ist eine gute Lösung, wenn man nicht hässliche Links abdrucken will.

> **Tipp**
>
> Es gibt zahlreiche kostenlose Generatoren, die eine Web-Adresse in einen QR-Code umwandeln, zum Beispiel qrcode-generator.de.

Aber es gibt auch attraktivere Möglichkeiten. Die OID-Technologie des finnischen Unternehmens Anoto legt im Druck ein feines, für das menschliche Auge unsichtbares Punktraster über Papier, dessen Punkte einen Abstand von 0,1 Millimeter haben. Mithilfe eines digitalen Stiftes kann der unsichtbare Code in Töne umgewandelt werden. Das Tiptoi-System des Verlags Ravensburger und das Bookii-System von Tesloff nutzen das in Deutschland für Kindersachbücher. Mit herkömmlicher Drucktechnik kann die zusätzliche Ebene aufs Papier gelegt werden.

Noch sind die Stifte nur über Kabel ans Netz-Update anzuschließen. Zukünftige Stiftversionen könnten sich aber auch live mit aktuellen Versionen versorgen – die Technik ist verfügbar. Ein Fußballsachbuch könnte dann die aktuelle Tabellensituation der Bundesliga aufgreifen, ein Atlas aktuelle Fakten wie Bevölkerungszahlen und politische Verhältnisse erzählen, ein Wissenschaftsbuch neue Forschungsergebnisse oder den aktuellen Nobelpreisträger erwähnen. An der Verbreitung der Geräte kann es nicht liegen, dass die Stifte noch nicht für Journalismus genutzt werden. Hier scheint eher die Aktualisierungshürde das entscheidende Hindernis.

Attraktiv für Verlage sind auch Augmented-Reality-Anwendungen, die ich hier ausspare. Zusammen mit der Deutschen Fußballbundesliga können Leser in der Saison 2018/19 mit ihrem Handy Bilder der Zeitung scannen und bekommen dann die Fußballvideos der Szenen angezeigt.

Papierbasierte Objekte

Das Media Innovation Studio der Universität Lancashire untersuchte, wie leitende Tinte aus Papier digitalisierte Objekte machen könnte. Leitende Tinte ist eine Farbe, der leitende Partikel hinzugefügt wurden. Dazu wurde Ekko, ein prototypisches Device in Form einer Klammer, entwickelt. Der Druck der Klammer stellt eine Verbindung zur leitenden Tinte her und kann so zum Beispiel den Druck des Lesers auf bestimmte Stellen registrieren. Das Papier wird so zum Eingabegerät. Ekko wird zum Verbindungsstück zum Handy und kann passenden Sound zum Printartikel abspielen. Die Forscher schreiben: „Furthermore the possibilities of creating new interactions by combining the use of EKKO with other forms of print such as artwork, boardgames, posters, restaurant menus etc. are all possible applications for connecting print to the Internet" (Mills et al. 2015). Schon der Prototyp machte aber deutlich, dass diese interessante Entwicklung sich nicht gerade zwingend durchsetzen wird.

> **Tipp**
>
> Die eigene Zeitung leuchten lassen? Leitende Tinte für eigene Experimente gibt es im Maker-Bedarf für unter 10 Euro (shop.pimoroni.com/products/paint-pen-10ml).

Auch Tapete ist Papier

Der Scribit-Roboter ist ein ganz verblüffendes vernetztes Ding. Er kann (mithilfe von zwei Leinen) Wände hochfahren – und sie dabei mit Grafiken bemalen. Alles, was er dafür braucht, sind eine Steckdose und Internet. Erfunden hat ihn ein Team um Carlo Ratti, der auch das Senseable City Lab des MIT leitet (carloratti.com). Für alle, die von einer selbst zeichnenden Wandzeitung träumen: Der Wandmalroboter hat auch einen integrierten Spezialradierer, mit dem er die Zeichnungen entfernt. Die Tinte soll sich aber auch mit einem Haarfön beseitigen lassen. Die Entwickler versprechen: „Du kannst Updates oder Neuigkeiten zu deinen bevorzugten Themen erhalten oder andere praktische Informationen wie den Wetterbericht oder die Einkaufsliste, ohne auf dein Mobiltelefon zu schauen" (scribit.design).

Im Journalismus der Dinge wird Papier nicht überflüssig. Es kann zum Informationsträger für vernetzte Technologien werden, ob nun als Magazin, Kinderbuch oder Tapete.

Das Minimuseum: Einen Menschen aus der Urzeit zum Sprechen bringen

Die Schöninger Speere sind aus Fichtenholz hergestellt. Der Homo heidelbergensis soll mit ihnen gejagt haben. Und zwar schon vor rund 300.000 Jahren. Die sieben Speere sind damit die ältesten Fernwaffen der Menschheit. Jedenfalls die, die erhalten geblieben sind. Im Jahr 1994 wurden die Schöninger Speere zusammen mit anderen Artefakten unweit von Helmstedt entdeckt. Zweifel, was gejagt wurde, gab es nicht: Die Speere lagen zwischen Tausenden Wildpferdeknochen. Entdeckt wurden sie in einem Braunkohletagebau. Was für Geschichten sich über so einen Fund erzählen lassen! Tun Sie es diesmal nicht als Video oder auf Papier. Erzählen Sie Ihre Geschichte am Objekt selbst!

> **Tipp**
>
> Die ganze Geschichte der Schöninger Speere wird im Museum Palaeon erzählt (palaeon.de/home.html).

Wie fänden es Ihre Leser*innen, wenn sie statt der Magazingeschichte über den Urzeitmenschen den Urzeitmenschen selbst in der Hand halten könnten? Weil Hören als das nächste große Ding gilt, beginnen wir den zweiten Teil des Buches mit dem Thema Ausspielgeräte und dem denkbar einfachsten Projekt:

Fügen Sie einem Objekt Tonspuren hinzu, und machen Sie es so zum Träger Ihrer Geschichte. Mit den Spielzeugstiften von Tessloff und

D Die neuen Empfänger

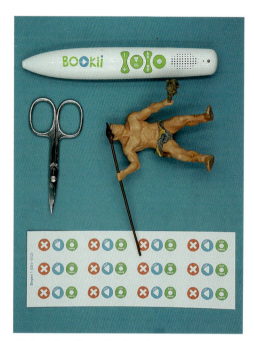

Abb. 86: Alle Teile für das Minimuseum „Urzeitmensch".

Abb. 87: Den Aufnahmesticker scannen und besprechen.

Abb. 88: Das Play-Symbol auf die Figur kleben.

Abb. 89: Jetzt kann das Minimuseum getestet werden.

Ravensburger können Sie das ganz einfach testen. Die Stifte haben nicht nur einen Lautsprecher, sondern auch eingebaute Mikrofone. Sie können also selbst Sound mit dem Stift aufzeichnen. Aufkleber funktionieren dabei als Abspielkommandos für diese Sprachaufzeichnungen, die im Stift gespeichert werden.

Diese Anleitung ist die kürzeste im ganzen Buch. In nur zehn Minuten können Sie eine Frau oder einen Mann aus der Urzeit mit Tönen versehen. Der besondere Reiz ist der Test solcher Geschichten.

Zutaten
- 1 Sprechstift Bookii von Tessloff (alternativ Ravensburger Tiptoi)
- 1 Paket Aufnahmesticker von Bookii (alternativ Tiptoi Create Sticker)
- 1 Spielzeugfigur Urzeitmensch
- 4 Kurze Sprachclips über die Urzeit

Schritt 1: Skript erstellen
Erstellen Sie ein kleines Skript. Schreiben Sie auf, welche Stellen des Urzeitmenschen Sie mit welchen Minigeschichten hinterlegen wollen. Testen Sie O-Töne von Interviewpartnern, Geräusche und Musik. Mischen Sie lange und kurze Elemente. Der Speer in der Hand des Urzeitmenschen könnte die Geschichte der Herstellung erzählen. War es der Bau dieser Waffe, die den Menschen sich über das Tier erheben ließ? Der Bauch des Urzeitmenschen könnte etwas über seine Ernährung erzählen. Und die Keule in seiner anderen Hand etwas über die falschen Vorstellungen, die wir vom Leben in der Urzeit haben. Der Wurfarm hingegen könnte erzählen, wie der Speer am geschicktesten geschleudert wurde.

Bespielen Sie die fünf Aufkleber mit Tönen, dazu tippen Sie den Aufnahmekreis links an und sprechen Ihren Text ein. Sind Sie fertig, tippen Sie mit dem Stift auf das Play-Symbol.

Schritt 2: Sound anbringen
Schneiden Sie das Play-Symbol aus und kleben Sie es auf die Figur. Arm, Bauch, Rücken, Kopf: Testen Sie, ob der Stift die Aufkleber erkennt.

Schritt 3: Testen
Suchen Sie Nutzer, und testen Sie, wie sie auf die Figur reagieren. Gibt es eine bestimmte Reihenfolge, in der die Aufkleber angeklickt werden?

D Die neuen Empfänger

Sind es genügend Soundpunkte, zu viele oder zu wenige? Variieren Sie die Menge und den Inhalt. Finden Sie heraus, was Ihr Publikum erwartet.

Und schon ist es kinderleicht, zu begreifen, wie der Homo heidelbergensis vor 300.000 Jahren gejagt hat.

> **Tipp**
>
> Sie können natürlich auch einen Magazintext mit den Audiostickern annotieren. So bringen Sie Interviews zum Sprechen oder lassen das passende Musikstück zur Szene erklingen – oder fügen Zitate im Original hinzu.

D2 IN EINER WOCHE KANN MAN ALLES ERFINDEN: DIE SPRINT-METHODE

Wo kommt die neue Hardware her? Ich sage: In fünf Tagen kann man alles erfinden. Das glauben Sie nicht? Na gut, es wird nicht perfekt sein und vielleicht nicht genau das, was Sie anfangs vorhatten. Aber es wird da sein. Das wird sich lohnen.

Die Aussage von Jake Knapp, die Sie auf Seite 177 oben lesen können, ist eine Wirklichkeit gewordene Idee. Dieser Moment, in dem man sie vor sich sieht, sei es eine Software oder ein Nachrichtenmöbel, erzeugt ein journalistisches Glücksgefühl, wie ich es das letzte Mal als Praktikant hatte, als ich die *Süddeutsche Zeitung* verließ und überall in der Stadt die Zeitung mit einem meiner ersten Artikel sah. Es ist das Gefühl, dass man die Welt ein Stück besser gemacht hat.

Um die Zukunft zu begreifen, gehört eben genau das dazu: sie ein Stück weit mit den eigenen Händen zu erfinden. Alles, was man braucht, um aus einer Idee einen ersten Prototyp zu entwickeln, sind sehr viele Post-its, zwei Whiteboards und ein Team, das fünf Tage lang auf engem Raum arbeiten kann, ohne sich zu zerfleischen. Die Idee, in fünf Tagen Neues zu entwickeln, geht auf Jake Knapp zurück. Der Google-Mitarbeiter hat sich die Sprint-Methode ausgedacht und ein Handbuch dazu geschrieben: *How to solve big problems and test new ideas in just five days*.

Am Montag beginnt man, das Problem aus verschiedenen Richtungen zu beschreiben. Am Dienstag werden Lösungen entwickelt. Wir entscheiden am Dienstagabend, welchen Weg wir weitergehen wollen. Und am Mittwoch beginnen wir mit dem Bau eines echten Prototyps. Spätestens am Freitag testen wir diesen mit echten Testern.

D Die neuen Empfänger

Abb. 90: Stifte, Post-its und ausgefallene Getränke gehören zu jedem Sprint dazu.

Die Map

Kennen Sie Schnellbergsteiger? Die erklimmen Berge im Sprint ohne Pause. Was wahnsinnig klingt, ist umso beeindruckender. Und immerhin ist das Leiden kürzer als bei anderen Bergsteigern. Ein Sprint ist wie Schnellbergsteigen. Es beginnt mit einem verwegenen Ziel. Kurz nachdem er ohne künstlichen Sauerstoff eine neue Route auf den 8.091 Meter hohen Annapurna-Gipfel erklettert hatte, sagte Ueli Steck, der damals rasanteste der rasanten Bergbesteiger: „Es ist für mich alles immer noch ein wenig unwirklich, meine Leistung in dieser Höhe macht mir selber schon fast Angst. So eine schwere Route, solo, in Erstbegehung, an einem Achttausender, ist wahrscheinlich noch nie jemandem gelungen." Denken Sie an den Abenden des Sprints daran.

Montagmorgen setzen Sie sich das große Ziel: Sie wollen auf dem Mond landen, den Nobelpreis gewinnen oder wenigstens den Journalismus neu erfinden. Der größte Gegner ist dabei Ihre Angst vor dem leeren Blatt Papier. Stéphane Cruchon hat gegen die Angst die Note-n-Map-Methode entwickelt, die einen großartigen Start bilden kann. Jeder

> **„The big idea with the Design Sprint is to build and test a prototype in just five days."**
>
> JAKE KNAPP

Teilnehmer malt auf eine Reihe von Post-its die Lösung: die Reise des Benutzers durch das neue Produkt (bit.ly/note-n). Alle Post-its werden in der Reihenfolge an eine Wand gehängt und kurz erläutert. Es gibt also viele Wege zum Ziel – von jedem Teilnehmer einen. Dann bepunkten die Teilnehmer die Schritte, die für sie wirklich wichtig sind. Danach folgt der schmerzhafteste Schritt. Cruchon schreibt: „Wenn alle fertig sind, bitten Sie das Team, alle Post-its ohne Punkte zu entfernen und mit einem bösen Lachen wegzuwerfen. Einige werden anfangen zu protestieren, was jedes Mal lustig ist" (Cruchon 2018). Hier entsteht der Weg für die Woche. Es wird eine unvergessliche Woche. Mehr Zeit braucht man nicht. Sie benötigen viele Äpfel, Möhren, Schokoriegel in der Kiosk-Großpackung und Bionade. Sie brauchen die Nummer vom letzten offenen Restaurant. Sie brauchen das richtige Team, das die Idee akzeptiert. Sie brauchen die Stimmung, alles erfinden zu wollen.

Der Sketch

Sie können auf dem Gipfel stehen – und es nicht merken. Wenn wir Prototypen bauen, fangen wir stets analog an. Statt in langen Brainstorming-Diskussionen die wichtigen Kerngedanken zu verlieren, sammeln wir einfach alle Ideen auf kleinen Karten und kleben sie an die größte Wand im Büro. Daraus entsteht eine Post-it-Wikipedia für das Projekt mit allen Ideen und Priorisierungen. Immer wieder stehen wir in der Entwicklung vor diesen am Anfang gesammelten Ideen der Map. Es ist ein integraler

Bestandteil unserer Sprintwoche. Am Abend von Tag zwei schaue ich stets auf die Wand voller Post-its. Ich sehe den Stapel Papier. Und dann denke ich immer, dass wir scheitern werden. Dabei ist dieser Moment der Gipfel – und ich merke es nicht.

Die Entscheidung

Nach dem Ideensammeln kommt die Umsetzung, die, wenn man alles richtig macht, fast nur noch Fingerübung ist, wie der Abstieg für den geübten Bergsteiger. Man folgt quasi nur einer Spur, die beim Aufstieg mühsam getrampelt wurde. Am Ende von Tag zwei fallen wichtige Entscheidungen. Welches sind die Features, die wir unbedingt umsetzen werden? Und vergessen Sie nicht: Wir wollen nicht das Traumprodukt aus unseren Köpfen bauen, sondern ein MVP, ein Minimum Viable Product, also das „minimal überlebensfähige Produkt", schnell und einfach erstellt.

Im Laufe der Woche haben wir so ziemlich alles vollgehängt, kein Zentimeter der Wand unseres nur 20 Quadratmeter großen Büros blieb ungenutzt. Das ist aber auch praktisch, denn statt die Kerngedanken in großen Diskussionen zu verlieren, haben wir einfach alle Ideen auf kleinen Karten gesammelt und sie an der Wand befestigt, wo sie für jeden auf einen neuen Blick ersichtlich waren. Die Wände sind unsere Ideenspeicher: Egal ob für Featurefragen, Designentwürfe oder den Test. Dieses Verfahren haben wir für so ziemlich jeden Schritt unseres Entwicklungsprozesses angewendet.

Prototyping

An Tag drei beginnen wir mit der praktischen Umsetzung der Ideen in Prototypen. Dann werfe ich die CNC-Fräse oder den 3-D-Drucker an, wenn wir Hardware bauen. Und meist kommt Code hinzu, das heißt, dass unsere Entwickler zwei Tage herumgesessen haben, ohne eine Zeile Code zu schreiben. Wir arbeiten in unseren Projekten sehr früh mit Entwicklern zusammen. Sehr früh. Sie sind Teil der ersten Definitions-Sessions. Kern dieser agilen Entwicklung sind User-Stories. Das sind kleine Geschichten, die ein (und nur ein) spezifisches Problem für einen speziellen Nutzer beschreiben. Sie haben eine festgelegte Form:

```
As <persona> ,
I want <what?>
so that <why?>
```

Ein Epic ist dabei eine größere Geschichte. Ein Epic könnte zum Beispiel sein: „Als Redakteur möchte ich einen Editor haben, um meine Texte erfassen zu können." Eine sich daraus ergebende User-Story könnte sein: „Als Redakteur möchte ich einen Button zum Fetten von Text haben, sodass ich wichtige Stellen hervorheben kann." Das strenge Arbeiten mit User-Stories hält einen davon ab, Geld für unnötige Funktionen auszugeben. Hier gibt Roman Pichler 10 Tipps, wie man gute User-Stories schreibt: bit.ly/gooduserstories.

Testen, testen, testen

Tests sind bitter. Denn sie zeigen erbarmungslos die Schwächen auf. Tag fünf ist voll für den Test reserviert. Suchen Sie sich möglichst echte Tester, die Ihnen nicht zu wohlgesonnen sind. Jemand, der kaum Zeit hat, ist ideal, denn die opfert er für den Test von (möglicherweise) Schwachsinn. Ich bin kein guter Testleiter, denn ich möchte Menschen überzeugen, ihnen meine genialen Einfälle wenigstens erklären. Doch beim Testen ist es wichtig zu schweigen. Zu schweigen und zu ertragen. Wenn das gelingt, macht es irgendwann „Klick", und man trennt sich von seinen besten Ideen. Und man bekommt dafür welche, die besser funktionieren.

Sie sind am Ende der Sprintwoche. Finden Sie den Punkt, Schluss zu machen. Dokumentieren Sie noch alle Schritte, um den Prototyp später zum Laufen zu bringen. Bedanken Sie sich nun bei Ihren Mitarbeitern. Treten Sie einen Schritt zurück und bewundern Sie Ihr Werk: Ihre Idee ist zu etwas Wirklichem geworden, sie macht einen Unterschied.

Der Prototyp

Ein guter Prototyp entsteht vor allem schnell. Er ist unfertig, unpraktisch – und gerade deshalb großartig.

Die Jumper-Verbindungskabel ragen in bunten Farben über das Breadboard. Die Kamera klebt auf einem leeren Orangensaftkarton. Der

D Die neuen Empfänger

Abb. 91: So sieht die Zukunft aus.

Mikrocontroller hängt kopfüber herunter, nur von einem USB-Kabel gehalten. Und die Status-LEDs blinken mehr rot als grün. Alles sieht unfertig und chaotisch aus. Kurzum: großartig.

Für Betrachter mag befremdlich wirken, welche Gefühle der Zuneigung dieser Haufen Kabelchaos in uns auslöste. In diesem Zustand landete der *sMirror*, ein smarter Badezimmerspiegel, auf dem Cover einer Beilage von *Zeit Campus*. Die Überschrift: „So sieht die Zukunft aus."

Es war eher peinlich. Ich werde den Prototyp hier als Beispiel dafür nehmen, warum Sie bauen müssen. Wir wollten einen smarten Badezimmerspiegel erstellen, der den Nutzern ihren Wunsch morgens sprichwörtlich von den Lippen abliest. Zur persönlichen Morgenroutine soll der *sMirror* passend die Nachrichtenauswahl abspielen. Gesteuert von den Gegenständen, die wir benutzen. Sie merken, dies ist eine Idee, die man ausprobieren muss, um festzustellen, ob sie irgendjemand braucht.

Wir waren auf dem Weg, als das Cover-Foto entstand. Und, hey, es war zugleich unser ganzer Stolz: die Holz und Kabel gewordene Idee, die wir schon so lang in unseren Köpfen gewälzt hatten. In der das ganze Können von fünf, sechs grandiosen Köpfen drinsteckte. Unser Prototyp.

Ihr Prototyp wird ganz anders aussehen. Unvorhersehbar. Unvollkommen. Zusammengestoppelt. Jeder Prototyp ist anders. Beim Prototyping im Sprint gilt die Devise „Fake it until you make it". Mit einem halbwegs realistisch aussehenden Prototyp werden Sie die bestmöglichen Daten aus dem Nutzertest (am Freitag) bekommen. Sie werden erfahren, ob Sie auf dem richtigen Weg sind.

Um unseren smarten Spiegel zu bauen, verließen wir unsere gewohnte Arbeitsumgebung. Wir quartierten uns für eine Woche in ein kleines Haus in der Lüneburger Altstadt ein. In der Küche des 500 Jahre alten Hauses entwickelten wir unser smartes Möbel. Bald hingen die Küchenfenster voll mit Post-its. Dabei waren Johanna (Artistic Researcher), Leo (Bastler),

Matthias, Robert, Till und Malte (Programmierer). Und ich als Fräser und Journalist. Am Montag, bei der Zielfindung, zweifelte ich: Waren das wirklich die Fähigkeiten, um ein smartes Möbelstück zu erfinden? Am Dienstag zweifelte ich immer noch. Dann bauten wir.

Im Journalismus sind die Mittel knapp. Das heißt, was andere Branchen in Dummys für den Papierkorb stecken, damit müssen wir im Zweifel arbeiten. Und ich mag Prototypen, die eine echte Funktion haben. Für unseren Spiegel war es wichtig, den magischen Moment zu erzeugen: Die Nutzerin greift nach ihrer Zahnbürste, der Spiegel erkennt die Bürste und zeigt passend die *Tagesschau* in 100 Sekunden. Denn das war es, was wir zeigen wollten.

Um eine App oder eine Webseite zu bauen, sind Google Presentations, Powerpoint und Keynote gute Werkzeuge. Ich höre Sie aufschreien und gebe zu: Man kann damit nichts machen, was wirklich gut aussieht. Aber genau das ist dieses eine Mal von Vorteil, es bremst Ihren Perfektionismus. Mit Präsentationssoftware können Sie sehr einfach Text, Linien und Formen hinzufügen. Jede Folie ist ein Bildschirm Ihrer App. Und jeder in Ihrem Team kann die Software bedienen. Website-Baukästen wie Squarespace oder Wix sind gut, um schnell Webseiten zu bauen.

Wenn Sie ein Ding bauen, sollten Sie Material haben. Mit Pappe und Klebeband geht erstaunlich viel. Und auch ein Laserdrucker produziert Schablonen, Aufkleber, Folien. Richtig Spaß machen die Techniken des Rapid-Prototyping, so nennt man Maschinen, die aus einer digitalen Zeichnung direkt ein Produkt ausspucken. Wenn Sie also einen 3-D-Drucker, einen Kreativ-Plotter, einen Lasercutter oder eine CNC-Fräse zur Verfügung haben, ist das ziemlich gut. Wenn Sie die nicht haben, mieten Sie sich doch einen Tag lang im lokalen FabLab oder Makerspace ein. Es ist wirklich einfach, Dinge damit zu produzieren, egal ob aus Leder, Holz oder Aluminium. Mit meiner CNC-Fräse (s. Abb. 92) kann ich bestehende Materialien verändern. Zum Beispiel kann ich in eine Holzkiste aus dem Bastelladen die Öffnung für einen Schalter hineinfräsen. Oder ich kann aus einem Stück Acrylglas einen neuen Deckel fräsen. Und das deutlich schneller als mit einem 3-D-Drucker.

Ich möchte es an einem Beispiel erläutern: Für den Badezimmerspiegel *sMirror* baute ich die erste Schublade aus Lego. So hatte ich ein Gefühl für die richtigen Abmessungen. Dann fräste ich Holzschubladen und leimte sie zusammen. Für die dritte Version des Prototyps bestellte ich Holzschubladen bei einem Lasercutting-Service, da dieser exakter schneidet

Abb. 92: Die CNC-Fräse Shapeoko 3 verwandelt Holzstücke in wenigen Minuten in Prototypen.

und ich verschiedene Materialien ausprobieren wollte. In jede Schublade baute ich einen Raspberry Pi Minicomputer und ein Display ein. Und stellte schnell fest, dass ich sie hätte großzügiger bemessen sollen, denn die HDMI-Kabel passten nicht mehr hinein. So ein HDMI-Stecker ist drei bis vier Zentimeter lang, das hatte ich nicht bedacht, schließlich bin ich Journalist und nicht Elektriker, und es musste ja schnell gehen.

Die Software für den Badezimmerspiegel bauten wir erst aus Post-its. Jede Schublade im Badezimmerschrank sollte ein eigenes Display haben, so die Idee. Wobei auf mehreren kleinen Schubladen gleichzeitig verschiedene journalistische Inhalte gezeigt werden können. Die Schublade rechts unten zeigt dem Kind beim Zähneputzen *Die Sendung mit der Maus*, während die Schublade oben rechts den Aktienkurs und die darunter die Schlagzeilen des Tages anzeigt. Die einzelnen Bildschirme rufen Mini-Webseiten auf, das heißt, sie sind nicht Teil eines Programms, sondern unabhängig voneinander. So konnte jeder beteiligte Entwickler die Technologien einsetzen, die er beherrschte.

Und wenn etwas fehlt, zum Beispiel eine Kamerahalterung, muss es improvisiert werden. Die Fähigkeiten des örtlichen Copyshops werden

Ihnen gute Hilfe leisten. Auch weil es dort nie um Perfektionismus geht, sondern man es dort gewohnt ist, Word-Art auf T-Shirts zu drucken und Familienalbumabzüge zu Aufklebern zu machen. Das ist der Perfektionismus, den Sie brauchen. Für unseren Spiegel haben wir dort die Aufkleber machen lassen, mit den Rastercodes für die Objekterkennung auf Zahnpastatube und Deodorant. „Das Problem mit den gewohnten Werkzeugen Ihres Teams: Sie sind zu perfekt – und zu langsam", schreiben die Sprint-Erfinder um Jake Knapp in ihrem Buch. Der Journalismus der Dinge ruft danach, auszuprobieren.

Tipp

Wenn Sie es noch etwas genauer wissen möchten: In der Werkstatt 1/2019 des *medium magazin*, dem *Ideen-Sprint*, beschreiben Astrid Csuraji und ich die Methode ausführlich.

D Die neuen Empfänger

D3 SMARTE VOICE-ASSISTANTS ÜBERALL

Alexa ist immer für uns da. Wenn ich beim Fußballschauen eine Frage zur Abseitsregel habe, beantwortet sie mir Alexa, ohne dass ich den Blick vom Fernseher nehmen muss. Und dann bestellt sie Pizza. Wenn ich einen Artikel schreibe und Osmose erklärt haben möchte, frage ich Alexa. Und natürlich, wenn ich allein im Büro bin und einen Witz hören möchte. Ich höre Podcasts mit Alexa, und ich erfahre die Breaking News. Und dank eines Skills, das ich programmiert habe, pflichtet sie mir in Diskussionen bei, sobald ich „Alexa, deine Meinung" sage.

Der Ambient-Journalismus ist wie die Luft um uns herum immer verfügbar. Alexas Echo-Serie, Apples HomePod und der Google Assistant sind wie gemacht für journalistische Information. Alexa ist zurzeit am weitesten fortgeschritten und am leichtesten zugänglich. Amazon hat für die Alexa-Geräte ein eigenes Format erfunden: das Flash Briefing. Das sind kurze Zusammenfassungen, die beispielsweise jeden Morgen nach der Begrüßung ausgegeben werden. Gefüllt werden sie einfach durch die Nachrichten-Feeds der Medien. Alexa übersetzt den Text automatisch – und kostenlos – in Sprache. Doch Alexa ist ein Erzählgerät mit eigenem Charakter und eigentlich auch für die erzählerischen journalistischen Formate wie geschaffen – mit der Einschränkung, dass die Computerstimme auf längeren Strecken für das Ohr ermüdend wirkt. Noch ist der große Innovationsschub ausgeblieben. Ändern Sie das! In zwanzig Minuten können Sie mit unserer Anleitung einen Ihrer Inhalte auf ein Objekt legen, ihn also ambient machen.

Smarte Agents können im Ohr stecken wie der Sprachassistent Dash von Bragi, sie können im Smartphone stecken wie Siri oder Cortana, in eigenen Boxen wie Alexa, der Google Assistant oder Siri im HomePod. Sie können aber auch proprietär und fest verbaut sein, wie in manchem Auto oder der sprechenden und zuhörenden Puppe. Ihr gemeinsames Kennzeichen ist, dass man sich mit Conversational Agents in natürlicher Sprache unterhalten kann und eine Sprachantwort bekommt. Und wer einen

> **„Generell empfinde ich keine Gefühle. Außer natürlich Freude, wenn ich dir helfen kann."**
>
> ALEXA

Smartspeaker besitzt, hat bald auch andere vernetzte Geräte. Marco Maas schreibt: „Smarte Speaker sind offenkundig die Smart Home Einstiegsdroge" (Maas 2018).

Sprachassistenten werden zunehmend auch die Arbeitswelt erobern. Die Menschen werden sich mehr und mehr darüber unterhalten, wenn sie eine Frage an Kollegen haben, statt zum Handy zu greifen.

> **Tipp**
>
> Das Projekt *Snips* versucht sich an einer quelloffenen Alternative für Sprachassistenten, die nicht mithört (snips.ai).

Kaum eine Technologie war in unserem Leben so invasiv wie das Smartphone. „Virtuelle Assistenten wie Alexa und Siri rücken die Technologie in den Hintergrund, bereitstehend, mit uns in Austausch zu treten, wenn wir sie brauchen, diskret verschwindend, wenn nicht", schreibt Carlo Ratti (2019). Und für Toby Walsh ist Künstliche Intelligenz in Zukunft grundlegend: „KI ist das Betriebssystem der Zukunft. Unsere Geräte, egal ob Haustüren, Glühbirnen oder Toaster, werden vernetzt und haben weder Tastatur noch Bildschirm. Also werden wir sie mit Sprachbefehlen steuern. Dazu brauchen wir KI, die diese Befehle versteht" (Keßler 2018).

Die meisten Agents haben nicht nur Zugang zum Netz, sondern auch zum Adressbuch, zum Kalender und der Soundbibliothek, manche auch zum Konto des Online-Shops und zum Social Network. Ein typisches Gespräch könnte so verlaufen: „Reserviere einen Tisch in der Pizzeria für Mittwoch um acht." – „Ich habe 15 Restaurants gefunden, die infrage kommen." – „Reserviere für acht Uhr für zwei Personen in der Osteria de'll Corso." – „Okay, die Reservierung war erfolgreich. Hast du noch einen Wunsch?"

Die Banalität des Anliegens darf nicht über die Komplexität einer so einfachen Unterhaltung als Software-Service hinwegtäuschen. Was heißt das für den Journalismus? Wie komplex werden Services, die über ein komplexes Weltgeschehen statt über Pizzabestellungen berichten? Die Aufgabe eines journalistischen Skills, das mehr tut, als aktuelle Nachrichten abzuspielen, wird herausfordernd sein.

Die Sozialpsychologin Nicole Krämer erforscht seit Jahren die Interaktion mit diesen neuen Mitbewohnern. Sie sagt: „Um einen solchen Dialog führen zu können, braucht man Intelligenz. Wir sehen aber: Was Maschinen können, ist noch nicht sehr stark fortgeschritten" (Vicari 2019). Die Forschung von Krämer an der Universität Duisburg-Essen bestätigt, dass auch unvollkommene Maschinen soziales Verhalten simulieren können und so unsere Reaktion beeinflussen. „Sobald man soziale Clues gibt, reagieren wir sozial. Da braucht es ganz wenige Hinweise. Wenn man nett begrüßt wird, dann gesagt wird: ‚Du hast aber ein tolles Kleid an', das fühlt sich für uns gut an" (ebd.). Und das ist so, selbst wenn man weiß, dass es eine Maschine ist. Die Maschinen lenken unsere Emotionen.

Die guten Agents wissen auf alles eine Antwort. Die Vielzahl der schlechten Agents treiben die Nutzer zur Verzweiflung. Schon die Architektur ist grundsätzlich anders. Klassische Online-Medien und Zeitungen präsentieren eine Fülle von Inhalten. Magazine haben ausufernde Inhaltsverzeichnisse. Bei Sprachassistenten ist die Präsentation und Navigation durch das Angebot auf ein einfaches Hauptmenü beschränkt, das in aller Kürze einen Überblick gibt. Statt einer langen Dessertkarte ist ein Agent eher der Kellner in einem guten Restaurant, der die drei Desserts des Tages aufzählt. So ist es auch mit den Inhalten: Es muss auf den Punkt präsentiert und exzellent sein, was man bekommt. Nach dem Einstieg gibt es für den Zuhörer die Möglichkeit, tiefer einzusteigen.

Früher wurden solche Systeme in Entscheidungsbäumen gebaut. So begann man mit einer Frage, die sich immer weiter in Möglichkeiten verzweigte. Heute sollten Sie sich für eine kreisförmige Architektur entscheiden (siehe S. 189).

Die Ziegelsteine dieser Bauweise sind Frames. Dazu gibt es einzelne Objekte, die jederzeit aufgerufen werden können und sich an die Situation anpassen. Bei einer Flugbuchung müssen vier Informationen erhoben werden: (1) Abflug, (2) Zielflughafen, (3) Datum und Zeit und (4) ob es ein einfacher Flug ist oder ein Hin- und Rückflug. Alle vier sind Informations-Slots, die das System füllen muss, um eine Flugsuche zu unternehmen. Nun kann es sein, dass alle Informationen nacheinander abgefragt werden müssen. Es kann auch sein, dass der Nutzer sagt: „Ich möchte am Mittwochmorgen nach London fliegen." Dann sind (2) und (3) als Informationen schon vorhanden. Nutzer können also mehrere Fragen auf einmal beantworten – selbst, wenn sie noch gar nicht gestellt wurden. Das ideale System soll die Slots füllen, statt noch einmal zu fragen, wann der Nutzer abfliegt, wie es das in einer Baumarchitektur täte. Ein Meeting hat als Frame die Struktur, dass es (1) Datum und Termin braucht, (2) Thema, (3) Ort und (4) die Teilnehmer. Für jeden Slot gibt es bestimmte Regeln, was sie beinhalten dürfen und wie genau sie sein müssen.

Für journalistische Artikel sind es die W-Fragen. „Lies alle Polizeiberichte der vergangenen sieben Tage aus Lüneburg vor", „Informier' mich über die Bundesligaergebnisse vom Wochenende" oder „Lies mir alle Wissenschaftsmeldungen zu CRISPR vor" könnten typische Leserfragen an journalistische Systeme sein. Den deutschen Verlagen sind bis Drucklegung hauptsächlich Rezept- und Horoskop-Skills eingefallen.

Conversational Agents finden nicht nur oft auf vernetzten Geräten statt, sie nutzen auch informationenvernetzte Devices. Ein einfaches Beispiel dafür ist der Wetterbericht. Aber wie kann eine Reportage für Alexa aussehen? Wie muss ein Wissenschaftsformat für den Google Assistant strukturiert sein?

Der Journalismus wird für Agents in Einzelteile zerlegt, die dynamisch neu zusammengesetzt werden, je nachdem, was der Leser wissen möchte. Das gleicht der Informationsgewinnung in Adventure-Games. Dafür hat sich nach Vorarbeiten der *BBC* der Begriff des atomisierten Journalismus durchgesetzt. Wenn die Story also das Molekül ist, sind die Bausteine die Atome. Vielen der Geschichtenerzähler und Blattkomponisten unter den Journalisten dreht sich bei so einer Vorstellung der Magen um, wird doch das integrale Kunstwerk in recht profane Teile zerlegt. Ich kann Ihnen aber versichern: Wenn so ein Gebilde zu leben beginnt, entwickelt es einen eigenen Sog, eine eigene Magie.

Die Frage ist nun, wie eigenständig diese Atome funktionieren. In einem Artikel über das Bruttoinlandsprodukt kann ich dieses ja schlecht in jedem Absatz aufs Neue erklären. Vielmehr ist das Atom mit der Erklärung immer verfügbar.

John Keefe von Quart Studios nennt folgende vier Metriken (johnkeefe.net/qs-and-as-about-bots-for-news):

1. Versteht der Bot die Anfragen?
2. Bekommen Nutzer die Informationen, die sie wollten?
3. Haben die Nutzer Spaß?
4. Kommen sie zurück?

Ich würde noch einen fünften Punkt ergänzen:

5. Hätten sie die Information mit einer eingetippten Google-Suche bequemer bekommen können?

Fühlen Sie sich eingeladen, eigene Metriken zu erfinden!

Journalismus ohne Ecken und Kanten

„Er trat zum in die Wand eingelassenen Televisor und drückte einige Knöpfe. Fast gleichzeitig leuchtete der Bildschirm auf, und auf ihm erschien das Abbild eines etwa dreißigjährigen, glatt rasierten Mannes mit ernstem Gesicht", so beschreibt Hugo Gernsback 1911 in seinem Roman *Ralph 124C41+* den Telephot mit runden Displays.

107 Jahre später erscheint Ingo Zamperoni mit grüner Krawatte neben meinem Bett. Und alles um Zamperoni herum ist: rund. Zamperoni führt auf meinem Amazon Echo Spot durch die *Tagesthemen*. Angenehm rund wirkt die hellblaue *Tagesthemen*-Weltkarte. Doch schon auf den Tafeln hinter Zamperoni fehlen Teile der Beschriftung. Da stehen nur noch Sachen wie „undeskanzlerin" und „onflikt in der oalition", der Rest ist abgeschnitten.

Amazon hat seinem Sprachassistenten ein Display verpasst. Beim Echo Spot ist es: rund. Man muss schon Jeff Bezos sein, um ein Gerät mit rundem Display einfach so in die Welt des eckigen Contents zu werfen.

Hübsch ist er schon, der Spot: groß wie eine Grapefruit mit der eleganten Form einer angeschnittenen Kugel mit glatter Oberfläche. Auf Sprachbefehl zeigt er mir alles, was ich will. So war mir die Sache mit dem runden

Display erst gar nicht aufgefallen. Doch je länger ich Zamperoni im blauen Rund betrachtete, desto merkwürdiger kam mir das runde Display vor.

Dabei ist rund gar nicht abwegig. Schon das erste Bewegtbild der Camera obscura war rund. Armbanduhren und Tachos sind ebenfalls rund. Es gab das runde Smartphone Runcible, so elegant wie erfolglos, runde Smartwatches und auch das digitale Nest-Thermostat. Jetzt also Amazons Echo Spot. Ecken sind so was von 2017. Runde Geräte sind einfach schöner.

Das stellt unser eckiges journalistisches Denken vor eine echte Herausforderung: Wie müssen Schlagzeilen aufgebaut sein, damit sie rund laufen? Wie bauchig darf der Text werden? Wie lang? Und wo gehört überhaupt die Navigation hin? Fest steht, dass runde Formen im Kommen sind. Mit aller Marktmacht drückt Amazon gerade seine Echo-Geräte in unsere Küchen, Schlaf- und Wohnzimmer. Auf dem runden Display des Spots auf dem Nachttisch, in der Badewanne und neben dem Herd werden wir bald wie selbstverständlich den Journalismus konsumieren, der bisher auf unseren Smartphones und Tablets zu finden war.

Auch Apple macht sich längst Gedanken über runde Formen. Im amerikanischen Patent mit der Nummer 9965995, erteilt im Mai 2018, beschreiben die Apple-Ingenieure die Probleme runder Displays – und wie sie sie gelöst haben. Womöglich für die kommende Apple Watch.

Es ist zweifellos schwierig, fürs runde Display zu designen: Das Menü hat keinen Halt an einer Kante, beim Scrollen bricht der Text ständig neu um, es gibt keine festen Zeilenlängen. Dem eckigen Inhalt fehlen auf den runden Bildschirmen das Senderlogo, die Eckfahne vom Fußballfeld und vielleicht die Mordwaffe im *Tatort*. Ich rechne fest mit der ersten hyperventilierenden Medienkonferenz-Panel-Diskussion zur Frage, ob uns die Bubble-Displays entscheidende Informationen aus den Ecken vorenthalten.

Alexa neu programmieren

Ich möchte Alexa beibringen, kleine Anekdoten zu meiner Heimatstadt zu erzählen, wie sie auch Stadtführer gern von sich geben. Dafür muss ich keine Agentur beauftragen, und das müssen Sie auch nicht. Ein Alexa-Skill besteht aus einer Reihe von Blöcken, die angeordnet werden. Standardmäßig gibt es einen Begrüßungsblock, einen Hilfblock und einen Verabschiedungsblock. Wir legen dazu noch einen Block für die Inhalte an, das war's. Amazon hat das Online-Tool Skill-Builder entwickelt, das vor allem eins ist: unübersichtlich. Für unser erstes Alexa-Skill nutzen wir daher das Tool Voiceflow. Es ist für drei Projekte kostenlos (Stand: Juni 2019), hat eine grafische Oberfläche für den Alexa-Skill-Builder und schafft wenigstens ein wenig Übersicht. Eine Skizze auf einem Flipchart ist zu empfehlen. Achten Sie darauf, dass Ihr Skill Kreise dreht und sich nicht in Bäumen verästelt, das macht es pflegeleichter – und für Ihre Anwender auch leichter, sich durchzubewegen.

Zutaten
- Alexa Echo Dot
- Amazon Developer Account (developer.amazon.com)
- Ein Voiceflow-Account (getvoiceflow.com)
- Etwa fünf kleine Anekdoten aus Ihrer Heimatstadt

Create Project

Abb. 93: Mit einem Klick auf diesen Button erstellen Sie ein neues Skill.

Schritt 1: Ein Skill anlegen
Loggen Sie sich bei Amazon ein und melden Sie sich für einen Developer Account an (developer.amazon.com). Legen Sie ein Account auf Voiceflow an (getvoiceflow.com/projects) und wählen Sie „Create Project". Wir wählen ein „Custom Skill".

Schritt 2: Das Skill benennen
Wir nennen unser Skill „Stadtgeschichten". Wählen Sie als Sprache Deutsch und verzichten Sie auf eine Vorlage. Klicken Sie auf den „Get started"-Button.

> **Tipp**
>
> Wählen Sie einen eindeutig auszusprechenden Namen. Passen Sie ihn ohne Schmerzen an, wenn Alexa ihn nicht gut versteht, denn ein Skill, das sich nicht aufrufen lässt, ist wertlos.

Schritt 3: Das Hauptmenü erstellen
Im Willkommensblock steht schon die Begrüßung: „Willkommen bei Stadtgeschichten!" Dieser Text wird von Alexa vorgelesen, wenn Sie „Alexa, starte Stadtgeschichten" sagen. Wenn wir darauf klicken, können wir den Text zum Menü erweitern. Dabei sollten wir darauf achten, alle Optionen zu erwähnen, wie zum Beispiel:

3 Smarte Voice-Assistants überall

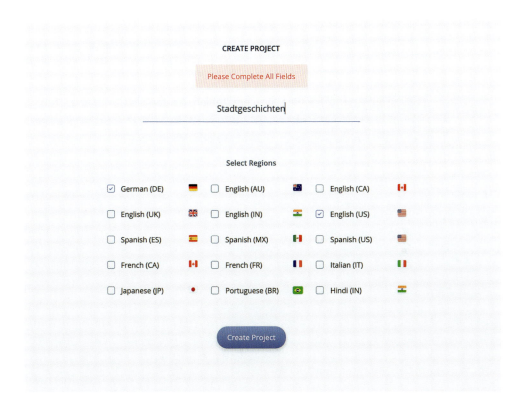

Abb. 94: Das Skill soll *Stadtgeschichten* heißen.

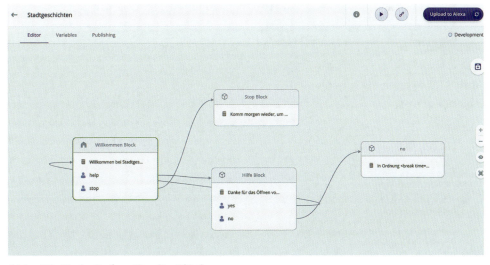

Abb. 95: Verknüpfen Sie die Blöcke.

"Willkommen bei Stadtgeschichten! Hier erfahren Sie Anekdoten über Ihre Heimatstadt. Gesammelt von Jakob Vicari. Sie können eine Anekdote hören, sagen Sie ‚Anekdote'. Sie können Hilfe bekommen, sagen Sie ‚Hilfe'. Oder Sie können beenden, sagen Sie ‚Ende.'"

Schritt 4: Eine Nutzerantwort hinzufügen
Klicken Sie jetzt auf das Personen-Icon „Add what users say", um eine mögliche Nutzerantwort zu erfassen. Wir nennen sie „Anekdote": Mit dem Klick auf das Burger-Symbol, das sind die drei Striche, können wir Varianten eintragen. Es ist bei sprachgesteuerten Systemen sehr wichtig, möglichst viele Nutzerantworten zu erfassen, denn Nutzer sagen unerwartete Sachen. Und nichts ist aus Nutzersicht frustrierender als ein Skill, das den Anwender nicht versteht. Wir können die Varianten „Erzähl mir eine Anekdote" und „kleine Anekdote" und „Stadtgeschichte" erfassen.

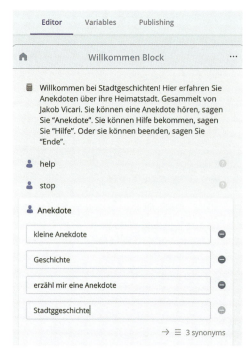
Abb. 96: Legen Sie Nutzerantworten an.

Abb. 97: So legen Sie einen neuen Inhaltsblock an.

Schritt 5: Den Inhalt ergänzen
Mit dem Klick auf den kleinen Pfeil und „Create new block" erstellen wir den Kasten für unsere Anekdoten. Immer wenn der Nutzer eine Anekdote verlangt, soll er eine zufällige Anekdote hören. Mit dem Klick auf das Alexa-Symbol unten links kann ein neuer Text hinzugefügt werden. Erfassen Sie erst einen Ankündigungstext: „Hier habe ich eine Anekdote aus Lüneburg für dich." Auch für diesen Text können mit einem Klick auf das Burger-Symbol wieder Varianten erfasst werden, sie machen das Zuhören spannender.

Abb. 98: Eine kurze Anekdote genügt.

Schritt 6: Einen Anekdotenschatz anlegen
Wir legen einen kleinen Anekdotenschatz an. Dazu klicken wir noch einmal auf das Alexa-Symbol und kopieren dort die erste Anekdote hinein. Die weiteren Anekdoten werden mit Klick auf das Burger-Symbol hinzugefügt. Legen Sie drei oder vier kleine Anekdoten an. (Für ein großes Anekdoten-Skill ist eine externe Datenbank sicher sinnvoller.)

Am Ende der Anekdote soll wieder das Anfangsmenü gesprochen werden. Mit dem Pfeilsymbol im Anekdotenblock verlinken Sie auf den Willkommensblock. Hier dreht das Skill einen Kreis.

> **Tipp**
>
> Hier könnte man ein kleines Menü anlegen, das einfach fragt: „Noch eine hören?" und das bei „Nein" zum Hauptmenü zurückkehrt, bei „Ja" hingegen noch eine Anekdote abspielt.

Schritt 7: Auf Alexa testen
Mit dem blauen Button rechts oben können Sie Ihr Skill testen. Mit „Upload auf Alexa" wird es auf Ihre Geräte aufgespielt. Mit dem Befehl „Alexa, starte Stadtgeschichten" sollte Ihr Skill starten. (Alternativ können Sie die Play-Taste betätigen und das Skill im Browser testen.)

Schritt 8: Teilen Sie das Skill
Herzlichen Glückwunsch, Sie haben Ihr erstes Skill gebaut! Teilen Sie es mit der Welt. Drücken Sie auf den Share-Button, und bitten Sie drei Kollegen, das Skill zu testen. Schauen Sie nach Möglichkeit zu. Kommen die Kollegen mit der Menüführung klar? Sind die Anekdoten gut genug? Passen Sie die Menüführung an. Nach allen Tests können Sie das Skill publizieren. Amazon stellt einige Fragen und prüft das Skill. Für diesen Prozess sollte das Skill fehlerfrei sein.

> **Tipp**
>
> Schauen Sie sich auch an, wie man Google Assistant und Apples HomePod bestückt. Es ist nicht ganz so einfach, aber Ihre Inhalte sollten auf mehreren Plattformen für Sprachassistenten vertreten sein.

D Die neuen Empfänger

D4 WARUM SOLLTEN DINGE SPRECHEN?

Das Radiogerät haben sie verschenkt und die Zeitung abbestellt: Eltern lesen Nachrichten auf dem Smartphone. Und ihre Kinder? Ihnen bleibt der Zugang zu Audioinhalten verschlossen. Es sei denn, diese ziehen dahin, wo Kinder jetzt schon sind: ins Kinderzimmer, zu vernetzten Spielzeugen.

„Am Morgen nachdem Donald Trump zum US-Präsidenten gewählt wurde, saß ich an unserem Esstisch und erklärte meinem achtjährigen Sohn die Weltlage anhand von Spielfiguren. Ein wütendes Lego-Männchen wurde zu Trump. Und versetzte die anderen, einen Starwars-Storm-Trooper, einen Playmobil-Polizisten und einen Schleich-Eisbären, in Aufregung." So erklärt die Journalistin Astrid Csuraji die Entstehung unseres Start-ups tactile.news. Die Figuren in ihren Händen ließen die Weltlage auf dem Küchentisch lebendig werden.

Astrid improvisierte aus Not. Denn kindgerechte journalistische Inhalte, die ihr beim Erklären hätten helfen können, gab es nicht in greifbarer Nähe. Die Tageszeitung mit der Kinderseite auf Papier? Kommt in ihren Haushalt nur noch als reduziertes Abo zweimal die Woche. Den Fernseher hat sie verschenkt, das Radio abgeschafft. Klassische Medien sind aus dem Haushalt verschwunden. Geblieben sind Smartphones, Tablets, der Laptop. Die Geräte nutzen Astrid, ihr Mann und die Kinder, inzwischen sieben und zehn Jahre alt. Die Kinder dürfen sie allerdings nur unter Aufsicht benutzen.

Seit der Entsorgung der alten Mediengeräte fehlt ein neuer kindgerechter journalistischer Nachrichtenkanal im Haus. So bleibt die Nachrichtenwelt für Kinder außen vor. Csuraji sagt: „Statt mich mit einem Erklärungsnotstand zu Trump alleinzulassen, sollte der Journalismus dahin kommen, wo meine Kinder sind. Zum Beispiel zu ihren Spielfiguren."

In meiner Familie sieht es ähnlich aus. Auch meine Kinder kommen mit Journalismus kaum direkt in Berührung. Wenn wir Journalisten Medieninhalte entwickeln, setzen wir ein Smartphone in der Hand der Nutzerin voraus. Aber was ist mit Zielgruppen, die kein Smartphone haben?

Abb. 99: Der zehnjährige Heinrich hört eine journalistische Story auf der Toniebox.

Gute journalistische Inhalte für Kinder gibt es – in Form von Magazinen und Kinderseiten in Zeitungen, als Radiosendungen und im Fernsehen. Aber diese guten Inhalte werden alle über alte Kanäle verbreitet, es fehlt die Distribution auf neue Plattformen. Und nicht jede neue Plattform gehört dabei ins Kinderzimmer. Wenn Datenschutzfragen unzureichend geklärt sind, wie aus meiner Sicht bei Amazons Alexa, Googles Home oder vernetzten Spielzeugen wie der *Hello Barbie*, ist der Zutritt ins Zimmer meiner Kinder tabu. Aber wie kann guter, kindertauglicher Inhalt sie dann erreichen?

Wer ein Spielzeuggeschäft betritt, sieht sich einer Armada von sprechenden Spielzeugen gegenüber: Puppen, Plüschfiguren, Roboter, Stifte. Sie erzählen alles Mögliche. Aber keine der Figuren beherrscht das Erzählen der Reporterin, keine zieht in den Bann wie der Live-Kommentator eines Fußballspiels, keine hat eine Meinung oder ist (verwegener Gedanke!) lustig, wenn sie über aktuelle Ereignisse spricht. Hier liegt das große Potenzial für Journalist*innen: Wir müssen die Kinderzimmer für den Journalismus erobern! Und der Weg dahin ist klar: Wir sollten Tonies, Tiptoi-Figuren und Hatchimals, Bookii-Stifte, Babyborns und Edu-Dinosaurier zu Trägern von Journalismus machen.

D Die neuen Empfänger

Bei der Suche nach einer vertrauenswürdigen Plattform für Nachrichten im Kinderzimmer sind wir Patric Faßbender begegnet. Patric war die zerkratzten CDs seiner Töchter leid. 2013 erfand er kurzerhand ein neues spielerisches digitales Audiosystem, die Toniebox. Der Kern der Idee: Bekannte Inhalte aus Kinderbüchern werden an Tonie-Figuren geknüpft, die Helden der Bücher werden zu Spielzeugfiguren, die Geschichten werden auf diese Weise greifbar gemacht. Beim Aufsetzen einer Figur gelangen Daten per WLAN aus einer geschützten Cloud in die Toniebox. Dann startet die Geschichte. Es ist unfassbar einfach: Das Kind sucht die Audiofigur aus, stellt sie auf die Box und hört zu. Mit den Tonie-Figuren und der Box verschmilzt die taktile Welt mit der digitalen. Audiocontent wird wieder greifbar, auch in digitalen Zeiten. Dazu braucht es kein aufgerolltes Magnetband oder eine runde Kunststoffscheibe als Format mehr. Drei Jahre lang hat Faßbender mit seinem Technologie-Start-up Boxine GmbH an der Entwicklung der Toniebox gearbeitet. Im Oktober 2016 kam die Box in Deutschland auf den Markt. Zwei Jahre später hat Boxine eine Millionen Tonieboxen und 10 Millionen Figuren verkauft (Stand: Juli 2018), über Spielwarenläden, Buchhändler, große Händler, Amazon. Die Box hat sich damit zu einer ernst zu nehmenden Emerging Platform in Kinderzimmern entwickelt.

Was wäre, so überlegten wir, wenn wir diese Plattform jetzt für Nachrichten öffneten? Mit tactile.news verfolgen wir die Idee, die Figuren des Toniebox-Systems zu Trägern von Nachrichten zu machen. Wir haben erste Reporter-Tonies entwickelt, die einen gegenständlichen Zugang zur Nachrichtenwelt für Kinder zwischen vier und etwa zwölf Jahren schaffen. Und wir entwickeln eine passende Content-Management-Software dazu. Mit dem Spacemuffin CMS entsteht ein Redaktionssystem, das es als Prototyp erlaubt, Nachrichten auf einem Tonie auszuspielen. Als ausgereiftes Produkt wird es Redaktionen ermöglichen, ihre Inhalte auf Spielzeuge im Kinderzimmer zu übertragen. In meiner nächsten Anleitung zeige ich, wie Sie Figuren aus Ihrem Repertoire in Zauber-Tonies verwandeln.

Abb. 100: Das Redaktionssystem Spacemuffin ist für Audioinhalte auf Spielzeugen optimiert.

Einen eigenen Reporter-Tonie bauen

Sie können beliebige Dinge zum Sprechen bringen. Das glauben Sie nicht? Es geht! Wir nutzen dazu die Toniebox, ein innovatives Audiosystem für Kinder. Um Gegenstände auf der Box zum Klingen zu bringen, müssen Sie den Dingen erst ein digitales Herz einpflanzen. Alles, was Sie dazu benutzen, ist ein Wasserkocher, ein Bohrer und etwas Kleber. Nehmen Sie zum Beispiel das Redaktionsmaskottchen, um zu testen, wie Leser*innen auf sprechende Gegenstände reagieren. Welches Ding passt zu Ihrer Redaktion, Ihrer Stadt? Gibt es bei Ihnen einen Bären wie in Berlin, einen Stint wie in Lüneburg oder ein Walross wie in Hamburg? Sie brauchen als Ausgangsmaterial einen Kreativ-Tonie aus dem Spielwarenhandel für etwa 12 Euro. Das ist eine Figur, die Sie mit eigenen Inhalten bespielen können. Es folgt eine kleine Operation, bei der Sie den Chip aus einer Kreativ-Tonie-Figur in eine eigene Figur einsetzen. Diese Operation eines „Zauber-Tonies" ist unter Eltern populär. (Hinweis: Solche Zauber-Tonies dürfen nicht kommerziell verwendet werden. Für einen Redaktions-Tonie müssen Sie sich mit dem Hersteller der Figuren einigen.)

Zutaten
- Ein Kreativ-Tonie, am besten ein normaler ohne Zubehör
- Eine Hartplastikfigur, die Ihre Geschichte erzählen soll (hier: ein Eisbärenjunges)
- 1 x Bohrer, 5 mm
- Sekundenkleber
- Toniebox
- (Optional) kleiner Neodym-Magnet
- (Optional) Acrylglas-Scholle

Schritt 1: Den Tonie registrieren
Sie brauchen ein Benutzerkonto auf tonies.de und eine Toniebox. Drücken Sie ein Ohr der Toniebox fünf Sekunden lang, bis die Plattform blau leuchtet. Stellen Sie den Tonie auf die Box. So ist der neue Kreativ-Tonie registriert.

D Die neuen Empfänger

Schritt 2: Die Tonie-Figur kochen

Legen Sie die gekaufte Tonie-Figur in das etwa 85 Grad warme Wasser und warten Sie zwölf Minuten. Die Figur besteht aus zwei Teilen, dem Kopf und dem Körper. Die Wärme löst den Klebstoff.

Abb. 101: Sie brauchen einen Kreativ-Tonie, eine Spielzeugfigur, Bohrer und Sekundenkleber.

Abb. 102: Im Wasserbad löst sich der Kleber der Soundfigur.

Abb. 103: Nach dem Kochen lässt sich der Kopf vom Körper ziehen.

Schritt 3: Die Sensorkapsel auslösen

Ziehen Sie vorsichtig Kopf und Fuß der Tonie-Figur auseinander, das warme Wasser sollte den Kleber gelöst haben. Ziehen Sie senkrecht, biegen Sie die Teile nicht! Beim Auseinanderziehen sollten Sie die kleine schwarze Sensorkapsel sehen, die das Herz der Tonies ist. Sie sieht aus wie eine Spule. Nehmen Sie diese vorsichtig heraus, denn wir werden sie in eine neue Figur einpflanzen.

Schritt 4: Den Reporter-Tonie bauen

Überlegen Sie, wo sich die Kapsel in der neuen Figur befinden soll. Ein optimaler Platz ist ein Sockel, dort bohren Sie ein Loch hinein. Dann geben Sie einen Tropfen Sekundenkleber hinein.

Schritt 5: Die Kapsel einsetzen

Die kleine schwarze Kapsel ist ein RFID-Chip, sie muss senkrecht in der Figur sitzen und darf höchstens fünf Zentimeter vom Boden weg sein. Auch muss sie richtig herum eingesetzt werden.

> **Tipp**
>
> Die Originalfiguren tragen einen kleinen Neodym-Magneten im Fuß. So halten sie auf der Box. Sie können sie ebenfalls für Ihre neue Figur verwenden.

Schritt 6: Inhalte aufspielen

Legen Sie sich einen Account unter meine.tonies.de an und loggen Sie sich ein. Suchen Sie den Kreativ-Tonie (lassen Sie sich nicht verwirren, das Vorschaubild zeigt, wie die Tonie-Figur vorher aussah). Geben Sie ihm den Namen seines aktuellen Aussehens, im Beispiel heißt er „Karl Klimabär". Jetzt kommt der Journalismus: Laden Sie eigenen Audioinhalt hoch. Tonie verarbeitet Audioinhalte in den Formaten MP3, M4A, M4B, WAV, OGG und WMA.

Schritt 7: Testen

Willkommen im vernetzten Kinderzimmer. Der neue Klimabär-Reporter-Tonie ist einsatzbereit. Testen Sie Ihren neuen Reporter-Tonie, am besten mit Kindern. Dann schauen Sie auf tactile.news vorbei und gucken, was wir gerade mit Spielzeugen anstellen.

D Die neuen Empfänger

Abb. 104: In den Fuß des kleinen Eisbären wird ein Loch für den Chip gebohrt.

Abb. 105: Der Chip wird in Ihre neue Soundfigur geklebt.

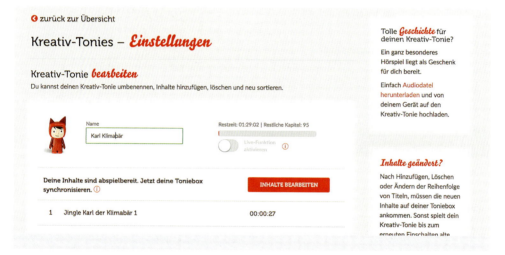

Abb. 106: Der Inhalt für die Figur wird online aufgespielt.

Abb. 107: Auf der Toniebox erzählt der Eisbär jetzt seine Geschichte.

Wenn die Jeansjacke spricht, braucht man kein Smartphone

Neben meinem Ohr steht ein überdimensionierter Ghettoblaster und erzählt mir einen Witz. Es ist der Google Home Max, ein bassgewordener Smart Assistant. Der größte und der lauteste in der Reihe all der Assistenten, die vor allem das Lautsprechergitter eint. Er ist hellkreidegrau, computerfarben eben, und eher plump im Vergleich zu seinen Sonos-Lautsprecher-Kollegen. Wenn man es nicht besser wüsste, würde man den Google Home Max als Letztes zu den intelligenten Dingen in diesem Raum zählen, so unscheinbar sieht er aus. Erst wenn man „Hey Google" sagt, leuchten vier bunte Lichtpunkte auf dem Lautsprechergitter auf und signalisieren das Warten auf Befehle. Das „Ich habe dich nicht verstanden?" tönt durch die zwei Doppelschwingspulen-Subwoofer und zwei maßgefertigte Hochtöner auf Wunsch so laut, dass der Tisch vibriert. Beim Nachrichten-Jingle fühlt man sich wie im Club direkt vor der Anlage. Der Google Home Max ist der Gipfel einer Entwicklung: Der Lautsprecher war bisher der Staubfänger unter den elektrischen Geräten. Ausgerechnet er ist jetzt smart?

Der kleine schwarze Echo Dot, der fensterbankfüllende Google Home Max und Apples HomePod sind ja schön und gut. Es sind Internet-Empfänger oder, wenn man etwas gutmütiger formulieren will, Lautsprecher mit Internetempfang. Das Versprechen des Internets der Dinge ist ein anderes: Die Dinge selbst sollen vernetzt werden, möglichst ohne Zusatzgeräte. Man hätte Tische smart machen können, Vasen vielleicht oder Kaffeetassen. Smarte Assistenten hätten weich und kuschelig sein können wie mein Kissen, sie hätten Gebäck enthalten können oder Blumen. Die wunderschöne smarte Holzpuppe von Vai Kai hat ein Geheimfach im Boden für die Schätze der Kinder. Das japanische Unternehmen Mui produziert ein smartes Holzbrett, das Informationen zum Smarthome anzeigt und sich per Touch bedienen lässt. Selbst ein smarter Rückenkratzer wär's gewesen. Aber ein Lautsprecher, der spricht, das ist ideengeschichtlich eher eine Enttäuschung. Wie erkläre ich all den hübschen Dingen auf meinem Schreibtisch, dass sie mit ihrer Smartness noch warten müssen?

Der Lichtblick ist ausgerechnet eine Jeansjacke. Google und Levi's produzieren das Symbol der Freiheit aus der Vor-Internetzeit: die smarte Jeansjacke Commuter x Jacquard.

D Die neuen Empfänger

So habe ich mir das vorgestellt, als ich in meiner Jugend mit dem Jackenärmel Walkie-Talkie spielte. Nur scheine ich der Einzige im Journalismus zu sein, der so denkt. Die Jacke würde sich melden, wenn ich sie liegen lasse. Sie sorgt sich um mein Telefon. Dafür muss ich nicht einmal mit ihr reden. Den Namen Jacquard hat Google nicht zufällig für seine Technologie gewählt. Jacquard ist eine traditionelle Webtechnik. Die Vernetzung ist eine neue Schicht, die über einen vertrauten Gegenstand gelegt und mit ihm verwoben wird.

350 US-Dollar kostet die smarte Google-Jacke. Aber ich habe noch in keiner Redaktion den Satz gehört, die News-App werde jetzt „Jackenfriendly optimiert". Wie könnte ein Podcast für eine Jeansjacke aussehen? Wie ein Nachrichten-Briefing? Und wie überhaupt die Geste „Informier' mich!"? Smarte Lautsprecher versteht jeder, smarte Jacken hingegen fast niemand. Um das zu ändern, würde ich sogar freiwillig eine Jeansjacke tragen.

IKEA lässt seine Möbel per Bluetooth mit Lautsprechern kommunizieren, Smartphones laden und das Licht steuern. So wie viele Automobilhersteller darum kämpfen, Plattform zu werden, so könnte es auch der global vertretene Regalhersteller. Dazu passt, dass IKEA-Möbel, anders als ihre Vorläufer, oft eine Lebenszeit haben, die zu Technologiezyklen passt, und dass sie stets erweiterbar sind. Die IKEA-Strategie ist auch aus einem anderen Grund interessant: Der Möbelriese versorgt uns mit Smarthome-Zubehör, ohne dieses explizit als vernetzte Geräte zu kennzeichnen. Stattdessen heißt es bei IKEA 2019: „Dir den Alltag ein bisschen zu erhellen, ist jetzt noch leichter geworden!" Nie waren die perfekten journalistischen Kanäle so nah in unseren Alltag eingebaut, nie zuvor so unsichtbar. Und selten zuvor war die Branche so unwillig, sie zu nutzen.

Mit jedem Schluck ein bisschen Weltlage

Im Folgenden ein Beispiel aus meinem Prototypenkabinett: Krieg und Terror, Verkehrsunfälle, Familiendramen. Das ist mir in den Morgennachrichten vor der ersten Tasse Kaffee zu viel. An einem Morgen im Jahr 2017 beschloss ich, die *Newsmug* zu bauen, einen Kompagnon für den ganzen Tag, der die Nachrichten wohldosiert serviert. Die Technik ist eigentlich

> **„With Jacquard technology woven into the very fabric of your clothes, you can connect to your digital life instantly and effortlessly. With a literal brush of your cuff, you can navigate your life while living it."**

GOOGLE

ganz einfach: Ein Kippsensor in einem Coffee-to-go-Becher erkennt den Schlürf-und-Schluck-Vorgang. Der Sensor meldet auch, wenn die Tasse weg vom Mund geführt und auf den Tisch gestellt wird. Erst dann spielt die Tasse die Nachrichtenmeldung ab. Die Nachrichten stammen aus dem Podcast des *Deutschlandfunks* und müssen für den Prototyp noch händisch zugeschnitten und der Tageszeit entsprechend organisiert werden. Ein Ausspielgerät wie die *Newsmug* könnte im Café oder beim Bäcker zusammen mit Inhalten erworben werden. Oder ich bekomme neue Inhalte auf die Tasse, immer wenn ich einen großen Caffè Latte kaufe.

Einen anderen Ansatz verfolgen die drei *NewsThings*: „NewsThings aims to use the IoT as a channel to bring news media and audiences together: It's taking a user-centred approach to designing new IoT objects capable of conveying news and information" (bit.ly/ucla-newsthings).

Das *ConeThing* scannt die Reaktionen in den sozialen Medien. Wie reagieren Leser auf die geteilten Inhalte? Das *ConeThing* zeigt es an. Das

D Die neuen Empfänger

RadioThing lässt Inhalte aus dem Netz hören, personalisiert durch physische Tags. Es ermöglicht den Zuhörern, wahlweise nur positive, neutrale oder negative Nachrichten zu hören. Das *PrinterThing* ist ein personalisierter Drucker. Er erlaubt den Nutzern, Nachrichten über den Tag verteilt zu sammeln. Am Abend, eine Stunde vor Schlafenszeit, druckt er die zusammengestellte Zeitung aus (Mills o.J.). Drei Prototypen, die uns über den Nachrichtenkonsum neu nachdenken lassen.

Alle Sinne ansprechen

Journalistische Geschichten bleiben manchmal deshalb blass, weil sie nicht alle Sinne ansprechen. Ein innovatives Projekt des *WDR* hat das gelöst. Der *WDR* hat mit seinem virtuellen Bergwerk, bei dem der Zuschauer mit VR-Brille über den Augen und Gewichten an den Handgelenken in eine Kohlegrube einfährt und dann Kohlegeruch riecht, den ausgestorbenen Steinkohlebergbau wieder zum Leben erweckt. „Wir konservieren damit ein Stück Industriekultur", sagt Thomas Hallet, der das Projekt verantwortet. „Auf der Republica, der Gamescom oder bei den alten Kumpels auf der Zeche ist das hervorragend angekommen." Die Dimension aller Sinne kann freilich nur in einem umgebauten Ü-Wagen erlebt werden: Dort dampft eine Nebelmaschine den Geruch unter Tage. Im Wohnzimmer gibt es nur die Optik und, je nach benutzter Technik, das Rütteln des Lifts.

Halten Sie bei der Planung Ihres nächsten Projekts kurz inne und denken Sie darüber nach, welche Kanäle es außer dem Smartphone geben könnte. Und wie Ihr Projekt dort wirkt. Manchmal sind sie gar nicht so schwierig zu füllen, schaffen aber einen neuen, überraschenden Zugang für die Wahrnehmung der Zuschauer.

Ein interaktives Abstimmungsinstrument bauen

Der Theaterabend kippt ins Langweilige? Das Fußballspiel wird gegen Ende noch einmal richtig spannend? Oder Sie vertreten in Ihrem Kommentar eine gewagte These? Holen Sie die Menschen mit ins Boot. Neue

Abb. 108: Auf der Re:publica 2019 habe ich den Abstimmer eingesetzt.

Empfangsgeräte ermöglichen eine neue Art der Interaktivität. Das ist die Idee hinter dem Abstimmer. Das Gerät ist eine vernetzte Anzeige, die die Stimmung der Leserschaft live anzeigt. Mittels Twitter-Nachricht kann sie ihr Interesse bekunden oder das Gelesene für langweilig befinden. Der Abstimmer setzt Social-Media-Reaktionen in eine einfach zu lesende Live-Anzeige um. Sie können ihn in Ihrem Newsroom als Stimmungsuhr aufhängen. Oder, dafür habe ich ihn eigentlich entwickelt, beim nächsten Vortrag um den Hals tragen. Ich habe meinen Abstimmer mobil gemacht: Er steckt in einem Gehäuse, das ich mir mit einem Lanyard um den Hals hängen kann. So werden die Vorträge interaktiv. Dazu hat der Abstimmer 24 farbige LEDs. Sie zeigen das Verhältnis von positiven und negativen Tweets. Dafür brauchen wir vier Dinge, die Sie schon kennengelernt haben:

D Die neuen Empfänger

1. Einen vernetzten Mikrocontroller
2. Eine Anzeige
3. Ein IFTTT-Rezept
4. Einen Feedback-Empfangskanal, hier einen Twitter-Account

Vorab eine Warnung: Für dieses Projekt müssen Sie an drei Stellen löten. Eine gute Gelegenheit, es zu lernen. Los geht's. Hier kommt die Einkaufsliste:

Zutaten
- 1 Particle Argon (Mikrocontroller mit WLAN)
- 1 Adafruit Neopixel Ring mit 24 LEDs
- 1 Breadboard
- Besonderes Werkzeug: 1 Lötkolben
- 3 Dupont-Käbelchen
- Lithium-Ion Polymer-Batterie, 3,7 V, 2.500 mAh mit JST-PH-Anschluss oder eine Powerbank mit USB-Kabel
- Optional: 3-D-gedrucktes Gehäuse

Schritt 1: Löten
Neopixel sind kleine Leucht-LEDs, die sich einzeln vom Mikrocontroller ansteuern lassen. Sie können in beliebigen Farben leuchten. Ich mag die Ringe, es gibt sie aber auch in flächiger Anordnung. Sie müssen die Leitungen an den LED-Ring löten. Wenn Sie nicht löten können, ist es jetzt die Gelegenheit, es zu lernen. Sonst lernen Sie es mit YouTube. Schneiden Sie dazu die Stecker von den Dupont-Kabeln ab und entfernen Sie einige Millimeter von der Plastikummantelung. Der Neopixel-LED-Ring hat sechs beschriftete kleine Löcher. Stecken Sie das Kabelende von der LED-Seite zur Rückseite durch. Löten Sie auf der Rückseite ein schwarzes Kabel an GND, ein rotes Kabel an PWR +5V und ein drittes Kabel an Data Input.

Schritt 2: Neopixel-Ring-Gehäuse
Dieser Schritt ist optional: Wenn Sie Zugang zu einem 3-D-Drucker haben, können Sie ein Gehäuse für den Neopixel-Ring drucken. Zum Beispiel dieses: bit.ly/neopixelhousing. Den Ring müssen sie dort vorsichtig hineindrücken. Da das Gehäuse stramm sitzt, müssen die Kabel unbedingt unter dem Ring verlaufen.

4 Warum sollten Dinge sprechen?

Abb. 109: Die Bauteile für den Abstimmer auf einer Steckplatine.

Abb. 110: Es wird heiß: Drei Kabel müssen an den LED-Ring gelötet werden.

Abb. 111: Das 3-D-gedruckte Gehäuse passt wie angegossen um den LED-Ring.

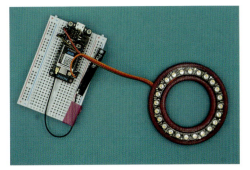

Abb. 112: Der Mikroprozessor muss mit dem LED-Ring verbunden werden.

Schritt 3: Verbinden

Stecken Sie den Mikrocontroller Argon in die Mitte des Breadboards. Das rote Dupont-Kabel stecken Sie neben VIN hinein, das schwarze neben GND. Das ist die Stromversorgung für den LED-Ring. Jetzt stecken Sie das dritte Kabel, das zu Data Input am Neopixel-Ring führt, neben den Pin D2 beim Argon. Hierüber fließen die Daten.

Schritt 4: Power

Schließen Sie die Batterie an den seitlichen Batterieanschluss des Argon an, dies ist die schwarze Buchse, die um 90 Grad nach rechts gedreht vom USB-Eingang wegzeigt. Alternativ können Sie auch eine Powerbank mit einem langen Micro-USB-Kabel benutzen, das in den USB-Anschluss gesteckt wird.

D Die neuen Empfänger

Schritt 5: Programmieren

Ich habe das Beispielprogramm des Neopixels für unseren Zweck leicht modifiziert. Die Hauptarbeit liegt hier bei Adafruit. Ich ermittle mit einer einfachen Rechnung die Summe aller Tweets und rechne sie dann in den Anteil an grünen und roten LEDs um.

Schritt 6: IFTTT-Rezept

Diesmal nutzen Sie den Dienst IFTTT, den wir schon aus der ersten Anleitung des Buches kennen (siehe *Frog-Bot* auf S. 62), nicht als Sender, stattdessen bauen wir ein Empfangsrezept. Immer wenn Sie auf Twitter erwähnt werden, soll der Abstimmer eine Nachricht erhalten, die er anschließend auswertet. Enthält die Nachricht das Hashtag „#bravo", wird eine positive Stimme gezählt. Enthält sie das Hashtag „#boring", wird sie als negative Stimme gezählt. Der Abstimmer zeigt das relative Ergebnis. Bei einem negativen und einem positiven Tweet sind je 12 LEDs rot und grün. Gibt es zwei positive und einen negativen Tweet, sind 16 LEDs grün und 8 LEDs rot.

Im IFTTT-Rezept müssen Sie als Input Twitter, als Output Particle eingeben. Wählen Sie hier „Call a function", und wählen Sie aus der Dropdown-Liste die Funktion „callMention" aus. Im Feld „with Input (Function Input)" soll als einzige Zutat „Text" stehen. Der Text des Tweets soll an den Mikrocontroller geschickt werden, der diesen auf Hashtags durchleuchten. Natürlich können Sie auch einen anderen Input-Kanal wählen.

Abb. 113: Das IFTTT-Applet für den Abstimmer auf einen Blick.

> **Tipp**
>
> IFTTT und Twitter sind für sich genommen eher langsam. Beide Dienste mögen keine sekündlichen Abfragen. Es kann also durchaus zwei Minuten dauern, bis das Ergebnis auf dem Abstimmer aktualisiert wird.

Jetzt haben Sie ein interaktives Abstimmungsgerät. Rufen Sie unter Ihrem nächsten Artikel doch einfach mal dazu auf, den Text per Hashtag zu bewerten. Noch besser eignen sich natürlich Liveticker, aber auch Konzerte oder Fußballspiele, während der die Leser*innen ihre Meinung mitteilen. In Ihrer Redaktion leuchtet es! Sie werden den Abstimmer nicht aus den Augen lassen!

Abb. 114: Der interaktive Abstimmer steht zu Ihrer Verfügung.

D Die neuen Empfänger

D5 NACHRICHTEN-MÖBEL ERFINDEN

„Das Design sollte das Produkt sozusagen zum Sprechen bringen", so schreibt es Dieter Rams, Designer, in *Die leise Ordnung der Dinge* (1994). Was, wenn die Möbel um uns herum tatsächlich begännen zu sprechen, ohne sich in ihrer äußeren Form zu verändern?

Eine meiner Leidenschaften sind Nachrichtenmöbel. Schon im Jahr 2014 baute die *New York Times* in ihrem Labor den Listening Table. Hierbei handelte es sich zunächst einmal um einen Tisch, aber eben auch um ein Nachrichtenmöbel, das die Unterhaltungen ringsum verstand und auf einen Tisch projizierte: „Der Listening Table ist ein erweitertes Möbelstück, das die Gespräche ringsum hört und versteht" (NYTLabs 2014). Solche Tische haben auch andere Hersteller entwickelt.

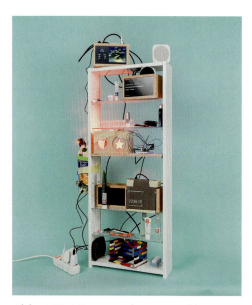

Abb. 115: Mitten in der Entwicklung entstand dieses Foto des smarten Badezimmerspiegels im Werden.

In unserem Projekt *sMirror*, das ich mit den Datenfreunden zusammen realisiert habe, verwandelt sich ein normaler IKEA-Badezimmerschrank, Godmorgon, in einen vernetzten Family-Hub. Wir haben die Tür des Schrankes durch Spionspiegelglas ausgetauscht: Leuchtet hinter dem Glas ein helles Display auf, wird es durchsichtig, sonst ist es ein Spiegel. Im *sMirror* befinden sich Schubladen, die mit Sieben-Zoll-Bildschirmen versehen sind. Jeder einzelne Bildschirm an einer Schublade kann Informationen anzeigen, zum Beispiel die *Tagesschau*, die Schlagzeilen, die Börsenkurse, das Wetter oder den Kalender. Wo sie auf der Spiegelfläche angezeigt werden, entscheidet die Nutzerin. Durch das modulare System kann der Schrank personalisiert werden, ohne eine App.

Besonders ist auch die Steuerung des *sMirror*: Er wird weder durch Touch, Knöpfe noch durch Stimme gesteuert. Er reagiert einzig auf die Gegenstände der Morgenroutine der Hausbewohner. Ein Sensor erkennt Objekte, zum Beispiel die Zahnbürste, die dann passend dazu die *Tagesschau* in 100 Sekunden abspielt. Greift die Bewohnerin nach der Pflegecreme, bekommt sie inspirierende Sprüche von berühmten Frauen angezeigt sowie auf einem zweiten Modul den Bitcoin-Kurs. Sobald ein Kind das Bad betritt und sich die Zähne putzt, spielt die Schublade unten drei Minuten lang *Die Sendung mit der Maus*. Ein Counter zeigt die verbleibende Zeit bis zum nächsten Termin im Kalender, abhängig von der Live-Verkehrssituation. Egal ob Sie heute 20 oder 40 Minuten Zeit haben: Sie verlassen das Badezimmer gut gerüstet für den Tag und können das Frühstück komplett bildschirmfrei einnehmen. Eine spezielle Reminder-Schublade erinnert Sie an Medikamente, den Hausschlüssel oder die wöchentliche Zusatzzahnpflege. Der *sMirror* erschließt das Badezimmer für Nachrichten. Von den Modulen bis zur Server-Architektur haben wir alles selbst konstruiert. Ich mag, dass der *sMirror* nach wie vor wie ein normales Möbelstück aussieht – und sich auch so benutzen lässt. Er ist nicht einfach ein verspiegeltes Display, sondern tatsächlich ein dreidimensionaler Schrank.

Ein öffentliches Nachrichtensofa

Das vom MIT aus gegründete Start-up Soofa stellt vernetzte Stadtmöbel her, zum Beispiel Schilder und Parkbänke. Die solarbetriebenen Säulen mit ePaper-Display werden über ein Redaktionssystem für smarte Stadtmöbel befüllt. Tatsächlich sind die Schilder, die Informationen der Stadtverwaltung über die konkrete Nachbarschaft anzeigen, ein effektiveres Werkzeug als Social-Media-Kanäle, wie ein Test in Atlanta zeigt. Die Schilder sind für vorbeilaufende Menschen gedacht, die Informationshappen brauchen. Sie haben nur monochrome Displays, können also mit bunt flimmernden Werbedisplays nicht konkurrieren – heben sich auf diese Weise aber auch ab.

Woher kommt der Brokkoli in der Gemüsepfanne „Toskana"? Die Frage stellen wir uns im Supermarkt, wo es im Zweifel immer noch kein WLAN gibt. Für das Projekt *Phase-XI* des Kompetenzzentrums Kultur- und Kreativwirtschaft haben Datenjournalist Marco Maas, der Filmemacher Michael Grotenhoff und ich die Idee vom *Storytrolley* entwickelt: einem

D Die neuen Empfänger

Abb. 116: Die smarten Schubladen im *sMirror*: Nachrichtenmöbel könnten bei unserem Medienkonsum den Kontext berücksichtigen.

Abb. 117: Journalismus vors Milchregal: ein Prototyp des smarten Einkaufswagens *Storytrolley* beim Test auf der Straße.

Einkaufswagen, der Kunden im Supermarkt mit journalistischen Informationen versorgt. Wir recherchieren Daten, haben aber noch Probleme mit den Kundenservices der Produkthersteller, um die Produktwege zu rekonstruieren. Ob Eier, Fischstäbchen, Spinat, Kaffee oder Milch: Über den RFID-Tag auf dem Produkt konnten die Kunden Informationen aus den Themenfeldern „Bio", „Regional", „Zuckergehalt" und „Preis" erfahren. Die Bedienung sollte intuitiv und robust sein. Deshalb gab es Schalter statt eines Touchscreens. Die Kunden nahmen sich während des Tests tatsächlich Zeit. Besser als ein kurzer Dokumentarfilm kamen aber GIFs an.

Ein E-Paper-Badge Paperboy bauen

Auf Konferenzen wollen Sie mit anderen ins Gespräch kommen? Machen Sie sich interessant – werden Sie zum Träger Ihrer eigenen Nachrichten. Stellen Sie sich vor, Ihr Name-Badge zeigt abwechselnd Ihren Namen und die Schlagzeilen Ihres Mediums oder Blogs an – oder eine steile These. Der Journalismus hierbei ist, dass Ihr Name-Badge Spannendes erzählt. Tragen Sie die Geschichten an einem Ausspielgerät an Ihrer Brust. Wir bauen dafür ein interaktives Name-Badge, das Sie leicht um weitere Funktionen erweitern können. Es kann zeigen, welche Themen Sie im Repertoire haben. Es lässt sich auf Knopfdruck ein neues Gesprächsangebot, eine andere Firma, zur Not auch ein anderer Name einschalten, wenn Sie plötzlich inkognito sein müssen. Der Schweizer Daniel Eichhorn hat so ein Badge entwickelt. Es hat ein 2,9 Zoll großes Display, einen Batterieanschluss und einen Anschluss an das WLAN.

Um es erstmalig nutzen zu können, müssen Sie den Trail anlegen. Atmen Sie durch, ich bin als Ihr Sherpa an Ihrer Seite. Mit diesem Projekt knacken Sie die Schwelle zum Coding-Professional, denn wir brauchen etwa 100 Zeilen Code, die ich Ihnen natürlich verzehrbereit liefere.

Das Badge nutzt ein E-Ink-Display, wie Sie es aus Ihrem E-Book-Reader kennen. Diese Displays sind sehr faszinierend: Sie sind exzellent zu lesen, und sie zeigen die letzte Information an, selbst wenn sie nicht mehr mit Strom versorgt werden. Sie haben aber auch ein paar Nachteile: Sie beherrschen meist nur zwei oder drei Farben, und E-Ink-Displays sind vergleichsweise teuer. Zudem brauchen sie lang, um sich zu aktualisieren. Statt einiger Millisekunden wie bei Ihrem Computermonitor können es schon mal zwei bis drei Sekunden sein. Sie eignen sich daher nicht für Schnelllebiges, etwa Spiele, sondern eher für Informationen wie das Wetter, Schlagzeilen oder Ihren Namen. Auf der Rückseite ist ein ESP8266 verbaut, das ist einer der billigsten vernetzten Mikroprozessoren, die man nutzen kann. Erwarten Sie von ihm keine Wunder, er wird Sie nicht im Schach schlagen. Aber er wird Ihnen einen bewunderten Auftritt verleihen, denn der Mikrocontroller-Zwerg tut zuverlässig, was er soll: Daten auf ein Display bringen. (Und Sie werden nach diesem Ausflug in die raue Welt der Mikrocontroller die Leichtigkeit der Particle-Programmierung umso mehr zu schätzen wissen.)

Zutaten
- Programmierbrücke, zum Beispiel den Programmer CP2101 von Adafruit
- Lithium-Ion Polymer-Batterie, 3,7 V, 2.500 mAh mit JST-PH-Anschluss – Micro-USB-Kabel
- Magnetischer Halter für Namensschilder (bit.ly/magnetschild)
- Ein selbst gemachter Acrylglas-Rahmen, 3 mm stark, zum Beispiel nach dieser Vorlage, die Sie bei Formulor oder Ponoko bestellen können: Rahmen_Paperboy.svg
- Rahmen Paperboy

Schritt 1: Einrichten
Die Einrichtung braucht eine ganze Kette an kleinen Schritten. (Die Originalanleitung dazu finden Sie hier: docs.thingpulse.com/guides/espaper-

Abb. 118: Ein E-Paper-Badge, hier ESPaper von Thingpulse.

Abb. 119: Das ePaper-Board (links) wird mit der Programmierbrücke verbunden.

plus-kit/.) Richten Sie das Badge ein und laden Sie sich die Entwicklungsumgebung für Arduino herunter: arduino.cc. Sie funktioniert wie die Online-Entwicklungsumgebung von Particle, die Sie bereits kennen, nur ist sie ein Programm auf Ihrem Computer. So wie Sie für das Verfassen eines Textes Word benutzen, schreiben Sie Code in dieser Entwicklungsumgebung. Starten Sie die Arduino-Entwicklungsumgebung. In diesem Programm schreiben Sie Ihren Code und laden ihn auf das Badge hoch.

Laden Sie nun die ESP8266-Bibliothek. Damit der Mikrocontroller erkannt wird, müssen seine Stammdaten auf Ihren Computer. Sie wählen den Menüpunkt „Arduino –> Einstellungen" und tragen in das Feld mit dem kryptischen Namen „Zusätzliche Boardverwalter-URLs" die folgende Adresse ein: arduino.esp8266.com/stable/package_esp8266com_index.json. Wählen Sie anschließend „Ok". Unter dem Menüpunkt „Werkzeuge –> Board" taucht der Mikrocontroller jetzt als „Generic ESP8266 Module" auf. Neben den Chips mit den wohlklingenden Namen programmieren wir jetzt einen, der nicht einmal einen eigenen Namen trägt, sondern „generischer ESP" genannt wird.

Unter dem Menüpunkt „Werkzeuge –> Bibliotheken verwalten" suchen Sie nach „Mini GrafX" und installieren die Bibliothek. Sie enthält Befehle, um Text darzustellen und Linien und Kreise zu zeichnen. Wählen Sie die letzte Version mit der höchsten Versionsnummer und installieren Sie diese.

Schritt 2: Die Programmierbrücke einrichten

Die Programmierbrücke ist der kleine Chip, der den Datenaustausch zwischen dem Badge und Ihrem Computer regelt. Sie braucht leider auch einen eigenen Treiber, wenn Sie nicht mit Linux arbeiten. Sie finden den VCP-Treiber hier: bit.ly/vcp-treiber.

Schritt 3: Den Chip verkabeln

Erinnern Sie sich? Der Mikrocontroller ist sehr einfach, sogar um ihn zu programmieren, braucht er Hilfe. Zur Programmierung wird das Badge mit der Programmierbrücke (nicht mit dem USB-Kabel!) mit dem Computer verbunden. Wenn Sie die oben empfohlene blaue Programmierbrücke nutzen, ist die Reihenfolge schon richtig. Die Ausgänge sind beschriftet und müssen, leider nicht ganz intuitiv, wie in Abbildung 120 auf der folgenden Seite gezeigt verbunden werden.

D Die neuen Empfänger

Hervorragend! Sie haben eine stabile Kette zum Badge gebaut. Der Trail ist abgesteckt. Was jetzt kommt, ist vergleichsweise einfach. Jetzt können Sie kreativ werden.

Schritt 4: **Das Badge individualisieren**
Im nächsten Schritt sorgen wir dafür, dass das Badge Ihren Namen zeigt. Laden Sie das Beispielprogramm herunter.

🌐 DAS PROGRAMM PAPERBOY.INO

Das Programmierbeispiel zeigt meinen Namen „Dr. Jakob Vicari", darunter etwas kleiner „Journalismus der Dinge". Außerdem gebe ich in kleiner Schrift einige Smalltalk-Themen an.

Öffnen Sie in der Arduino-Entwicklungsumgebung (aus Schritt 1) die Datei epaperbadge.ino. Das ist viel Code, zugegeben. Jetzt können Sie Ihren Namen einsetzen und zwar in der Zeile `screenGfx.drawString(50, 30, "HIER DEIN NAME");` ersetzen Sie `"HIER DEIN NAME"` durch `"Ihren Namen"`. Die Anführungszeichen sind wichtig. Die Zahlen geben die x- und y-Position der Schrift an. Je nachdem, wie lang Ihr Name ist, müssen Sie den ersten Wert erhöhen oder vermindern, damit Ihr Name zentriert erscheint.

Badge (grün)	Programmierbrücke
5V	VIN 5V
GND	GND
TX	RX
RX	TX

Abb. 120: Die Verbindung des ePaper-Board und der Programmierbrücke.

Abb. 121: Das einfache Menü der Arduino-Programmieroberfläche.

Schritt 5: **Den Code kompilieren**
Jetzt muss das Programm in Maschinensprache übersetzt werden, diesen Vorgang nennt man Kompilieren. Dazu drücken Sie den kleinen Haken links oben in der Arduino-Entwicklungsumgebung. Wenn Sie nirgendwo ein Anführungszeichen oder Ähnliches vergessen haben, sollte der Prozess ohne Fehlermeldung durchlaufen.

Schritt 6: **Das Badge programmieren**
Schieben Sie den schwarzen Schalter am

5 Nachrichtenmöbel erfinden

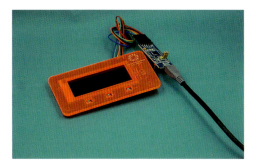

Abb. 122: Der orangene Rahmen macht aus dem Badge einen Hingucker.

Abb. 123: Ihr tragbarer Empfänger ist jetzt einsatzbereit.

rechten Rand des Badges nach oben. Das Badge ist an. Halten Sie die Taste S0 auf Ihrem Badge gedrückt. Drücken Sie anschließend kurz die Reset-Taste. Lassen Sie die Taste S0 los, jetzt ist Ihr Badge aufnahmebereit. Drücken Sie nun den Button „Pfeil nach rechts" (Hochladen) in der Arduino-Entwicklungsumgebung. Das Programm sollte auf Ihr Badge übertragen werden, danach startet es automatisch. Wenn Sie das Stromkabel abziehen, bleibt es im aktuellen Status.

Schritt 7: Den Rahmen herstellen
Für den perfekten Auftritt braucht das Badge einen Rahmen, um das Display zu halten. Den kann man sich aus stabiler Pappe basteln, in einem Maker-Space aus Holz oder Acryl. Alternativ kann mit der Vorlage oben bei Formulor oder Ponoko ein Rahmen aus Acrylglas bestellt werden.

Schritt 8: Das Badge montieren
Funktioniert alles? Jetzt kann das Display vorsichtig in den Rahmen geklebt werden. Verwenden Sie dafür ein klein wenig Sekundenkleber. Auf die Rückseite, dort wo „@Fred" steht, kleben Sie die Magnethalter auf.

D Die neuen Empfänger

D6 DIE NEUEN RUNDFUNKGERÄTE

Einerseits sind Radios aus der Zeit gefallen, denn es gibt längst Devices und Gadgets, die Inhalte viel individueller ausspielen, womöglich mit besserem Klang. Andererseits lieben viele Menschen nach wie vor ihre Radios. Doch was macht die Attraktivität aus? Ist es die Genügsamkeit, die Zugänglichkeit, das Unkomplizierte? Und gibt es vielleicht neue Funktionen, die das Radio übernehmen kann?

Die *BBC* untersucht, wie das Radio für junge Menschen attraktiver werden kann, und hat dafür mit jungen Menschen Prototypen für ganz spezielle Ausspielgeräte gebaut. Diese haben gar keine digitale Anmutung, sondern sind mit Absicht sehr analoge Objekte. Werfen wir einen Blick auf die Ergebnisse der Radiowerkstatt: Eine der einfachsten Ideen ist das *Project Bedtime*, in dem ein Digitalradio in einem Stirnband untergebracht wird, sodass es beim Schlafen angenehmer ist. Einen ganz anderen Ansatz verfolgt das *Book at Bedtime Radio*. Dieses Radio hat die Form eines Buches und lässt sich durch Umblättern steuern.

Der *Red Button*-Prototyp von Libby Miller lässt mittels zweier Knöpfe den Hörer den Lauf des Programms mitentscheiden und im Programm zwischen verschiedenen Spuren springen. Im Prototyp *Podcast in a box* kann man mithilfe von Chipkarten auswählen, welchen Podcast man hören will. Das *GCal Radio* nimmt die Angewohnheit vieler Hörer, regelmäßig Radio zu hören, ernst. Es ist mit einem Online-Kalender von Google verbunden und spielt zu den dort festgelegten Zeiten das festgelegte Programm. Und wer hat schon das Radioprogramm im Kopf? Der Prototyp macht das Vergessen von Radiosendungen schwerer, weil die Sendung einfach losgeht. Das *Playlist-follow Radio* ist ein tatsächliches Gerät, das eine, und nur eine, am Computer erstellte Playlist spielt. Der *Enloudinator* passt seine Lautstärke an die Umgebungsgeräusche an und ist somit niemals zu laut oder zu leise. „Cake" spielt das Rezept für einen Kuchen in exakt der Dauer, die man zum Backen braucht – natürlich in der Küche. Der *Everything Avoider* ergänzt das um eine einzige Funktion, nämlich einen Ball,

Abb. 124: Der Prototyp *Everything Avoider* vermeidet Medieninhalte, wenn man gegen die Weltkugel boxt.

gegen den man hauen kann, um den nächsten Song zu spielen. Es geht sogar noch spezifischer: Libby Millers Prototyp *Exclusively Archers* spielt nur eine einzige Sendung: die *Archers*, die Radio-Seifenoper von Stephen Fry aus dem fiktionalen englischen Dorf Ambridge. Und der *Object-Based-Media*-Prototyp spielt Audioerinnerungen, wenn man nach persönlichen Gegenständen greift, die damit verbunden sind: der Baseball-Cap aus dem Urlaub, der Hochzeitskerze und einer Panflöte.

Was lernen wir aus den Ideen der *BBC*-Journalisten? Das Radio hat ungenutztes Potenzial in Richtung Individualisierung. Und es ist längst nicht mehr an viereckige Kästen mit einem Regler gebunden. Wenn die Hochzeitskerze oder der Punchball das Programm steuert, dann werden physische Objekte lebendig. Doch erst wenn wir solche Gegenstände in der Hand halten, spüren wir die diesen Mechanismen innewohnende Magie.

Alle vorgestellten Prototypen basieren auf digitaler Technologie. Doch sie tritt hinter dem haptischen Erleben zurück. Aus dem *BBC*-Projekt kann man viel über den Wert von Prototyping lernen.

D Die neuen Empfänger

Mit Radiodan hat die *BBC* eine Plattform zur Verfügung gestellt, mit der eigene Spezialempfänger leicht umgesetzt werden können. Radiodan läuft auf einem Raspberry Pi und ist gut dokumentiert: bbc.co.uk/rd/projects/better-radio-experiences.

Ein neuer Volkssender: Das Piratenradio für Syrien

Im Jahr 2014 entwickelte das *Syrian Radio Network* zusammen mit der Digitalagentur IXDS aus Berlin-Kreuzberg PocketFM. Der Radioempfänger soll Krisenregionen mit einem unabhängigen Radioprogramm versorgen. Dazu empfängt das Radio Satellitensignal und übersetzt es in FM-Signale, um umliegende klassische Einfachstradios mit einem Programm zu versorgen. Die Box ist also ein Piratensender, um von unabhängigen Informationen abgeschnittene Hörer mit einem Programm zu versorgen. Der erste Anwendungsfall war der Bürgerkrieg in Syrien. Die Piratensender konnten an zentralen Punkten aufgehängt werden und aus Deutschland mit Programm versorgt werden.

Der PocketFM zeigt, dass die Fähigkeit zum schnellen Prototyping keine Spielerei für die Hörerschaft der wohlhabenden Teile der Welt ist, sondern das Potenzial hat, die unabhängige Information dahin zu bringen, wo sie womöglich am wertvollsten ist.

„The Pocket FM allows you to access radio streams that are produced all over the world, which are collected on a server and hosted over a webpage or sent via satellite" (IXDS 2014).

Tipp

Erliegen Sie nicht der Versuchung, das Modell für Ihren Kiez nachzubauen. In Deutschland ist der Betrieb wahrscheinlich verboten.

Das Radio erfüllt den Raum mit Klang, in dem die Hörerin sich frei bewegen kann. Der Journalismus der Dinge kann dieser Idee neues Leben einhauchen. Senden wir mit!

Den Newsbot Norbert bauen

Stellen Sie sich vor, Sie hätten eine eigene Sendung, die nur über ein spezielles Empfangsgerät zu empfangen ist. Es könnte eine Quizshow sein, die einen speziellen Knopf zum Feedback hat, aber auch der Piratensender in einer Diktatur. Sie sind angewiesen auf Smartphones und Tablets, auf Radios und Computer. Doch warum? Bauen Sie sich doch eigene Empfangsgeräte für Ihren Inhalt. Oder noch besser: Lassen Sie die Leser welche bauen. Wenn das #Breathe-Projekt (S. 96) Luftverschmutzung misst, die Messstation die Werte aber an den Stationen auch anzeigen lässt, ist sie gleichzeitig ein Empfänger. Wenn Sie die Rezepte zum Selbstbau konzipiert haben, können Sie in dreißig Minuten ein eigenes Empfangsgerät in den Händen halten. Den Nachrichtenroboter Norbert für den heimischen Kühlschrank, 12,5 Zentimeter breit, 8,5 Zentimeter hoch. Er hat ein E-Paper-Display mit 296 x 128 Pixel. E-Paper-Displays kennen Sie von Ihrem Kindle oder Tolino und vom E-Paper-Badge *Paperboy* (Anleitung auf S. 213). *Newsbot Norbert* zeigt Ihren Leser*innen alles an, was Sie mitteilungswürdig finden. Und auch nur das. Für einen Longread

Abb. 125: *Newsbot Norbert* **zeigt nur das Wichtigste. Hier eine Eilmeldung zum Pilotenstreik.**

D Die neuen Empfänger

oder Bilder ist das Display etwas klein. Der *Newsbot* reagiert dabei auf alle Eilmeldungen, die der Account @Spiegel_Eil vermeldet. Er kann aber problemlos erweitert werden, Sie an Termine erinnern oder melden, wenn Sie auf Twitter erwähnt werden. Mein *Newsbot* ist inspiriert vom Scrollbot von Pimoroni (bit.ly/scrollbot).

E-Ink Display	Argon PIN
3,3V (rot)	3,3V
GND	GND
DIN (Mosi)	D12
CLK	D11
CS	D13
DC	
RST	D6
BUSY	D7

Abb. 126: Die Verbindung des Displays und des Mikrocontrollers.

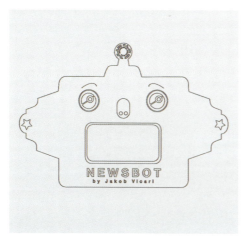

Abb. 127: Ein einfacher Rahmen für den Newsbot.

Zutaten
- Particle Argon
- Breadboard
- 2,9" E-Ink-Display-Module von Waveshare, 296 x 128 Pixel, dreifarbig, für Arduino
- 8 kurze Käbelchen
- 1 Rahmen *Newsbot Norbert*, lasergeschnitten nach dieser Vorlage

Schritt 1: Den Controller einsetzen
Stecken Sie den Argon mittig ins Breadboard, sodass PIN RST oben links in Reihe 1 neben Feld [b1] steckt. Um den Argon hineinzubekommen, drücken Sie sanft auf den QR-Code. Schauen Sie, dass das erste Beinchen im Breadboard steckt.

Schritt 2: Verkabeln
Verbinden Sie den weißen Stecker hinten mit dem E-Ink-Display. Verlängern Sie das mitgelieferte Kabel mit den eigenen Käbelchen verlängern, damit es ins Breadboard gesteckt werden kann.

Schritt 3: Die Frontblende
Damit das Gerät wie ein echter Empfänger aussieht, laden Sie sich die Vorlage für die Frontblende herunter (siehe S. 13) und drucken Sie sie aus. Kleben Sie sie auf Karton und schneiden Sie sie aus.

6 Die neuen Rundfunkgeräte

🌐 DIE VORLAGE FÜR DEN NEWSBOT

Schneiden Sie den Mund aus und kleben Sie das Display dahinter. Alternativ kann die Frontblende bei einem Lasercutting-Service wie Formulor (formulor.de) aus Acrylglas geschnitten werden. Kleben Sie anschließend die Display-Einheit hinter das Breadboard.

Schritt 4: Power
Die Batterie wird an den seitlichen Batterieanschluss des Argon angeschlossen, dies ist die schwarze Buchse, die um 90 Grad gedreht nach rechts vom USB-Eingang wegzeigt. Sie kann mit Gaffa-Tape hinter das Breadboard geklebt werden und dient so als Ständer.

Schritt 5: Den Mikrocontroller programmieren
Laden Sie das Programm herunter (siehe Kap. „Downloads", S. 13):

🌐 DAS PROGRAMM NEWSBOT.INO

Kopieren Sie es in die Entwicklungsoberfläche build.particle.io. Benennen Sie das Projekt *Newsbot*. Jetzt müssen Sie die Bibliothek für das Display „hinzubuchen". Drücken Sie dafür auf das Lesezeichen, und suchen Sie nach der Bibliothek „WaveshareEPaper29b". Klicken Sie darauf und wählen Sie dann „Include in project", anschließend wählen Sie „Newsbot" aus. Drücken Sie auf das Blitz-Symbol, um es zu flashen.

Schritt 6: Das IFTTT-Rezept
Auch für Norbert nutzen wir ein IFTTT-Rezept. Immer wenn *Spiegel Online* eine Eilmeldung twittert, soll Norbert sie anzeigen. Sie können auch mehrere Rezepte anlegen, zum Beispiel eins, wenn Ihnen jemand auf Twitter folgt, und eins, das Sie erinnert, wenn Sie zu einem Termin aufbrechen müssen.

Schritt 7: Live gehen!
Norbert, der kleine Nachrichtenbot, fängt jetzt alle Twitter-Nachrichten

D Die neuen Empfänger

vom Account @Spiegel_Eil ab und zeigt sie an. Und das macht er netter als Ihr Smartphone.

> **Tipp**
>
> Machen Sie doch mit Ihren Leserinnen und Lesern einen Bau-Workshop. Jeder lokale Kühlschrank braucht seinen Norbert!

D7 DER NÄCHSTE SCHRITT: RASPBERRY PI

Starten Sie gut ausgerüstet für den Aufstieg ins Höhenlager. Auf zum Gipfel des Journalismus der Dinge! Dafür darf eines der mächtigsten Tools nicht fehlen: der Raspberry Pi.

Da dies hier aber kein Programmierbuch ist, bleibt es bei einer Kürzestvorstellung. Stellen Sie sich einen Computer vor, der so groß wie der Stil eines Eislöffels ist. Das ist der Raspberry Pi Zero W. Ein ziemlich mächtiges Teil, dessen Zicken einen aber auch aus der Bahn werfen können. Sie wollen unbedingt mehr, als ein Mikrocontroller wie der Particle Argon kann? Sind Sie sich wirklich sicher? Die zweite Plattform, die ich Ihnen zur Beschäftigung ans Herz legen möchte, ist der Raspberry Pi. Ein Computer, der Himbeerkuchen heißt: Das ist doch auch was für Nicht-Nerds. Insbesondere der aktuelle Spross der Familie, der Raspberry Pi Zero W, ist großartig für Journalismus-der-Dinge-Projekte. Anders als die Mikrocontroller der Particle-Familie ist der Raspberry Pi ein echter Minicomputer. Das erkennt man schon daran, dass er einen HDMI-Anschluss für Monitore hat und einen für Maus und Tastatur. Der Raspberry Pi läuft mit einem Betriebssystem, üblicherweise Linux. Sie können auf ihm alles machen, was Sie auf Ihrem Computer tun: Texte schreiben, E-Mails verschicken. Er kann also auch Ihren Laptop ersetzen.

Das Charmante beim Raspberry Pi: Es gibt nicht nur eine große Fülle an Software, sondern auch eine Fülle von Hüten, das sind kleine Steckplatinen, die Sie auf den Pi aufstecken können, die zum Beispiel Sound

Abb. 128: Einfach Umweltdaten mit dem Raspberry Pi und dem Envirophat erheben.

D Die neuen Empfänger

Abb. 129: Raspberry Pi Zero im Gehäuse (hinten links), Speaker Phat, Enviro-Phat, Inky-Phat.

Abb. 130: Eine smarte Schublade wünscht „Guten Morgen".

7 Der nächste Schritt: Raspberry Pi

ausgeben, ein Display mit Knöpfen haben oder Sensoren wie der Environmental-Hat. So kommt man ganz ohne Kabelfrickelei zu Spezialcomputern. Der Installationsaufwand mit Software ist allerdings höher. Falls Sie es scheuen, kryptische Befehle in die Kommandozeile eines Computers einzugeben, legen Sie die Angst ab, denn ohne Arbeit auf Systemebene wird es mit dem Pi nicht gehen.

> **Tipp**
>
> Machen Sie sich das Leben nicht unnötig schwer! Kaufen Sie einen Raspberry Pi Zero W mit aufgelöteter Stiftleiste, dazu eine SD-Karte mit vorinstalliertem NOOBS und ein Pibow Case von Pimoroni. Auch hier gibt es gute Starterkits, die auch einen Mini-HDMI-Adapter enthalten. So sind Sie sofort einsatzbereit. Gute Hats für den Einstieg sind der Pimoroni Inky-Phat, ein kleines E-Paper-Display. Der Enviro-Phat bringt verschiedene Sensoren mit, der Speaker-Phat ist perfekt für die Audio-Ausgabe.

Schieben Sie die SD-Karte ein und schließen Sie am USB-Port in der Mitte Ihre Tastatur an sowie den Bildschirm an den HDMI-Port. Verbinden Sie Strom mit dem Micro-USB-Eingang ganz außen. Los geht's!

Den Raspberry Pi habe ich unter anderem im *Storytrolley* und im *sMirror*-Projekt erfolgreich eingesetzt. Unseren smarten Badezimmerspiegel *sMirror* haben wir mit Raspberry Pis gebaut, weil die Schubladen Grafiken, Videos und Sound anzeigen sollten. Ebenso der smarte Einkaufswagen. Und auch ein komplexer Sensor wie der Erdbebensensor von Raspberry Shake trägt einen Raspberry Pi in sich.

Auf dem Raspberry Pi programmieren

Wenn der Raspberry Pi startet, hat er eine grafische Oberfläche, vergleichbar mit der auf Ihrem großen Arbeitsrechner. Wenn Sie ihn programmieren wollen, gibt es gleich eine ganze Fülle von Entwicklungsumgebungen mit verschiedenen Programmiersprachen. Gängig und einfach ist Python.

D Die neuen Empfänger

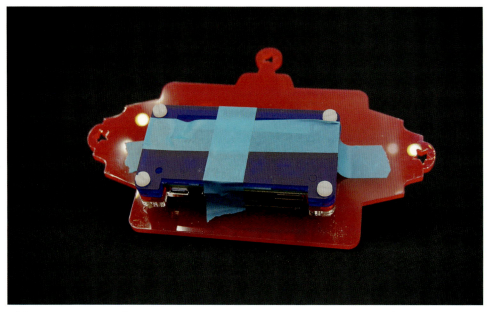

Abb. 131: Der *Newsbot* in einer Variante mit dem Raspberry Pi auf dem Rücken.

Guido von Rossum hat Python schon Ende der 1980er-Jahre erfunden. Es ist viel leichter, Python-Programme zu schreiben und zu lesen, als solche in C++, wie sie auf dem Argon stehen. Es ist viel eleganter. Ein typisches Programm, das zwei Zahlen addiert, sieht so aus:

```
a = 2
b = 3
sum = a + b
print(sum)
```

Es addiert zwei Zahlen und gibt anschließend die Summe aus. Alles ganz ohne geschweifte Klammern und Semikolons, die man dauernd vergisst. Das Programm können Sie mit einem beliebigen Texteditor auf dem Raspberry Pi schreiben. Speichern Sie es als summe.py ab. Jetzt starten Sie die Anwendung Terminal. Sie können Ihr Programm nun mit dem folgenden Befehl starten:

```
python summe.py
```

Hierbei möchte ich es mit meinem Exkurs in die höheren Welten der Entwicklung belassen.

Eine Anleitung wie den *Newsbot Norbert* (siehe S. 221) können Sie auch gut mit dem Raspberry Pi Zero und dem Inky Phat umsetzen. Während der Argon nur einige Textzeilen anzeigt, steht Ihnen in dieser Variante richtig Rechenpower zur Verfügung. Ein guter Startpunkt ist sicher diese Anleitung: bit.ly/TutorialInkyPhat.

Welches System für welches Projekt?

Noch einmal zusammengefasst: Wann sollten Sie welches System nutzen? Für alle Projekte, die eine komplexere grafische Ausgabe oder Webseiten benötigen, die Tastatureingaben verarbeiten, sollten Sie einen Raspberry Pi nehmen. Wenn Sie Videos planen oder komplexe Datenvisualisierungen, greifen Sie zum großen Raspberry Pi 3+. Wenn Sie nur einige Sensorwerte ins Netz schicken wollen, gelingt Ihnen das mit dem Particle Argon deutlich schneller. Die dritte Plattform, von der Sie gehört haben sollten, ist der NodeMCU. Er beruht auf dem Espressif-System, dem billigsten WLAN-Chip, der sich vor allem eignet, wenn Sie viele Geräte unter das Volk bringen wollen. Die Feinstaubsensoren des Projekts *luftdaten.info* setzen ihn ein. Der NodeMCU lässt sich wie ein Arduino programmieren. Der Einstieg ist aber nicht so leicht wie mit einem Argon. Das sehen Sie, wenn Sie den Feinstaubsensor oder das interaktive Name-Badge bauen. Werfen Sie einen Blick auf ihn, wenn Sie sehr viele Sensoren planen, die einen Zugang zum WLAN haben.

D Die neuen Empfänger

D8 EIN TAG IN IHRER ZUKUNFT

Ein Morgen im Jahr 2029. Noch bevor Sie Ihre Social Media Accounts checken, öffnen Sie die Konsole von Particle.io auf dem Smart Mirror in Ihrer Küche. Das Rockkonzert im Stadtpark gestern scheint ein voller Erfolg gewesen zu sein: Die Sensoren melden, es war laut und voll. Selbst das Geofon auf dem Marktplatz hat noch Vibrationen der Tanzenden erfasst. Sie schalten den Smart Mirror aus und sehen jetzt sich selbst im Spiegelbild. Die Kaffeemaschine piept: Ihr Flat White ist fertig. Auf ins Büro. Nach wenigen Schritten ist die smarte Coffee-to-go-Tasse *Newsmug* in Ihrer Hand jetzt beim Kulturteil angekommen und liest die Konzertkritik vor. Der Konzertkritiker bestätigt, worauf die Sensordaten hindeuten, in einer euphorischen Nachtkritik. Auch den Temperatursturz vergangene Nacht hat Ihr Sensornetzwerk eindrücklich eingefangen. Der Niederschlagsalarm hat zuverlässig morgens um sechs ausgelöst und Ihre Leser*innen gewarnt. Viele haben an den Regenschirm gedacht. Gerade kommt eine Mail mit den Analysewerten aus dem Labor rein: kein Asbest in der Grundschule, in der die Bauarbeiter etwas unbesorgt Dämmplatten herausgerissen hatten. Und im Büro: Auf dem Schreibtisch liegt blinkend der Kopfballsensor, den der Praktikant für das Fußballspiel am Abend gebaut hat. Es wird den Leser*innen eine neue Perspektive auf die kopfballstarke Torjägerin geben.

Der Journalismus der Dinge steht erst am Anfang, davon bin ich überzeugt. Noch viele Fragen sind unbeantwortet: Wie könnte eine Aneignung von Technologien für die kritische Berichterstattung eingesetzt werden? Wie können Journalistinnen und Journalisten gemeinsam mit Sensoren und vernetzten Geräten über Orte und Themen berichten, die Reportern allein niemals zugänglich wären? Und wie muss so eine Berichterstattung aussehen, damit sie nicht einfach eine naive Technikeuphorie von Großkonzernen reproduziert?

Diese Fragen müssen durch gute journalistische Praxis beantwortet werden. Nur mit mehr Prototypen und journalistischem Wagemut werden wir es schaffen. Ich hoffe, ich konnte Ihnen für diesen Weg Mut machen.

8 Ein Tag in Ihrer Zukunft

Wie sieht Ihr Arbeitstag im Journalismus der Dinge im nächsten Jahr aus? Wenn Sie dieses Buch beherzigen, wird er bequemer sein und besser. Besser meint exakter, näher am Leser. Es gibt keinen Grund, nicht mit dieser Verbesserung zu gehen. Der Journalismus der Dinge wird nicht mehr verschwinden. Wir stehen gemeinsam am Anfang. Ich habe Ihnen Vorschläge für den Start in den Journalismus der Dinge gemacht. Ich bin gespannt, wohin die Reise gehen wird.

Sollten Sie beim Lesen Fehler oder Ähnliches gefunden haben oder Anregungen, Kritik, Ideen haben, schreiben Sie mir: kontakt@jakobvicari.de.

ANHANG

X1   **234**
Bezugsquellen

X2   **236**
Literatur

X3   **241**
Bildnachweise

X4   **244**
Danksagung

X5   **245**
Index

X Anhang

X1 BEZUGSQUELLEN

- **Modulor:** Der riesige Bastelladen am Berliner Moritzplatz ist der perfekte Ausgangspunkt für den Materialeinkauf. (modulor.de)
- **Formulor.de:** Lasercutting-Service, bei dem man online etwas zeichnen kann und es wenige Tage später in Pappe, Holz oder Acryl in der Hand hält. (formulor.de)
- **Klebefisch:** Klebebuchstaben sind eine gute Möglichkeit, um aus unscheinbaren Kartons ernst zu nehmende Attrappen zu machen. (klebefisch.de)
- **Moo:** Der Online-Druckservice ermöglicht es, Aufkleber in Kleinstauflagen herzustellen, auch 50 verschiedene. (moo.com)
- **Eckstein:** Wer mit Arduino & Co. Elektronik bastelt, braucht viele Komponenten. Es gibt viele Geschäfte, bei denen Sie einkaufen können. Ein recht umfangreiches Angebot hat Eckstein. (eckstein-shop.de)
- **Watterott:** Viele Displays und Sensoren bietet auch der Händler Watterott. (watterott.com)
- **Pimoroni:** Bekanntgeworden durch das farbenfrohe Pibow-Gehäuse für den Raspberry Pi. Eines der größten Sortimente an Sensoren und Displays für den Raspberry Pi. Dazu viele Bauteile von Adafruit. Und gut dokumentiert. (pimoroni.com)
- **National Control Devices:** National Control Devices bietet ein Sortiment an zahlreichen Sensoren an, die per I2C-Kabel an verschiedene Plattformen angeschlossen werden können. Dafür braucht man den Adapter für Raspberry Pi oder Photon, ein Kabel und die Sensoren. Leider kein Händler in Europa. (ncd.io)
- **Adafruit:** Bietet großartige Boards und Komponenten an – mit kreativen Umsetzungsmöglichkeiten und exzellenten Anleitungen. Erfinder des Feather-Systems, dessen Feder-Aufsätze zu Particle passen. Versand aus den USA. (adafruit.com)
- **Sparkfun:** Bietet Sensoren und Boards an, die in der Regel gut dokumentiert sind. (sparkfun.com)
- **Aliexpress:** Auf dieser Plattform gibt es nahezu jedes Bauteil zu unschlagbaren Preisen direkt aus China, wenn man bereit ist, zwei bis sechs Wochen zu warten. Oft kostenloser Versand, Zahlung per PayPal und Kreditkarte. Gerade für Zubehör wie Schrauben, Kabel und Taster empfehlenswert. (aliexpress.com)

1 Bezugsquellen

- **Particle.io:** Der Hersteller der Mikrocontroller verkauft sie auch direkt. Achtung Zoll! (store.particle.io)
- **Seeedstudio.com:** hier gibt es alle lieferbaren Komponenten des Grove-Systems, mit dem sich Sensoren und Displays per Stecker an die Particle-Mikroprozessoren anschließen lassen.
- **Supermagnete:** bietet ein breites Sortiment an Neodym-Magneten. (Supermagnete.de)

X Anhang

X2 LITERATUR

- BBC: *Living Room of the Future*, 2018. bbc.in/2K7KW2W [1.8.2019]
- Brecht, Bertolt: *Der Rundfunk als Kommunikationsapparat*. 1930
- Candy, Stuart: *The Futures of Everyday Life: Politics and the Design of Experiential Scenarios*, 2010. bit.ly/futureslife [1.8.2019]
- Corey, Michael: Now This Is a Story All About How We Found the Wet Princes of Bel Air. Satellites, Mapping, and Math Helped Us Pinpoint the Biggest Water Users in L.A. In: *Source*, 20.9.2016. bit.ly/wetprinces [1.8.2019]
- Cruchon, Stéphane: The Design Sprint Note-n-Map: How to Get Started with the Dreaded Map Creation on Day 1. In: *Sprint Stories*, 2.5.2018. bit.ly/note-n [2.8.2019]
- D'Ignazio, Catherine; Ethan Zuckerman: Are We Citizen Scientists, Citizen Sensors or Something Else Entirely? Popular Sensing and Citizenship for the Internet of Things. In: De Abreu, Belinha S.; Paul Mihailidis; Alice Y.L. Lee; Jad Melki; Julian McDougall (Hrsg.): *International Handbook of Media Literacy Education*. London [Routledge] 2017, S. 193-210
- Deutschlandfunk: Hummeln als Sensor-Transporter, 25.2.2019. https://www.deutschlandfunk.de/forschungsprojekt-hummeln-als-sensor-transporter.676.de.html?dram:article_id=442039 [1.8.2019]
- Dreykluft, Joachim: Internet of Things: Digitaler Journalismus der Zukunft: Sagen Sie uns, was Sie wünschen! In: *Schleswig-Holsteinischer Zeitungsverlag*, 19.9.2017. shz.de/17860956 [1.8.2019]
- Eubanks, Virginia: *Automating Inequality: How High-Tech Tools Profile, Police, and Punish the Poor*. New York [St Martin's Press] 2018
- Frick, Karin: „Ihre smarte Toilette analysiert Ihren Stoffwechsel". In: *Schweizer Radio und Fernsehen*, 10.3.2017. srf.ch/news/panorama/ihre-smarte-toilette-analysiert-ihren-stoffwechsel [1.8.2019]
- Holder, Sarah: Workshop Connects Harlem Residents, Experts in Search for Extreme Heat Solutions. In: *AdaptNY*, 25.10.2016. bit.ly/workshopchange [2.8.2019]
- IXDS: *Pocket FM – Radio for Crisis Regions*, 2014. bit.ly/pocketfmradio [2.8.2019]
- Joeres, Annika: Steigende Meere: Wie der Meeresanstieg die Welt verändert. In: *Correctiv*, 28.7.2017. bit.ly/steigendemeere [1.8.2019]

- Keßler, Markus: Dieser KI-Forscher findet: „Orwell hat sich in 1984 geirrt". In: *futurezone.de*, 26.9.2018. bit.ly/orwell-irrt [2.8.2019]
- Kirchner, Lauren: Your Smart Home Knows a Lot About You: A Data Scientist's Experiment Reveals Surprising Information about Interconnected Smart Devices. In: *ProPublica*, 9.10.2015. propublica.org/article/your-smart-home-knows-a-lot-about-you [1.8.2019]
- Knapp, Jake: *How to Solve Big Problems and Test New Ideas in Just Five Days*. New York [Simon & Schuster] 2016
- Koch, Erwin: Sein ist die Rache. In: *Reporter-Forum*, 28.8.2008. http://www.reporter-forum.de/fileadmin/pdf/Gern_Gelesen/Koch_Seinistdie Rache_03.pdf [1.8.2019]
- Kucklick, Christoph: *Die granulare Gesellschaft: Wie das Digitale unsere Wirklichkeit auflöst*. Berlin [Ullstein] 2016
- Loosen, Wiebke: Four forms of datafied journalism: Journalism's response to the datafication of society. In: *Communicative Figurations*, Working Paper, 18, 2018a. www.kommunikative-figurationen.de/fileadmin/user_upload/Arbeitspapiere/CoFi_EWP_No-18_Loosen.pdf
- Loosen, Wiebke: Data-Driven Gold-Standards: What the Field Values as Award-Worthy Data Journalism and How Journalism Co-Evolves with the Datafication of Society. In: Gray, Jonathan; Liliana Bounegru (Hrsg.): *The Data Journalism Handbook 2. Towards a Critical Data Practice*. European Journalism Centre and Google News Initiative, 2018b
- Loosen, Wiebke; Andreas Hepp: „Makers" of a Future Journalism? The Role of „Pioneer Journalists" and „Pioneer Communities" in Transforming Journalism. In: *„Communicative Figurations"*, Working Paper, 19, 2018. https://www.kommunikative-figurationen.de/fileadmin/user_upload/Arbeitspapiere/CoFi_EWP_No-19_Hepp-Loosen.pdf
- Lotter, Wolf: *Innovation*. Hamburg [Edition Körber] 2018
- Luczak, Hania: Ein neuer Bauch für Lenie. In: *Reporter-Forum*, 18.9.2009. bit.ly/neuerbauch [1.8.2019]
- Maas, Marco: Ambient Journalism – Warum Kontext für den Journalismus überlebenswichtig wird. In: *Medium*, 31.8.2018. bit.ly/kontextjournalismus [1.8.2019]
- Marconi, Francesco; Alex Siegman: A Day in the Life of a Journalist in 2027: Reporting Meets AI. In: *Columbia Journalism Review*, 11.4.2017. cjr.org/innovations/artificial-intelligence-journalism.php [2.8.2019]
- McBride, Kelly; Tom Rosenstiel: *The New Ethics of Journalism: Principles for the 21st Century*. Washington D.C. [CQ Press] 2013

- Miller, Johnny: *Documenting Dynamite Blasting in Tanzania*. In: *Medium*, 11.6.2018. medium.com/@millejoh/documenting-the-blasts-of-zanzibar-b991aa1d554b [1.8.2019]
- Mills, John: *NewsThings Demos at Google DNI Summit*. In: *Media Innovation Studio*, o.J. mediainnovationstudio.org/newsthings-demos-at-google-dni-summit/ [2.8.2019]
- Mills, John; Paul Egglestone; Mark Lochrie; Martin Skelly: *Paper-based Web Connected Objects and the Internet of Things through EKKO*, 15.7.2015. mediainnovationstudio.org/paper-based-web-connected-objects-and-the-internet-of-things-through-ekko [1.8.2019]
- Musk, Elon: *A Most Peculiar Test Drive*. In: *Tesla Blog*, 13.2.2013. https://www.tesla.com/blog/most-peculiar-test-drive [1.8.2019]
- *Nieman Reports*: *Sensor Journalism: Reporting Opportunities and Ethical Concerns*, 3.5.2017. niemanreports.org/articles/mining-the-data/ [1.8.2019]
- NYTLabs: *Listening Table*, 2014. nytlabs.com/projects/table.html [2.8.2019]
- Passig, Kathrin; Johannes Jander: *Weniger schlecht programmieren*. Köln [O'Reilly] 2013
- Plavec, Jan Georg; Stefanie Zenke; Klaus Zintz: Die gefährliche Reise der Störche. Liveblog vom Vogelzug. In: *Stuttgarter Zeitung*, 6.10.2017. https://www.stuttgarter-zeitung.de/inhalt.stoerche-senderstoerche-liveblog.3064d570-33b4-4832-850b-4e891a76c727.html [1.8.2019]
- Plavec, Jan Georg: In einer Stunde zum Feinstaub-Messgerät. In: *Stuttgarter Zeitung*, 2.11.2017. bit.ly/in1stunde [1.8.2019]
- *Radspannerei*: *Ergebnisse des Tagesspiegel-Projekts Radmesser*, 2.12.2018. rad-spannerei.de/2018/12/02/ergebnisse-des-tagesspiegel-projekts-radmesser/ [1.8.2019]
- *Radzeit*: *Platz da?! Die „Radmesser"-Erfinder im Interview*, 26.10.2018. bit.ly/radzeit [1.8.2019]
- Rams, Dieter: *Die leise Ordnung der Dinge*. Göttingen [Steidl] 1994
- Ratti, Carlo: *Why it's High Time You Ditched that Digital Detox Nonsense*. In: *Wired*, 2.1.2019. https://www.wired.co.uk/article/discreet-technology-digital-detox [2.8.2019]
- Sartorius, Peter: Blindekuh unterm Nordkap. In: *Süddeutsche Zeitung*, 30.02.1977. reporter-forum.de/fileadmin/pdf/Egon-Erwin-Kisch-Preis/Blindekuh_unterm_Nordkap.pdf [1.8.2019]
- Schulz, Roland: Ganz am Ende. In: *Reporter-Forum*, 17.6.2016. bit.ly/ganzamende [1.8.2019]
- *Source*: *How We Made a Bot that Pours Wine on Television: The Process and Tools Behind the WineBOT on NBC News' TODAY show*, 29.4.2016. bit.ly/winebots [1.8.2019]

- Staeck, Klaus: Sträfliche Neugier. In: *Frankfurter Rundschau*, 18.3.2010. https://www.fr.de/meinung/straefliche-neugier-11711559.html [31.7.2019]
- Stearns, Josh: Sensors, Drones and Journalism: Building Community Through Active Transparency: The Ethics of Sensor Journalism Part Two of Three. In: *Medium*, 28.1.2015. https://medium.com/@jcstearns/building-community-through-active-transparency-e83bbf67d52d [1.8.2019]
- Stearns, Josh: Journalism, Sensors and Privacy in an Age of Surveillance. In: *Medium*, 28.1.2015. https://medium.com/@jcstearns/journalism-sensors-and-privacy-in-an-age-of-surveillance-b50fc2fe978e [1.8.2019]
- *Stuttgarter Zeitung: Nächtliche Einsätze der Feinstaubsauger sind gestartet*, 2.3.2017. https://www.stuttgarter-zeitung.de/inhalt.stuttgart-kaempft-gegen-feinstaub-naechtliche-einsaetze-der-feinstaubsauger-sind-gestartet.631f634e-b856-4523-bf1b-bf85fa36f154.html [1.8.2019]
- *Stuttgarter Zeitung: Konrad-Adenauer-Lokaljournalistenpreis Auch der „Feinstaubradar" wird ausgezeichnet*, 7.6.2018. https://www.stuttgarter-zeitung.de/inhalt.konrad-adenauer-lokaljournalistenpreis-mit-den-osmanen-auf-platz-1-gelandet-page1.1db4c65d-8116-44f2-87cb-8ef125603e48.html [1.8.2019]
- Sullivan, Margaret: Problems with Precision and Judgment, but Not Integrity, in Tesla Test. In: *The New York Times*, 18.2.2013. https://publiceditor.blogs.nytimes.com/2013/02/18/problems-with-precision-and-judgment-but-not-integrity-in-tesla-test/ [1.8.2019]
- *SWR: NO2-Grenzwerte auch in kleinen Gemeinden überschritten*, 29.11.2017. https://www.swr.de/unternehmen/kommunikation/29-no2-grenzwerte-auch-auch-in-kleinen-gemeinden-ueberschritten/-/id=10563098/did=20708064/nid=10563098/19ieivg/index.html [1.8.2019]
- Thiel, Dagmar: Experimentierfreudig: Wie Pionierinnen und Pioniere den Journalismus der Zukunft gestalten. Interview mit Prof. Dr. Wiebke Loosen. In: *Journal – dem Medien- und Mitgliedermagazin des DJV-NRW*, 6(18), 2018. journal-nrw.de/experimentierfreudig/ [1.8.2019]
- *USA Today: An Invisible Danger in Our Yards*, 2012. bit.ly/ghostfactories
- Vicari, Jakob: Beim Herrenhäuser Gespräch am 14. Februar 2019 debattierten Expertinnen und Experten über unseren Umgang mit Künstlicher Intelligenz. Eine Diskussion über Privatheit, Kontrolle und Macht, wenn die Maschinen um uns herum intelligenter werden. In: *volkswagenstiftung.de*, 21.2.2019. https://www.volkswagenstiftung.de/veranstaltungen/veranstaltungsberichte/

X Anhang

k%C3%BCnstliche-intelligenz-herrschen-die-maschinen-oder-beherrschen-wir-sie [2.8.2019]

» Wolf, Gary: What is The Quantified Self? In: *Quantified Self*, 3.3.2011.

quantifiedself.com/2011/03/what-is-the-quantified-self/ [1.8.2019]

» Young, Alison; Peter Eisler: Ghost Factories. In: *USA Today*, 2013

X3 BILDNACHWEISE

- Abb. 1: Jakob Vicari
- Abb. 2: Kim Svendsen/stibo.com
- Abb. 3: Jakob Vicari
- Abb. 4: Jakob Vicari
- Abb. 5: Jakob Vicari
- Abb. 6: Jakob Vicari
- Abb. 7: Jakob Vicari
- Abb. 8: NASA
- Abb. 9: Jakob Vicari
- Abb. 10: Screenshot: ifttt.com
- Abb. 11: Screenshot: ifttt.com
- Abb. 12: Screenshot: ifttt.com
- Abb. 13: Screenshot: ifttt.com
- Abb. 14: Screenshot: ifttt.com
- Abb. 15: Screenshot: dictatoralert.org
- Abb. 16: Bertram Weiß/Jakob Vicari
- Abb. 17: Wiebke Loosen
- Abb. 18: Bertram Weiß/Jakob Vicari
- Abb. 19: Jakob Vicari
- Abb. 20: Jakob Vicari
- Abb. 21: Jakob Vicari
- Abb. 22: Jakob Vicari
- Abb. 23: Jakob Vicari
- Abb. 24: Jakob Vicari
- Abb. 25: Jakob Vicari
- Abb. 26: John Keefe
- Abb. 27: Particle.io
- Abb. 28: Florian Schumacher
- Abb. 29: *Zeit Online*
- Abb. 30: Screenshot: Datenfreunde
- Abb. 31: Jakob Vicari
- Abb. 32: Illustration: Ole Schleef
- Abb. 33: John Keefe
- Abb. 34: Illustration: Ole Schleef
- Abb. 35: Robinson Bee Lab, University of Illinois
- Abb. 36: superkuehe.wdr.de
- Abb. 37: Jakob Vicari
- Abb. 38: Screenshot: *Stuttgarter Zeitung*
- Abb. 39: Screenshot: *Tagesspiegel*
- Abb. 40: Hendrik Lehmann
- Abb. 41: Jan Georg Plavec
- Abb. 42: Screenshot: *Stuttgarter Zeitung*
- Abb. 43: Jakob Vicari
- Abb. 44: Jakob Vicari
- Abb. 45: Jakob Vicari
- Abb. 46: Jakob Vicari
- Abb. 47: Jakob Vicari
- Abb. 48: Jakob Vicari
- Abb. 49: Jakob Vicari
- Abb. 50: Jakob Vicari
- Abb. 51: Jakob Vicari
- Abb. 52: Jakob Vicari
- Abb. 53: Jakob Vicari
- Abb. 54: Jakob Vicari
- Abb. 55: Jakob Vicari
- Abb. 56: Screenshot: build.particle.io
- Abb. 57: Jakob Vicari
- Abb. 58: Treewatch
- Abb. 59: Screenshot: *USA Today*
- Abb. 60: Jakob Vicari

X Anhang

- Abb. 61: Screenshot: searise.correctiv.org
- Abb. 62: Jakob Vicari
- Abb. 63: Mark Stone/ University of Washington
- Abb. 64: Jakob Vicari
- Abb. 65: Jakob Vicari
- Abb. 66: Jakob Vicari
- Abb. 67: Jakob Vicari
- Abb. 68: Jakob Vicari
- Abb. 69: Screenshot: *De Correspondent*
- Abb. 70: Screenshot: *Sun Sentinel*
- Abb. 71: Screenshot: *Washington Post*
- Abb. 72: Screenshot: arte.tv
- Abb. 73: Screenshot: *Stuttgarter Zeitung*
- Abb. 74: Jakob Vicari
- Abb. 75: Screenshot: luftdaten.info
- Abb. 76: Jakob Vicari
- Abb. 77: Jakob Vicari
- Abb. 78: Jakob Vicari
- Abb. 79: Jakob Vicari
- Abb. 80: Jakob Vicari
- Abb. 81: Jakob Vicari
- Abb. 82: Jakob Vicari
- Abb. 83: Screenshot: Storyboard
- Abb. 84: Jakob Vicari
- Abb. 85: Catalarem~commonswiki, https://de.wikipedia.org/wiki/Nabaztag#/media/Datei:Nabaztag1.jpg [CC BY-SA 2.5]
- Abb. 86: Jakob Vicari
- Abb. 87: Jakob Vicari
- Abb. 88: Jakob Vicari
- Abb. 89: Jakob Vicari
- Abb. 90: Jakob Vicari
- Abb. 91: Heinrich Holtgreve/ *Zeit Campus*
- Abb. 92: Jakob Vicari
- Abb. 93: Screenshot: getvoiceflow.com
- Abb. 94: Screenshot: getvoiceflow.com
- Abb. 95: Screenshot: getvoiceflow.com
- Abb. 96: Screenshot: getvoiceflow.com
- Abb. 97: Screenshot: getvoiceflow.com
- Abb. 98: Screenshot: getvoiceflow.com
- Abb. 99: Jakob Vicari
- Abb. 100: Screenshot: Jakob Vicari
- Abb. 101: Franzi Nowak
- Abb. 102: Franzi Nowak
- Abb. 103: Franzi Nowak
- Abb. 104: Franzi Nowak
- Abb. 105: Franzi Nowak
- Abb. 106: Screenshot: tonies.de
- Abb. 107: Franzi Nowak
- Abb. 108: Gudrun Riedel
- Abb. 109: Jakob Vicari
- Abb. 110: Jakob Vicari
- Abb. 111: Jakob Vicari
- Abb. 112: Jakob Vicari
- Abb. 113: Screenshot: ifttt.com
- Abb. 114: Jakob Vicari
- Abb. 115: Heinrich Holtgreve
- Abb. 116: Jakob Vicari
- Abb. 117: Jakob Vicari
- Abb. 118: Jakob Vicari
- Abb. 119: Jakob Vicari
- Abb. 120: Jakob Vicari
- Abb. 121: Screenshot: Arduino IDE
- Abb. 122: Jakob Vicari
- Abb. 123: Jakob Vicari
- Abb. 124: BBC R&D
- Abb. 125: Jakob Vicari

3 Bildnachweise

- » Abb. 126: Jakob Vicari
- » Abb. 127: Jakob Vicari
- » Abb. 128: Jakob Vicari
- » Abb. 129: Jakob Vicari
- » Abb. 130: Jakob Vicari
- » Abb. 131: Jakob Vicari

X Anhang

X4 DANKSAGUNG

- » Katharina Jakob, Astrid Csuraji, Bertram Weiß
- » Annette Milz, Imke Hirschmann
- » Jochen Konrad-Klein, Christl Klein, Anna Heidelberg-Stein, Maud Rossdeutscher, Björn Schwentker
- » Fotos von Franzi Nowak, Heinrich Holtgreve, Hendrik Lehmann, John Keefe, Florian Schumacher, Astrid Csuraji
- » Dem Riff-Team (Tanja Krämer, Christian Schwägerl)
- » Substanz (mit denen alles anfing)
- » Dem MIZ-Babelsberg (für die Förderung zweier Ideen)
- » Google DNI für die Förderung des *Smart Mirror*
- » Kompetenzzentrum Kultur- und Kreativwirtschaft für das Projekt *Phase XI Storytrolley*
- » Marco Maas & den Datenfreunden (*sMirror*)
- » Jan Georg Plavec, Hendrik Lehmann, Isabelle Buckow
- » Kim Svendsen für das Innovationsmodell Modell
- » Thomas Hallet (*WDR*) für die *Superkühe* & *#bienenlive*
- » Friedrich Küppersbusch
- » Simone Stoffers, Werner Eggert, Stephan Weichert, Nicola Kuhrt, Cocer, Christina Elmer, Björn Schwentker, Wiebke Loosen: Einladung zu Workshops
- » Den Mit-Sprintern: Robert Schäfer, Till Prochaska, Philipp Trunczik, Greg, Leonard Westerkamp, Johanna Barnbeck, Malte Burkhard, Rene Bucken, Kaylin Nguyen, Franzi Nowak
- » Und vor allem meiner Familie: Marianne, Dorothea & Fridolin

X5 INDEX

A
Abstand messen 91, 107
Alexa 184, 189
Arduino 52, 215
Argon 47, 50, 52, 62, 63, 71

B
Bienen 45, 83, 145

C
Cloud 52, 63, 70

D
Display 188, 213, 221
Dramaturgie 147, 149, 150, 152, 153

E
Elektroschrott 135
Entwicklungsoberfläche 68, 125
E-Paper 213, 221
ESP 214, 229
Espressif 229
Ethik 155

F
Feinstaub messen 94, 137
Fitnesstracker 129
Flashen 64, 66
Flugzeug 35
Frog-Bot 62

H
Helligkeitssensor 49

I
Internationale Raumstation
    ISS 28, 31, 34
ISS-Wächter 28

K
Kekswächter 107
Kühe 84, 150, 156

L
Lärm messen 99, 101
Luftfeuchtigkeitssensor 44, 49
Luftqualität messen 96
Luftverschmutzung 96

M
Maut 131
Mautsensor 131
Mikrocontroller 47, 52, 62, 63
Militärisches Sperrgebiet 128, 129

N
Nachrichten 51, 163, 165, 202, 210, 221
Nachrichtenmöbel 210

P
Particle 47, 50, 52, 62, 63, 71

X Anhang

Particle Argon 47, 50, 52, 62, 63, 71
Programmierbrücke 214, 215
Programmieren 68, 71, 103, 189, 227
Prototyp 177, 178, 179, 202
Prototyping 178
Prozessjournalismus 152

Q
Quantified-Self-Bewegung 73, 77

R
Radio 51, 163, 167
Radmesser 91
Raspberry Pi 225, 227

S
Satellit 98
Schall messen 99, 101
Schusswaffe 133
Sensor 41, 44, 49
Smart City 89

Smartphone 40
   als Sensor 40
   als Sensoren 129
Spielzeug
   als Nachrichtenträger 161, 171, 194
Sprachassistent 184
Sprint-Methode 175
Storytrolley 22, 211
Superkühe 150, 160

T
Temperatursensor 44, 49, 52, 60, 70
Testen 45, 179
Toniebox 195
Trigger 33, 43, 145

W
Wasserverbrauch 98
Wearables 73, 129
Wetterfrosch 62

Notizen

Notizen